W9-AGM-468

Breve Historia de los Indios Norteamericanos

BREVE HISTORIA DE LOS INDIOS NORTEAMERICANOS

Gregorio Doval

nowtilus

Colección: Breve Historia
www.brevehistoria.com

Título: Breve Historia de los indios norteamericanos
Autor: © Gregorio Doval

Copyright de la presente edición: © 2009 Ediciones Nowtilus, S.L.
Doña Juana I de Castilla 44, 3º C, 28027 Madrid
www.nowtilus.com   .

Editor: Santos Rodríguez
Coordinador editorial: José Luis Torres Vitolas

Diseño y realización de cubiertas: Universo Cultura y Ocio
Diseño del interior de la colección: JLTV
Maquetación: Claudia Rueda Ceppi

ISBN-13: 978-84-9763-585-1
Fecha de edición: Marzo 2009

Printed in Spain
Imprime: Imprenta Fareso S.A.
Depósito legal: M. 4.276-2009

ÍNDICE

1

EL INDIO NORTEAMERICANO

Para nosotros, las grandes llanuras abiertas, las hermosas colinas onduladas y los ríos serpenteantes y de curso enmarañado, no eran salvajes. Sólo para el hombre blanco era salvaje la naturaleza, y solo para él estaba la tierra infestada de animales salvajes y gentes bárbaras. Para nosotros era dócil. La tierra era generosa y estábamos rodeados de las bendiciones del Gran Misterio. Para nosotros no fue salvaje hasta que llegó el hombre velludo del este y, con brutal frenesí, amontonó injusticias sobre nosotros y las familias que amábamos. Cuando los mismos animales del bosque empezaron a huir de su proximidad, entonces empezó para nosotros el Salvaje Oeste.

Hinmaton Yalaktit (1840-1904),
Jefe Joseph, de la banda wallowa de los nez percés (1879).

LOS PRIMEROS NORTEAMERICANOS

Antes de la llegada del hombre blanco, un heterogéneo conglomerado de más de 500 pueblos distintos habitaba Norteamérica. Todos ellos estaban emparentados entre sí por lazos ancestrales que, en la mayoría de los casos, yacían soterrados desde hacía tanto tiempo en el pasado olvidado y remoto que una tribu apenas veía en otra algo más que una potencial competidora. Esa poliédrica civilización se extendía de océano a océano, rica y, a la vez, diversa en formas y estilos de vida, en culturas, creencias y tradiciones. En ninguno de los casos, la vida era fácil o idílica. Todas aquellas tribus luchaban, cada cual a su modo, contra la naturaleza, sus caprichos y sus estaciones climáticas, contra los animales y, frecuentemente, unos contra otros. Luchaban, a veces encarnizadamente, pero, salvo contadísimas ocasiones, no se destruían unas a otras. Para eso tuvo que llegar el hombre blanco y sus codicias.

Unos, nómadas, cazaban y buscaban forraje, y desarrollaron sociedades belicosas de grandes guerreros. Otros, ya asentados, se dedicaban a la agricultura y construían montículos para sus dioses y sus difuntos. Unos y otros vivían en cuevas, chozas, tipis, cabañas de madera e, incluso, en estructuras de bloques de hielo, armaban embarcaciones, se interrelacionaban y desarrollaban culturas más sofisticadas de lo que se suele creer, aunque no tanto como en otras partes del continente.

Durante muchos años, se pensó que su llegada había ocurrido una única vez en la historia y que ello habría acontecido durante la última glaciación, hace aproximadamente unos 12.000 años. Pero eso no explica los restos de asentamientos humanos anteriores a esa fecha que se han encontrado en distintas partes de América, sobre todo en Sudamérica. No es probable que los yacimientos más antiguos del norte estén aún por descubrir. Como, además, algunos estudios han detectado diferencias genéticas entre los paleoindios sudamericanos y norteamericanos, algunos investigadores creen en un poblamiento autónomo de Sudamérica, no directamente relacionado con el de Norteamérica. Otras teorías, menos sustentadas, hablan de pueblos polinesios atravesando el océano Pacífico, o de aborígenes australianos entrando por la Antártida o, incluso, de incursiones europeas a través de las aguas circunstancialmente semiheladas del Atlántico... Hoy lo que parece más probable es que el poblamiento americano se realizara en varias oleadas sucesivas y por grupos humanos diferentes.

Sea como fuere, el poblamiento humano de América es una cuestión arduamente discutida por los científicos modernos, pero también lo fue por los antiguos. Desde 1492 se intentaron buscar explicaciones para el origen de esos seres con los que los europeos blancos se iban encontrando en sus exploraciones por América. Las primeras tesis fueron, cómo no, de índole religiosa: los pobladores de América eran, ni más ni menos, que los descendientes de las bíblicas Tribus Perdidas de Israel.

De momento, lo plenamente probado es que durante la última glaciación, la concentración de hielo en inmensas placas continentales hizo descender el nivel de los océanos. Este descenso hizo que en varios puntos del planeta se crearan conexiones terrestres entre regiones previa y posteriormente aisladas, como, por ejemplo, Australia y Tasmania con Nueva Guinea; Filipinas e Indonesia; Japón y Corea, y, por lo que aquí más nos interesa, entre los extremos septentrionales de Asia y América. Debido a que el estrecho de Bering, que separa ambos continentes, tiene una profundidad que oscila entre 30 y 50 metros, el descenso de las aguas dejó al descubierto un amplio puente de tierra, conocido por los prehistoriadores como Puente de Beringia, de 1.500 kilómetros de anchura, que unió las tierras de Siberia y Alaska hace aproximadamente 40.000 años y que permitió el tránsito de seres humanos entre uno y otro continente durante, al menos, 19.000 años.

Aquellos emigrantes asiáticos (seguramente siberianos, aunque también pudieron ser mongoles) continuaron camino enseguida hacia el sur, en un larguísimo y lento desplazamiento que, en esta primera etapa, les llevó desde Alaska y Canadá a las estribaciones del enorme y desaparecido glaciar Wisconsin, a lo largo de la vertiente oriental de las montañas Rocosas. Una vez fuera del glaciar, un ala de la migración se

Según todos los indicios, los primeros norteamericanos
llegaron de Asia. Durante la última glaciación,
la concentración de hielo en inmensas placas continentales
hizo descender el nivel de los océanos, lo que dejó al
descubierto un amplio puente de tierra, conocido como
Puente de Beringia, de 1.500 kilómetros de anchura, que
unió las tierras de Siberia y Alaska hace aproximadamente
40.000 años y que permitió el tránsito de seres humanos
entre uno y otro continente durante, al menos, 19.000 años.

separó y se fue hacia el Este; después se subdividió de nuevo. Unos se encaminaron hacia los exuberantes bosques del Nordeste, mientras que los otros se dirigían hacia el Sudeste, para establecerse en la vasta región que se extiende entre la ribera oriental del río Mississippi y la península de Florida. Mientras tanto, la rama principal del éxodo continuó camino hacia el sur, dejando atrás colonias en las Grandes Llanuras, a ambos lados de las montañas Rocosas, en la Meseta y en la Gran Cuenca. Cuando la ola principal llegó a lo que hoy es Texas, todavía se desgajaron nuevos grupos, que se dirigieron hacia el Oeste, para establecerse en los desiertos del Sudoeste o avanzar hasta el sur de California. Con el tiempo, cruzaron también el río Grande y continuaron, a paso histórico, su marcha civilizadora hacia el sur.

UN MOSAICO ÉTNICO-CULTURAL

Mucho antes de la llegada de los europeos, los nativos norteamericanos desarrollaron ricas y variadas culturas, tan diversas como las de cualquier otro continente. Cada grupo adoptó su propio estilo de vida acomodado a los recursos y a las demandas de su medio ambiente. Por ejemplo, cada uno desarrolló solo las herramientas, utensilios y armas más idóneos para sus trabajos agrícolas o sus esfuerzos cinegéticos. Cada cual construyó sus viviendas con los materiales asequibles en su zona y eligió diseños lo más adecuados posible a los requerimientos del clima en que vivían. Cada cultura tenía, por supuesto, su propio lenguaje, su propio estilo artístico, sus propias tradiciones orales, sus propias creencias y su propia organización sociopolítica. Dada esa tremenda diversidad, es muy difícil generalizar acerca de estos nativos norteamericanos. Cada cultura tenía su propia identidad y, aunque muchas estaban relacionadas entre sí, no había dos exactamente iguales. No obstante, sí es posible hallar algunos rasgos comunes. Por ejemplo, su profunda relación, casi simbiótica, con la naturaleza; sus fuertes ligazones con la tierra que pisaban; la percepción de una interrelación profunda entre lo natural y lo supranatural, como un todo indivisible, así como entre la espiritualidad y la salud; la concepción de la expresión artística como una actividad más de la vida cotidiana, sin sublimarla ni abstraerla; y un reforzado sistema de tradición oral que daba cohesión y raíces al grupo.

En todo caso, aunque algunas de estas culturas alcanzaron un respetable grado de desarrollo, jamás constituyeron civilizaciones tan brillantes como las del otro lado del río Grande. No poseían sistema alguno de escritura ni se organizaron en estados. La ganadería tampoco estaba muy desarrollada y ninguna de sus ciudades rozó siquiera el esplendor de las mayas, aztecas o incas.

A efectos de análisis, se suelen distinguir diez áreas culturales nativas norteamericanas: Ártico, Subártico, Bosques del Nordeste, Sudeste, Sudoeste, California, Costa Noroeste del Pacífico, Meseta, Gran Cuenca y Llanuras Centrales.

En las gélidas tierras de las zonas subártica y ártica, la agricultura se hace imposible ya que los veranos son muy cortos y la supervivencia está necesariamente ligada a la caza (renos, alces y focas) y a la pesca (en las zonas más árticas, incluso de ballenas). Sus pobladores indígenas pertenecían a tribus nómadas (dados los pocos recursos, muy reducidas) que vivían en casas circulares redondas construidas por debajo del nivel del suelo, recubiertas de piel y hierba, en la zona oeste, y en tiendas con estructuras de madera y huesos de ballena y recubrimientos de pieles, conocidas como wigwams, en el este, además de las de bloques de hielo o iglús, del extremo norte.

La zona ártica se habitó después del 2000 aC, tras el deshielo, y sus tribus idearon ingeniosas formas de supervivencia. En Alaska, los esquimales (inuit) y los yupiks desarrollaron una ingeniosa tecnología para afrontar la dureza del clima y la escasez de recursos. Hacia el año 1000 varios grupos de esquimales de Alaska emigraron a través de Canadá hacia Groenlandia e instauraron allí una nueva cultura, conocida como cultura thule, que absorbió a la precedente, conocida como cultura dorset. Debido a esta migración, las culturas y lenguas inuits tradicionales presentan grandes analogías desde Alaska hasta Groenlandia. Los yupiks, por su parte, viven en el sudoeste de Alaska y en el extremo oriental de Siberia, y están emparentados con los inuits en cuanto a cultura y antepasados, pero su lengua es diferente. Parientes remotos de ambos son los aleutianos, que desde el 6000 aC están asentados en las islas Aleutianas, dedicados a la pesca y caza de mamíferos marinos.

La región subártica es una inmensa región geológica que traza un amplio arco en torno a la bahía de Hudson, extendiéndose desde la costa ártica al norte del Gran Lago del Oso y al sur de Alaska, en los Territorios del Noroeste, hasta la península de Labrador y el norte de Québec. En Estados Unidos abarca el norte de los estados de Minesota, Wisconsin y Michigan, así como los montes Adirondack en el noreste de Nueva York. En sus aproximadamente 5.000.000 km² habitaron las naciones y tribus indígenas de la llamada cultura del caribú, basada en la caza y el aprovechamiento de este reno salvaje canadiense. Eran nómadas, se refugiaban en tiendas o, algunas veces, en la parte occidental, en viviendas circulares semienterradas. Para trasladar sus poblados se servían en verano de canoas y de trineos en invierno. En la región se asentaron tribus de dos grandes familias lingüísticas: al este, los algonquinos (crees, ottawas, naskapis, montagnais, ojibwas...), seminómadas y cazadores, y, en las zonas septentrional y occidental, los athabascos (chipewyan, beaver, kutchin, ingalik, yellowknive, dogrib, kaska...), organizados en grupos muy pequeños, prácticamente núcleos familiares o pequeños clanes. Los establecidos en el área del Pacífico, dedicados a la agricultura y la caza, tras la llegada de los blancos, entraron en conflicto (por el comercio de pieles) con la tribu más meridional de los hurones.

En los bosques del Nordeste, un área formada por las regiones templadas del este de Estados Unidos y Canadá, desde Minesota y Ontario hasta el océano Atlántico, por el este, y Carolina del Norte, por el sur, habitaban poblaciones diseminadas de cazadores, algunos de los cuales utilizaban puntas de flecha Clovis, que desarrollaron una cultura dependiente del ciervo. Hacia el 7000 a.c., cuando las condiciones climatológicas se hicieron más benévolas, emergió una cultura arcaica, cuyos miembros subsistían, cada vez en mayor medida, a base de carne de ciervo, frutos secos y granos silvestres. Hacia el 3000 aC, la población de los bosques orientales alcanzó culturalmente unos niveles que no se volvieron a dar hasta después del 1200. Aprendieron el cultivo de la calabaza de los antiguos mexicanos y, en el Medio Oeste, recolectaban semillas salvajes que molían para hacer harina. Enseguida fueron proliferando la pesca y la captura de crustáceos. En el área occidental de los Grandes Lagos se extraía cobre a cielo abierto, con el que se fabricaban cuchillos y diversos adornos, y en toda la región se tallaban pequeñas esculturas en piedras preciosas.

A partir del año 1000 a.C., el clima volvió a enfriarse y comenzaron a escasear los alimentos, lo que provocó una disminución de la población en la parte atlántica de la región. En el Medio Oeste, sin embargo, los pueblos se organizaron en grandes redes comerciales y levantaron grandes túmulos abovedados

Los primeros norteamericanos trajeron consigo herramientas de piedra y otros utensilios paleolíticos. Vivían en grupos de aproximadamente cien personas, subsistiendo de la caza de alces y mamuts, y también de la pesca. Curtiendo las pieles de sus presas, fabricaban sus viviendas y sus vestimentas.

de uso religioso. Por entonces, se cultivaba ya maíz, pero los indígenas dependían sobre todo de alimentos arcaicos. Los arqueólogos han bautizado a estos pueblos extintos con varios nombres, según su área de influencia y su época. Los adenas, que son los más antiguos, cazaban y recolectaban en el valle del río Ohio desde el siglo XI aC. Luego vinieron los hope-wells, que tomaron el relevo entre los siglos III aC y VI de nuestra Era, y que practicaban ya algunas actividades comerciales y agrícolas. Sus herederos, las culturas mississippianas, basadas en la agricultura intensiva del maíz, florecieron en la extensa área de influencia de este gran río entre los años 800 y 1500 de nuestra Era, donde alcanzaron un grado de desarrollo comparable al de la Edad del Cobre europea. Sus pobladores construyeron grandes ciudades con plataformas de tierra, o túmulos, que alojaban templos y residencias de los gobernantes, destacando especialmente la gran ciudad de Cahokia, la mayor y más próspera de la Norteamérica arcaica, que pudo llegar a albergar hasta 40.000

habitantes y que contaba con centenares de túmulos, el mayor de los cuales alojaba el templo principal, de 30 metros de altura, 49 de anchura y unos 110 de longitud. Durante este periodo, el cultivo del maíz también adquirió gran importancia en la región atlántica, aunque allí no surgieron ciudades.

Los pueblos indígenas de los Bosques Orientales, herederos de aquellos, abarcan a los de la confederación iroquesa (como mohawks o wyandots), a los de lengua algonquina (delawares, shawnis, mohicanos, ojibwas, fox, shinnecocks, potawatomis e illinois) y a los de la familia lingüística siux (como iowas y winnebagos). Algunos de ellos emigraron hacia el Oeste durante el siglo XIX; otros permanecen aún en esta región.

El área cultural del Sudeste es una región semitropical situada al norte del golfo de México y al sur del Medio Oeste, que se extiende desde la costa atlántica hacia el oeste hasta encontrarse con Texas. Gran parte de este territorio estuvo formado por bosques de pinos que los indígenas de la región mantenían limpios de maleza, una forma de favorecer y controlar las cabañas de ciervos que los sustentaban. Su clima suave y húmedo permitió medios de supervivencia ligados a la caza y la pesca, en coexistencia con pueblos que encontraron en la agricultura (maíz, calabaza, girasol...), desde tiempo muy remotos (quizás incluso desde el año 3.000 a.C., cuando ya vivía en la región una población relativamente muy numerosa), el factor principal de su existencia, circunstancia más frecuente cuanto más al sur. En el 1400 aC se construyó una ciudad, conocida por los arqueólogos como Poverty Point, cerca de la actual Vicksburg, en Mississippi, dominada por una gran plaza central y con enormes túmulos de tierra que hacían las funciones de plataformas para los templos o de enterramientos cubiertos. El maíz fue introducido en la región en torno al 500 aC y, aparejado a él, llegó el desarrollo de otras actividades comerciales (cestería, cerámica...), así como un notable incremento demográfico.

En general, los nativos del Sudeste adoptaron un modo de vida sedentario, que les llevó al desarrollo de estructuras sociales extremadamente sofisticadas, tanto en aspectos organizativos, como jerárquicos y religiosos. Las aldeas (algunas verdaderamente populosas comparadas con las del resto de Norteamérica) solían situarse, para facilitar su defensa frente a enemigos potenciales, en atalayas rodeadas de empalizadas, con un foro central, en el que se erguía la Casa del Consejo, verdadero eje político de la vida cotidiana. La gran mayoría de las tribus tuvieron tiempo suficiente para desarrollar un notable conocimiento médico, sobre todo herbáceo. Al incrementarse el comercio de artículos manufacturados, la población siguió creciendo a gran ritmo hasta producirse los primeros contactos con los europeos, en que todo se interrumpió bruscamente.

Entre los pueblos del Sudeste figuran los cheroqui, choctaw, chickasaw y creek. En la zona correspondiente a lo que es hoy Florida y parte de la franja costera del golfo de México, aparecen grupos propios como: timucua, calusa, tunicu, atakapa, chitimacha, natchez... Estos últimos habían desarrollado una evolucionada cultura de construcción de túmulos, que sería totalmente destruida por los europeos durante el siglo XVIII. Por su parte, los seminolas, que vivían en los Everglades, la zona pantanosa del sur de la península de Florida, de clima particularmente cálido y húmedo, desarrollaron una cultura apropiada a ese hábitat especial. Por ejemplo, construían sus casas, llamadas chickis, sobre plataformas de madera elevadas por encima de la tierra y cubiertas, a su vez, por un tejado inclinado construido con hojas de palmito y sustentado en postes. Para permitir que la brisa circulara, el chicki no tenía paredes, lo que lo hacía especialmente práctico en aquel clima caluroso. En ocasiones, el hábitat pantanoso obligaba a los seminolas a usar ropa inusual para un clima tan caluroso. Por ejemplo, para proteger las piernas de juncias y mosquitos, usaban mallas de piel de ciervo. Para poder desplazarse a lo largo de los arroyos poco profundos, usaban canoas de fondo plano hechas con un tronco de ciprés, que ahuecaban con conchas de mar.

El área cultural del Sudoeste abarca los actuales estados de Arizona, Nuevo México, Utah, Nevada, Texas, la zona meridional de Colorado y la zona septentrional limítrofe de México. En ella, los indígenas se ubicaron cerca de las tierras altas, en montañas y cañones, así como en la parte baja, de tierras áridas. A pesar de ello, la caza proporcionaba alimentos en gran cantidad como venados, conejos, palomas o codornices, aunque también peligros como pumas, linces y serpientes de cascabel. Por otra parte, algunos frutos silvestres constituían una parte muy importante de la dieta de las gentes de esta región, que desarrollaron técnicas de irrigación y localización de pozos. Las abundantes cosechas proporcionaban además excedentes que exportaban, principalmente a México, donde también vendían turquesas. Los primeros habitantes de esta región cazaban mamuts y otros grandes mamíferos hacia el año 9500 a.C. con puntas de flechas y lanzas Clovis; sin embargo, al finalizar los periodos glaciales (hacia el 8000 a.C.), los mamuts desaparecieron. Entonces, comenzaron a cazar búfalos (con puntas Folsom) y dedicaron más tiempo a recolectar plantas silvestres. El clima fue haciéndose más cálido y seco y, entre el año 8000 y el 300 a.C., emergió una nueva forma de vida caracterizada por la caza sobre todo de ciervos y aves y la recolección de frutas, frutos secos y semillas de plantas silvestres, que molían con planchas de piedra para hacer harina. Hacia el 3000 aC, los habitantes del Sudoeste ya habían aprendido a cultivar el maíz, aunque durante siglos solo fue un componente menor de su alimentación. Así, en esta región, la más árida del subcontinente, pero también la de mayor contacto con las grandes civilizaciones mesoamericanas, se desarrollaron posteriormente las tres grandes culturas arcaicas.

La cultura mogollón, que floreció entre el siglo VI aC y el XVI de nuestra Era, surgió en las estribaciones de la Sierra Madre Occidental, en los montes Mogollón de Nuevo México, desde donde se extendió hacia el norte por el territorio de los actuales estados de Arizona y Nuevo México. Los mogollones vivían en viviendas semisubterráneas horadadas en paredes rocosas que facilitaban su defensa ante sus agresivos vecinos cazadores. A lo largo de su amplia historia, esta cultura difusa se adaptó muy bien a un entorno geográfico marcado por la presencia de bosques de pinos y escarpadas montañas y barrancos. Los mogollones solían enterrar a los muertos en ceremonias en que no faltaban las ofrendas de cerámica y piedras semipreciosas. Puesto que la calidad de las obras materiales de esta cultura es bastante sobresaliente, sus túmulos funerarios fueron muy saqueados en los siglos posteriores. En el siglo XI, coincidiendo con el auge del comercio con Centroamérica, que facilitó el desarrollo de la agricultura y la estratificación social, se produjo un primer *boom* demográfico que, sin embargo, se vio truncado en el siglo XIII. No obstante, se dio un reflorecimiento entre los siglos XIV y XV, en que los asentamientos principales crecieron en población, tamaño y poder. Paquimé, en Chihuahua, fue quizá el mayor de ellos, por lo que, a menudo, esta fase es individualizada como cultura paquimé. Esta ciudad, que dominaba una región en la que abundaban las llamadas "casas acantilado", construidas en cuevas de difícil acceso de la vertiente oriental de Sierra Madre, sostendría relaciones comerciales con Centroamérica, a la que proveía de minerales preciosos, como turquesas y cinabrio, además de productos provenientes de las costas del golfo de California, especialmente conchas. Finalmente, presionados por otras culturas, su identidad se diluyó.

Por su parte, los pueblos que sostuvieron la cultura hohokam entre el siglo II y mediados del XV, son unos grandes desconocidos. Ocuparon los terrenos desérticos de Arizona y Sonora y parte de Chihuahua surcados por dos grandes corrientes de agua, los ríos Colorado y Gila. Vivían, pues, en uno de los ecosistemas más difíciles para la agricultura y la vida humana, dadas las altas temperaturas y la escasa pluviosidad, que combatían construyendo canales de irrigación y encauzando los ríos Salado y Gila. Gracias a ello, obtenían hasta dos cosechas de maíz al año, aporte alimenticio que complementaban con la caza y la explotación de otros recursos vegetales salvajes, de los que obtenían harina, miel, licores y madera. Además, mantenían contactos comerciales con Centroamérica, a la que exportaban principalmente turquesas. Vivían en pequeñas aldeas de unos cuantos cientos de personas, compuestas por edificios muy agrupados. La vivienda típica era de planta alargada y semisubterránea (para protegerse del calor) y, en general, no poseía más de una estancia. Para cuando los europeos llegaron a la zona, los núcleos urbanos hohokam ya habían sido abandonados, presumiblemente a causa de un desastre epidémico que arruinó el sistema social nativo.

Hacia el año 700, los pueblos más septentrionales del Sudoeste, también agrícolas (maíz, frijol y calabaza), tras varios siglos de comerciar con los hohokam, modificaron su forma de vida, originando la que se conoce como cultura anasazi. Vivían en poblados de piedra escarpados en paredes rocosas en forma de terrazas, con paredes de bloques de adobe desnudas por el

Hacia el año 700, los pueblos agrícolas más septentrionales del Sudoeste de Norteamérica originaron la cultura anasazi. Vivían en poblados escarpados en paredes o riscos rocosos, en los que adosaban sus casas aterrazadas, hechas de bloques de adobe, como se aprecia en las ruinas de la foto, en Mesa Verde, Colorado.

exterior para mejor protección de sus moradores. Su organización social era de tipo comunitario. Los restos arqueológicos demuestran un gran conocimiento de la cerámica, el tejido y la irrigación. Practicaban una religión animista, basada en el culto de unos seres sobrenaturales o espíritus de los antepasados mediante ritos celebrados en cámaras subterráneas circulares llamadas *kivas*. Con el crecimiento demográfico, las viviendas se reagruparon en aldeas que, a partir del siglo X, llegaron a varios centenares de habitantes y que, por regla general, estaban situadas en mesetas, como la del cañón Chaco, o al abrigo de los acantilados rocosos, como en Mesa Verde. La orientación de los pueblos protegía de la lluvia y la nieve en invierno y de los mayores calores del verano, además de ser la más ventajosa como protección natural ante los enemigos. Agricultores sedentarios, al no conocer la metalurgia, utilizaban aperos de labranza de piedra y madera. En cambio, fueron adaptando paulatinamente las técnicas de irrigación provenientes de México. Construyeron pequeños embalses, canales y depósitos sacando agua de los ríos o reuniendo reservas de agua de lluvia, lo que refleja su funcionamiento comunitario. No obstante, no abandonaron la caza y la recolección practicadas por sus antepasados. Los anasazis dejaron numerosos petroglifos, con dibujos más o menos estilizados, en los acantilados de gres del desierto norteamericano.

A partir de 1275, el área padeció importantes sequías, quedando abandonados muchos poblados anasazi. Los de los márgenes del río Grande, por el contrario, crecieron y expandieron sus sistemas de regadío. En el siglo XV aparecieron en el Sudoeste algunos cazadores nómadas emigrados desde la región subártica. Saquearon los poblados de los indios pueblo (herederos de los anasazis) y, después de que los españoles fundaran los mercados de esclavos, pusieron a la venta a sus prisioneros; de los indios pueblo aprendieron a cultivar la tierra y de los españoles, a criar ovejas y caballos. En la actualidad, estos pueblos son el navajo y el grupo apache.

El sector occidental del Sudoeste estuvo habitado por individuos que hablaban lenguas de la familia yuma, incluidos los mojave, que vivían en la parte baja del río Colorado en pequeños poblados de chozas cercanos a los campos pantanosos de cultivo, y los solitarios havasupai, pueblo nómada que pasaba los meses de primavera y verano en el cañón Cataract, un ramal del Gran Cañón, y el otoño y el invierno en la meseta superior. Por ello sobrevivieron relativamente protegidos de las influencias culturales exteriores y consiguieron preservar su cultura indígena en mayor grado que cualquier otro pueblo del Sudoeste. Otros grupos pertenecientes a esta región cultural son los hopis de Arizona y la etnia tarahumara, que habita en el estado mexicano de Chihuahua.

En la fértil y ubérrima California habitaban numerosas tribus, clanes y poblados. Entre otras, destacaban las klamaths, modocs y yuroks en el noroeste; pomos, maidus, miwoks, patwins y wintuns en el centro, y las llamadas "tribus de las misiones" en el sur, cuyos nombres impuestos por los europeos (diegueños, luiseños, ignacianos, gabrielinos...) aluden a las misiones españolas que intentaban convertirlos al cristianismo. La misma abundancia de recursos dio como resultado un modo de vida muy similar en todos los grupos étnicos, pese a su diferente procedencia, lo que evitó muchas de las disputas íntertribales frecuentes en otras regiones. Los pueblos nativos de esta región poseían culturas tan variadas como su entorno y, en cierto sentido, su historia estuvo determinada por la manera en que se adaptaron a su medio ambiente. Por ejemplo, los pomos utilizaban los secoyas gigantes para construir sus casas, en forma de tipi. Hacia el año 8000 a.C. se desarrolló una forma de vida arcaica basada en la caza de ciervos, la pesca, la caza con red de aves migratorias y la recolección de piñas y semillas silvestres, que perduró sin grandes cambios hasta 1850, con la llegada masiva de buscadores de oro y colonos de todo el mundo. Los poblados eran sencillos, formados por chozas, que durante los meses más cálidos apenas se cubrían. La tecnología agrícola era muy compleja y la cestería alcanzó el grado de auténtico arte. En la costa de California, las gentes pescaban y cazaban morsas, delfines y otros mamíferos acuáticos. La riqueza de recursos fomentó un comercio muy reglamentado, que utilizaba las conchas de mar o cauris como *moneda* de cambio. Su contacto entre nativos y europeos no fue pleno hasta el siglo XVIII, cuando los españoles se establecieron de modo permanente.

Otra área cultural diferenciada se localizaba en la costa Noroeste del Pacífico, desde Alaska hasta California, una estrecha franja de terreno rica en pesca, caza y tubérculos, cuyos recursos permitieron que se crearan grandes aldeas, con casas de madera de hasta 30 metros de diámetro, donde vivía cada familia con su jefe. El esquema básico de su vida apenas cambió y, a lo largo de los siglos, la artesanía en madera fue adquiriendo un alto grado de perfección. Con la llegada de los colonizadores se consolidó muy pronto el comercio, especialmente el intercambio de pieles y otros productos por utensilios y herramientas de metal y por baratijas. De aquellas tribus arcaicas derivaron las modernas chinook, salish, makah, tlingit, tsimshian, haida, kwakiutl y nutka.

También al oeste se hallaban los pobladores de la Meseta, región que comprende los bosques perennes y las montañas de Idaho, el este de Oregón y Washington, el oeste de Montana y la parte limítrofe de Canadá. Aquellos primeros indígenas se alimentaban de los salmones que abundaban en los ríos que bajaban de las montañas, así como de raíces y tubérculos de las praderas. A menudo secaban unos y otros y los almacenaban para la estación invernal. Las aldeas estaban constituidas por casas redondas hundidas en la tierra para protegerse de los rigores del invierno y por chozas durante el verano. Su territorio era paso obligado de las tribus nómadas, con las que comerciaban e intercambiaban comida. Entre estos pueblos se incluyen los nez percés, walla-wallas, yakimas, umatillas, flatheads, spokanes, okanagones, cayuses y kutenais.

En cambio, la zona de la Gran Cuenca, inmediatamente inferior a la Meseta y que abarca gran parte de Nevada y algunos territorios de Utah, Oregón, Idaho, Wyoming y California, es un terreno montañoso y árido en el que la agricultura es muy pobre. El área tiene de inusual el hecho de que sus ríos no desaguan en el mar, sino que drenan el desierto. A causa de la latitud y la altitud, las temperaturas son extremas. La recolección de frutos silvestres, especialmente piñones y bellotas, así como las raíces de camasia, cebolla y junco, eran la base de la alimentación de los primeros pueblos allí establecidos. La caza escaseaba, pero con suerte se conseguían ciervos, berrendos y carneros americanos. Al ser tan escasa, los habitantes de estas zonas organizaban grandes cacerías cada cinco u ocho años, ritmo que permitía el repoblamiento natural. Los indios de esta zona, entre los que destacan los shoshonis, paiutes y utes, se caracterizaban por ser recolectores y nómadas, lo que favoreció que fueran fácilmente reducidos por los colonizadores.

Por su parte, la forma de vida por excelencia de las grandes praderas de las Llanuras Centrales, que se extienden, en el eje norte-sur, desde el centro de Canadá hasta la frontera de México, en el río Grande y, en el este-oeste, desde el valle del Mississippi, en el Medio Oeste, hasta las primeras estribaciones de las montañas Rocosas, era la caza del bisonte, lo que provocaba que la gran mayoría de sus pobladores fuesen nómadas. Los rasgos culturales de esos pueblos son los que hoy se toman como "típicos" de todos los indios norteamericanos: largos tocados de plumas, tipis, pipa ceremonial, trajes de cuero, danzas de significación religiosa, insuperables prestaciones como jinetes...

En el Oeste norteamericano, las tribus nómadas arcaicas cazaban bisontes, muflones, ciervos y pájaros, aunque también recurrían a la pesca y, desde el año 8000 aC, al cultivo de nueces y semillas. Las dificultades de supervivencia en un medio no demasiado generoso motivaron densidades de población muy bajas y una tendencia al nomadismo pues había que recorrer grandes distancias para poder conseguir todo lo que permitiría la supervivencia. La abundancia de caza (en el centro del continente vivían millones de bisontes, además de muchos otros animales) no suponía que fuera sencillo conseguirla y la agricultura era difícil en un clima seco en verano y muy frío en invierno. Pero, a pesar de todo, diversos grupos vivieron en esta región durante miles de años, con unos sistemas sociales y culturales totalmente adaptados al medio. Se sabe muy poco de estas sociedades debido a que su nomadismo hace difícil su estudio, por la escasez de restos materiales. Sus primeras evidencias arqueológicas son huellas de tipis y las llamadas "medicine wheels" ("ruedas medicinales"), cuya distribución por la parte norte (especialmente en Wyoming) evidencia asentamientos grandes y estables de viviendas plurifamiliares de una sociedad con un sistema de creencias desarrollado, antecedente del de las tribus que posteriormente ocuparon estos territorios. En general, los poblados eran simples, pero habían desarrollado técnicas de almacenamiento de alimentos muy sofisticadas. La mayoría de los pueblos de las Grandes Llanuras vivían como pequeños grupos nómadas que se desplazaban siguiendo a las manadas en busca de alimento y pieles.

Las evidencias arqueológicas muestran un largo periodo de sequía en toda Norteamérica durante el siglo XIII. A partir de entonces, las grandes praderas empezaron a atraer a tribus de otras regiones, que llegaron a las llanuras en busca de mejores condiciones y acabaron mezclándose o acaparando el espacio de los primeros moradores. Pueblos de lengua algonquina bajaron desde el norte subártico y desde los Grandes Lagos. Los siux se desplazaron desde los grandes bosques del Nordeste; los athabascos, desde el norte; tribus de lengua shoshoni y kiowa, desde el oeste, y de lengua caddo, desde el sudeste. Pese a la diversidad de orígenes, la mayoría de ellas adoptaron un modo de vida similar. La conquista o conservación de los respectivos territorios de caza y el dominio de las cordilleras, lugares que proveían de hierbas medicinales y muchos otros productos que no se encontraban en los llanos, provocaban conflictos y rencillas que, en ocasiones, convirtieron a estas tribus en enemigas crónicas. El grupo que consiguió ocupar los principales y mejores territorios fue el de los lakotas o siux. Quienes más se opusieron fueron los crows. Otras tribus de la zona eran las arapajoes, assiniboines (parientes y aliados de los lakotas) y shoshoni-bannocks, aliada de los crows. También destacaron los pies negros, cazadores de búfalos, como también lo eran los pawnis. Agrícolas eran, por ejemplo, mandan e hidatsa, que vivían en las márgenes del río Misuri y que eran conocidos por los comerciantes franceses como gros ventrés. Otras tribus, como los comanches, llegaron a las praderas mucho más tardíamente, hacia 1450. El de las Grandes Llanuras no era un mundo cerrado en que cada grupo viviera aislado del resto, sino más bien todo lo contrario. No había fronteras delimitadas, pero sí unos territorios de caza y unas alianzas intertribales.

LA VIDA COTIDIANA DE LOS INDIOS

La organización social variaba en complejidad y en formas según pueblos y momentos históricos, aunque siempre condicionada por una serie de factores ambientales, como el clima, los recursos disponibles y la mayor o menor agresividad de los grupos vecinos. Por ejemplo, los pueblos que habitaban en regiones desérticas con escasos recursos naturales, vivían en pequeños grupos que se movían frecuentemente para encontrar fuentes de alimento, madera u otros materiales. El pequeño tamaño del grupo implicaba que no necesitaba un gobierno o una organización social demasiado estructurados, ni leyes estrictas, pero sí mucha flexibilidad para adaptarse mejor a las cambiantes circunstancias del entorno. A los nativos que vivían en áreas de recursos naturales abundantes, o en tierras fértiles, les bastaba con establecer poblados permanentes. Esa mayor concentración humana exigía una mayor y más compleja organización. Por ejemplo, las construcciones y las infraestructuras necesitaban disponer de una mayor y más especializada fuerza de trabajo y una minuciosa planificación. También tenía que ser más complejo el sistema de gobierno y toma de decisiones, así como las normas de conducta social y el reparto de funciones y tareas. Así, en el Noroeste, los indios desarrollaron una estratificación social importante, que era casi inexistente entre los navajos y demás pueblos de la zona árida de Norteamérica, para los que la familia nuclear era la única base de la sociedad.

En términos generales, cada comunidad estaba gobernada por un consejo, formado por representantes de cada una de las familias, bandas y clanes que se reconocían como hermanos. Por lo común, el consejo elegía a un hombre (raramente a una mujer) que actuaba como jefe y que, por tanto, tenía la voz decisiva y actuaba como principal portavoz a la hora de tratar con otros pueblos. En muchas regiones las familias se distribuían en clanes, que solían disponer comunitariamente de los recursos (terrenos agrícolas, pozos, cotos de caza y pesca...), que distribuían y asignaban según las necesidades de cada momento. En consecuencia, la noción de propiedad privada era absolutamente extraña a los indios norteamericanos, que, llegado el momento, serían totalmente incapaces de comprender la mentalidad posesiva y egoísta de los blancos. El jefe era responsable del bien común. Dado que los indios no poseían (salvo contadísimas excepciones) leyes escritas, solo normas orales, todos los asuntos y litigios se sometían a deliberación y decisión en el consejo.

El principal rasgo de carácter común de todos los indios era su amor a la independencia, a la personal, pero también a la guardada celosamente por cada tribu, banda, clan, linaje e, incluso, familia. Si la situación lo requería, solían confederarse para la guerra ofensiva o defensiva bajo un jefe de guerra común (distinto del de paz, que seguía manteniendo sus funciones internas), asesorado por un consejo de ancianos. Aunque algunas de esas confederaciones perduraron siglos, como fue el

En términos generales, cada comunidad india tradicional era gobernada por un consejo formado por representantes de cada una de las familias, bandas y clanes que la formaban. Dado que, salvo excepciones, no poseían leyes escritas, todos los asuntos y litigios se sometían a deliberación y decisión en el consejo.

caso de la Liga de los Iroqueses, la vida tribal se mantenía autónoma en todo lo no referente a las actividades guerreras y ningún estrato social o individuo estaba obligado a seguir la decisión general o mayoritaria.

La familia era la mayor unidad social permanente para la mayoría de las tribus establecidas en la Gran Cuenca, el Ártico y la Baja California, lugares en que los recursos eran escasos; mientras que en casi todos los pueblos cazadores y recolectores lo era la banda, a la que cada familia podía asociarse o no. Durante la primavera y el verano, se reagrupaban en una banda; pero en las épocas frías se separaban en unidades más pequeñas. De hecho, muchas de las llamadas tribus no eran, en realidad, más que bandas de gran tamaño. Por ejemplo, los comanches, aunque compartían lengua, costumbres e identidad étnica, nunca se llegaron a organizar como una tribu compacta, sino que siempre se mantuvieron como un conjunto de bandas. En ausencia de un consejo tribal, el líder de la banda era un hombre que antes se hubiera distinguido en la guerra o como chamán. Él ordenaba las cacerías o los desplazamientos a un nuevo emplazamiento y, en general, tomaba, o sugería, las decisiones importantes que afectaban a todo el grupo, aunque no se involucraba en las disputas internas ni en las decisiones personales. El liderazgo era informal y se apoyaba más en el prestigio que en la autoridad.

Las auténticas tribus, no necesariamente mayores en tamaño, se solían organizar de un modo más rígido y complejo, y mostraban mucha mayor cohesión grupal. Por ejemplo, los indios de lengua yuma que vivían a lo largo del río Colorado se organizaban en tribus agrícolas de 2.000 a 3.000 miembros. Cada una de ellas tenía varios jefes (incluido uno de paz y otro de guerra) y un fuerte sentido tribal. Durante las etapas de guerra, todos se reunían para combatir. Sin embargo, en tiempos de paz, las tribus se volvían a desagregar en bandas. Tras el contacto con los europeos, algunos grupos de las llanuras se organizaron como tribus permanentes para sobrevivir a la invasión colonial. Por ejemplo, los cheyenes, unos 4.000, se gobernaban mediante un consejo de 44 jefes que se convocaba una vez al año cuando se reunía toda la tribu para la cacería anual de bisontes. El resto del año, sin embargo, los cheyenes vivían en bandas.

Las familias integradas en una banda se entroncaban mediante linajes o clanes. Aquellos eran grupos cuyos miembros compartían un mismo antepasado común, mientras que los clanes, que persistían durante muchas más generaciones, aunque solían referirse a un mismo ancestro común, no podían trazar con seguridad el árbol genealógico. En ambos casos, la sociedad solía ser de tipo matrilineal. En algunas tribus, los clanes se denominaban en referencia a un animal totémico y trazaban su genealogía respecto a la historia mitológica que les unía a él. Por ejemplo, entre los hopis, el clan del oso surgió, según la mitología, cuando un grupo dejó el submundo y se encarnó en el cuerpo de un oso muerto. Clanes y linajes servían para organizar muchos aspectos de la vida del poblado. Por ejemplo, la pertenencia a uno u otro solía determinar con quién se podía casar o no un individuo y a quién se transmitía su poder político cuando un jefe moría. Los individuos eran profundamente leales a su clan.

Una de las figuras claves en la cultura y religión india eran sus ancianos, encargados de la formación moral y de la transmisión de la herencia mitológica y espiritual de cada pueblo. Por regla general, la muerte era algo muy respetado, ya que era algo inevitable. No se temía ni era vista como el final de la vida, sino como una parte integral de ella, un tiempo de transición de un mundo a otro. Casi todos los pueblos creían que, tras la muerte del cuerpo, el alma seguía viva.

En cuanto a las relaciones de género, se consideraba que la mujer, fuente de vida, estaba emparentada con la Madre Tierra. Por tanto, jugaba un importante papel en la vida cotidiana. Ella, entre otras muchas funciones, preparaba la caza o las cosechas, se ocupaba de la cocina y los niños, de acarrear agua y curar la carne, de coser y atender el fuego e, incluso, de fabricar herramientas y armas. Aun sin poder decisivo ni representatividad en los consejos, cualquier madre, por ejemplo, podía llegar a tener suficiente influencia en sus hijos para disuadirlos de ir a la guerra. En general, los indios las veneraban y, a veces, temían sus poderes, especialmente durante el periodo menstrual. No era raro que, durante esa fase, la mujer se aislara en una pequeña choza alejada del poblado. Los indios, en general, creían que la sangre menstrual era maligna y que cualquier contacto con objetos sagrados era desencadenante de enfermedades; a cambio, creían también que era una purificación natural, por lo cual las mujeres no necesitaban someterse a la que los chamanes regularmente hacían a los hombres.

El matrimonio entre los indios era, por regla general, un asunto social, no individual, y generalmente el fruto de la relación entre dos familias. No obstante, en algunas áreas culturales, especialmente en el Ártico, Subártico y Gran Cuenca, los jóvenes tenían un mayor control sobre su decisión matrimonial. En general, los únicos inconvenientes insalvables eran los tabúes del incesto y del matrimonio entre parientes cercanos. Cuando una persona se casaba, no solo asumía compromisos respecto a su pareja sino también a su nueva familia política. Por ejemplo, entre ciertos apaches, cuando un hombre se casaba se comprometía a proporcionar el sustento a los padres de su esposa durante el resto de su vida, incluso aunque la esposa muriese. En casi todas las tribus, el matrimonio se efectuaba a una edad muy temprana. Las chicas se consideraban casaderas tras su primera menstruación; es decir, alrededor de los trece años. Los chicos se solían casar antes de los veinte. Muchas de las tribus consentían la sexualidad prematrimonial, aunque algunas, como la cheyene y la crow, daban un alto valor a la castidad. No estaban prohibidos los matrimonios intertribales, pero no eran lo habitual. La mayoría de las tribus permitían la poliginia, es decir, el matrimonio de un hombre con dos o más mujeres (a menudo, dos hermanas), pero, por regla general, solo los hombres poderosos o ricos podían permitírselo, especialmente en las Llanuras y en la Costa Noroeste. En el polo opuesto, los iroqueses y los indios pueblo, por ejemplo, eran totalmente monógamos.

Los ritos matrimoniales variaban mucho de una tribu a otra. En algunas sociedades, no se realizaba ceremonia formal alguna: el simple intercambio de regalos o dotes sancionaba el matrimonio. En otras, sin embargo, se llevaban a cabo ritos muy elaborados y fastuosos, con grandes celebraciones. Pasaba esto, por ejemplo, entre los hopis del Sudoeste, donde duraban más o menos una semana e involucraban a los miembros de ambas familias. Por lo común, la de la novia se dedicaba a preparar grandes banquetes para demostrar sus habilidades como cocinera, mientras que la del novio proveía los alimentos, la leña y el vestuario, para demostrar su capacidad para abastecer a su futura familia. Tras el matrimonio, lo más habitual era que la novia abandonase a su familia o su banda y se fuese a vivir para siempre con la de su marido. Pero también se daba el caso contrario, como, de nuevo, entre los hopis. Menos comunes eran los acuerdos matrimoniales en que la nueva pareja podía elegir su lugar de residencia o hacerlo alternativamente en los de ambas familias. El divorcio no era desconocido y, en algunas sociedades, era hasta común. Los únicos individuos solteros en aquellas sociedades nativas eran los jóvenes, los enviudados, los divorciados y, caso muy especial, los llamados berdaches o "dos espíritus", hombres que asumían el comportamiento, las maneras y las tareas de las mujeres, llegando incluso a casarse con un hombre para formar un matrimonio convencional, salvo por el detalle de la masculinidad de ambos cónyuges. También se daban casos de mujeres con comportamiento totalmente masculino.

Teniendo en cuenta la alta mortalidad infantil, lo normal era que las parejas desearan muchos hijos, lo que aseguraba la ayuda futura y el cuidado de los padres cuando llegasen a la vejez. Los niños, que muchas veces eran cuidados por la familia amplia, y no solo por los más allegados, recibían poca educación formal, pero sí mucho entrenamiento en las actividades propias de su cultura y su género. Una herramienta de aprendizaje muy común eran los relatos de viejas historias tradicionales que, a modo de moralejas, iban imbuyendo la cultura tribal a los jóvenes. La disciplina y el castigo de los hijos recaían casi siempre en otra persona distinta de los padres, por lo común la hermana paterna o el hermano de la madre, con lo que se conseguía que no surgieran demasiados resentimientos entre padres e hijos. El castigo físico era raro; mucho más común era la ridiculización de los comportamientos. En algunas tribus, como los crows, cada persona tenía un familiar previamente designado encargado de reírse de él y parodiarlo en público, así como de afearle su mal comportamiento.

Los ritos de pubertad o iniciación marcaban el paso a la edad adulta. En algunas sociedades nativas, como los siux, los muchachos eran iniciados mediante una ceremonia que incluía trances y sueños inducidos para que entrase en contacto con el mundo espiritual. La ceremonia solía iniciarse con un baño de vapor purificador, mientras el chamán oraba e invocaba a los espíritus para que viniesen en ayuda del muchacho. A continuación, este se dirigía en solitario a una loma cercana, vestido solo con un taparrabos y mocasines. Acurrucado en un hoyo, permanecía allí cuatro días, sin comer, hasta que le llegaba una visión o un mensaje de su espíritu guardián, que tomaba la forma de un animal, una persona o un fenómeno natural y le proporcionaba una guía espiritual y un objetivo vital para toda su vida. Generalmente, el contenido de esta visión se traducía en el nuevo nombre de adulto que el muchacho tomaba a partir de ese momento. El ritual femenino era distinto. Aunque también podía buscar una visión, lo más común es que se relacionara con su primera menstruación. En las tribus del Yukón canadiense y de la Meseta estadounidense, la muchacha debía seguir un comportamiento especial de uno a cuatro años. Por ejemplo, se tenía que abstener de algunos tipos de alimentos (que, en caso contrario, *contaminaría)*.

Las viviendas de algunos pueblos indígenas podrían parecer sencillas, pero eran bastante complejas. Los iglús de los esquimales (especialmente de los del centro del Ártico), construidos con hielo (mejor dicho, con nieve compactada) en invierno o con pieles en verano, estaban dispuestos sobre un armazón de madera o barbas de ballena de forma abovedada, con una entrada semihundida para mantener el calor del interior y permitir su ventilación. Solían guarecer a una sola familia y sus medidas iban desde los 2 a los 4,5 metros de diámetro en su base. Otros grupos esquimales vivían en casas de piedra cubiertas con tierra y soportadas sobre una estructura de costillas de ballena o tablones recogidos del mar. El chicki de los seminolas, climatizado de forma natural, se componía de una techumbre, generalmente de hojas de palmito, que cubría e impermeabilizaba una plataforma levantada sobre el suelo pantanoso y abierta a ambos lados, de 3 a 5 metros de diámetro, por 3 de altura. El clima cálido y húmedo de su Florida original hacía este tipo de viviendas mucho más confortables que las cerradas por paredes, que impedían la circulación del aire. El tipi de los pueblos de las Grandes Llanuras proporcionaba una vivienda eficaz para quienes debían trasladar su campamento para poder cazar. Estas tiendas de pieles de bisonte y silueta cónica tan conocida, disponían de un agujero en el vértice superior que permitía la salida de humos de la hoguera que, desde el centro del espacio interior, presidía la vida de sus ocupantes. En caso de lluvia, esta abertura se podía cerrar fácilmente. El tipi más habitual medía entre 3,5 y 5 metros de diámetro en la base y se solía adaptar a las variaciones climáticas: en verano, se solía arrollar su cubierta para permitir la circulación de aire, mientras que en invierno se recubría de una segunda capa interna de pieles para aislar el interior de la nieve y el gélido aire.

El wigwam, propio de los algonquinos de los bosques del Nordeste (que, en verano, se trasladaban a cobertizos abiertos), era una especie de choza abovedada sustentada por arbolillos flexibles o por pequeños postes plantados en el suelo y doblados hasta formar una estructura arqueada, que se cubría con planchas de corteza, esteras entretejidas o pieles de animales. Se dejaba una abertura en la estructura a modo de puerta, que también se podía cubrir con pieles o esteras, a modo de cortinas. Un agujero en el techo permitía la salida de humos. En estas viviendas, que solían medir de 2 a 6 metros en la base, se alojaban una o dos familias. Los apaches del Sudoeste y los paiutes de la Gran Cuenca utilizaban una vivienda similar, a la que llamaban wickiup, de estructura de ramas duras pero flexibles, recubierta de hierba, maleza o pieles. Tampoco era muy distinto, aunque más grande, el hogan, la vivienda tradicional de los navajos, una casa de techo abovedado y planta circular o poligonal (de seis a ocho lados) hecha de troncos o postes y revocada con barro o tierra. Tradicionalmente, su puerta de entrada se dirigía al este para saludar al sol naciente de cada mañana. Diseñada para una sola familia amplia, solía tener más de 7,5 metros de diámetro.

Las tribus agrícolas de las llanuras, como los paunis y los mandan, vivían en poblados de casas de tierra de gran tamaño recubiertas del mismo material y techo abovedado sustentado sobre un entramado de ramas y vigas, que proporcionaban un buen aislamiento ante el alto calor veraniego y el intenso frío invernal. Los iroqueses construían grandes cabañas (con cabida para de seis a 10 familias), con techo tradicional de entramado sobre el que se colocaban lascas de corteza de árbol, a modo de tejas superpuestas. Los indios pueblo vivían en edificios complejos de adobe y formados por apartamentos familiares superpuestos y aterrazados. También construían kivas, estancias subterráneas o casi, de uso religioso o ceremonial, a las que se accedía por el techo en el que se abrían trampillas desde las que se descendía al interior por escaleras de mano. Por su parte, la vivienda típica de los indios de la Costa Noroeste era la cabaña de tablones de madera.

Como es lógico, las sociedades menos populosas se dieron históricamente en las regiones en las que escaseaban los alimentos. Valgan como ejemplo los crees, los pueblos de habla athabasca de la región subártica de Canadá y los paiutes del desierto de Nevada. A partir del momento en que se comenzó a practicar la agricultura, aproximadamente desde el año 5000 aC, en el actual Illinois, las comunidades aumentaron en número, hasta llegar a estar formadas por miles de individuos. El primer cultivo conocido fue la calabaza y después llegaron el algodón, el girasol, la sandía y el tabaco, aunque, con el tiempo, el principal sería el maíz, que enseguida se convirtió en un componente de la dieta diaria de muchos indios, sobre todo de las regiones más áridas. Hacia el año 800, los indios norteamericanos cultivaban sobre todo judías, calabazas y maíz. Por entonces ya estaban muy adelantados los cultivos de regadío del Sudoeste y la selección de semillas. El desarrollo definitivo de la agricultura marcaría un punto de inflexión en el progreso de los nativos norteamericanos. Al asegurar el alimento todo el año, hizo posible la proliferación de tribus sedentarias y, en consecuencia, sociedades más complejas y evolucionadas. Los indígenas utilizaban aperos manuales, pero todavía no el arado ni los animales de tiro. Los pueblos agrícolas recurrían también a la caza y la recolección de plantas, semillas, frutos, bayas y hierbas. Sin embargo, hasta la llegada de los europeos, eminentemente agropecuarios, el ganado tuvo en Norteamérica una importancia menor que en el resto de los pueblos del mundo. Se ingerían más proteínas procedentes del pescado y la caza, especialmente de ciervo o bisonte.

Los nativos pescaban en el mar, los ríos y los lagos de todo el país, mediante todo tipo de arpones, ganchos, redes, trampas e, incluso, venenos. Se pescaba sobre todo salmones y, en el norte ártico, hasta ballenas.

Desde muy temprana edad, los niños aprendían el arte de la caza con sus padres o sus abuelos. Aprendían a utilizar trampas, a fabricarse las armas, a utilizar la ropa adecuada y a moverse con sigilo y presteza para no espantar a las presas. Tras la desaparición de los grandes mamíferos, las piezas más codiciadas eran los grandes rumiantes (caribú, alce, bisonte, antílope cabra, ciervo, muflón de las Rocosas...), los carnívoros y carroñeros (oso, coyote, lobo, zorro y puma); los mamíferos marinos (foca, león marino, ballena...); las aves (águila), y los animales de caza menor (pato, ganso, pavo, conejo, castor, mapache, comadreja, ardilla...). En las Grandes Llanuras, las tribus sobrevivían cazando bisontes. Hasta la llegada del caballo, generalmente lo hacían a pie llevando a la manada hacia un precipicio y haciendo que se precipitara al vacío. Un bisonte daba una media de 160 kg de carne, pero de cada uno se aprovechaba mucho más que ella: piel (para vestirse o forrar tipis o embarcaciones, confeccionar escudos...), tendones (para fabricar cuerdas de arcos), cuernos y huesos (instrumentos de cocina).

A menudo, los alimentos se comían con las manos, aunque muchos grupos utilizaban cubiertos y platos de cuerno o hueso. En el Noroeste y alrededor de los Grandes Lagos, los nativos recogían la savia de los arces, que utilizaban después como sazonador universal. Como edulcorantes se utilizaba fruta, miel salvaje y, en las zonas tropicales, vainilla. En el Sudoeste se usaban casi a discreción los chiles. La sal era una sustancia rara y cara, que se obtenía por evaporación del agua marina. La carne o el pescado se cocinaba asándolos sobre una hoguera, cociéndolos dentro de hoyos rellenos con piedras calientes o hirviéndolos en un cacharro de piedra o arcilla colocado sobre una llama de aceite de foca (como hacían los esquimales),

Los nativos, además de cazar y recolectar, pescaban en el mar, los ríos y los lagos de todo el país, mediante todo tipo de arpones (como el pescador de la tribu hupa de la foto), ganchos, redes, trampas e, incluso, venenos.

o en una cesta de entramado fino recubierto de resina y rellena con agua y con piedras calientes. Los indios aprendieron a preservar y almacenar alimentos para el invierno o para los viajes. Los enterraban en hoyos, que el sol iba secando, los desecaban al sol o los ahumaban sobre fuegos o en fumaderos especiales. Algunas tribus, de viaje o en guerra, llevaban un paquete de pemmican, un alimento de alto contenido proteínico y de larguísima conservación.

Los indios no concedían demasiada importancia a la vestimenta, pero sí a los adornos. Las tribus septentrionales se vestían de pieles; muchas de las del sur confeccionaban groseros tejidos de fibras vegetales y de algodón. Los pueblos de climas cálidos, por ejemplo, apenas cubrían sus cuerpos, excepto en las celebraciones; en tales ocasiones se adornaban con flores, se pintaban el cuerpo y usaban extraordinarios tocados o penachos de plumas. También abundaban los tatuajes. Los pueblos cazadores confeccionaban prendas con pieles curtidas de ciervo, alce o caribú; solían tener forma de túnica, más largas las de las mujeres que las de los hombres, con mangas y perneras desmontables. En el Ártico, los inuits y los aleutianos vestían abrigos *(parkas)*, pantalones y botas de caribú o, si era preciso, de piel impermeable de algún mamífero marítimo (foca, morsa, león marino...).

Hombres y mujeres mataban el tiempo jugando mucho a una amplia serie de juegos, desde los dados a las adivinanzas. Los niños jugaban con figurillas de barro y juguetes en miniatura, imitando las actividades de los adultos, y especialmente la guerra y la caza; las niñas, con muñecas de trapo. Los jóvenes y los adultos, sobre todo los del Nordeste, practicaban en grupos más o menos numerosos un juego de pelota parecido al actual lacrosse, que sería adoptado por los colonizadores europeos. Las carreras a pie, la lucha, el tiro con arco y, tras la llegada de los españoles, las carreras de caballos estaban por lo general a la orden del día.

El medio de transporte más común del indio norteamericano fue el viaje a pie, al igual que el primordial medio de acarreo de bultos fue la mochila, más comúnmente llevada a la espalda por las mujeres, pues, se supone, el hombre debía estar en todo momento presto a la defensa o a perseguir a la posible caza. La rueda, utilizada en el Medio Oeste a partir del año 3500 aC, no fue conocida en el resto de Norteamérica hasta la llegada de los europeos. Las canoas se usaron como medio de transporte casi en todo el subcontinente, excepto en regiones como la Gran Cuenca y el Sudoeste. En el Ártico, Subártico, Nordeste y Meseta, la mayoría se construían con estructura de madera recubierta con corteza vegetal (especialmente de olmo entre los iroqueses) o pieles de animales. Las más ligeras y maniobrables fueron las de madera de abedul utilizadas por los algonquinos. Las piraguas hechas con troncos vaciados también fueron comunes en buena parte de Norteamérica, especialmente en la Costa Noroeste, donde pueblos como el haida, el nutka y el makah fueron auténticos maestros en su construcción y manejo. Los mandan utilizaban otras canoas circulares, recubiertas con piel de bisonte, conocidas en inglés como *bullboat*. Los ojibwas y otros pueblos del actual Canadá utilizaban trineos y raquetas de nieve, de diferentes tamaños y diseños, para desplazarse y para acarrear todo su campamento durante el invierno helado. En las Grandes Llanuras, los necesarios desplazamientos de los pueblos nómadas y seminómadas fueron lentísimos y muy dificultosos hasta la llegada del caballo. Hasta entonces, los indios se servían de los perros amaestrados como animales de tiro (a veces también de alces), que arrastraban unas ligeras estructuras de madera llamadas *travois,* consistentes en dos palos sujetos mediante un arnés al animal y entre los que se colocaba un entramado de pieles para situar la carga. Estos travois se adaptarían después a los caballos.

El comercio constituía una actividad económica trascendental en todos los grupos indígenas del continente. Se solía practicar gracias a los grupos nómadas que eran recibidos en cada poblado por el jefe local, que supervisaba todas las transacciones. En casi todas partes gozaban de gran consideración comercial las pieles y las plumas de vivos colores, así como las herramientas y utensilios de cobre, y todo tipo de ornamentos. En el Oeste, la cecina de salmón, el aceite de pescado y las cestas tejidas con fibras vegetales constituían mercancías muy apreciadas, mientras que en el Este se comerciaba más con pieles curtidas, cobre, perlas y conchas de mar. Con el tiempo se fueron estabilizando las grandes redes comerciales. Las conchas marinas del sur de California se vendían hasta el sudoeste de Colorado y el este de Texas. Los mojaves, que vivían a lo largo del río Colorado, en el Sudoeste, adquirían conchas y manufacturaban con ellas todo tipo de objetos, que vendían a los hopis de Arizona a cambio de productos textiles y cerámica. Los guacamayos de origen mexicano, muy apreciados por sus coloridas plumas, eran transportados vivos a Nuevo México y Arizona. Las tribus nómadas de las Grandes Llanuras comerciaban con carne seca, grasa, pieles curtidas, tipis, abrigos de piel de bisonte y vestidos de gamuza a cambio de maíz, judías, calabazas y tabaco de los pueblos sedentarios. Otro producto de gran aprecio en el mercado eran las mantas de los navajos.

En 1900, a pesar de todo, en Norteamérica se hablaban aún más de 300 lenguas, ninguna de ellas escrita. En algunas zonas, como el Ártico, solo se hablaba una, aunque con diferentes dialectos. En otras, sin embargo, como en California, había más diversidad de lenguas que en toda Europa. Los habitantes de algunas regiones no solo hablaban su lengua nativa sino también las de los grupos con quienes mantenían contacto habitual. Algunas regiones poseían un idioma comercial, lengua simplificada o mezcla de varias de ellas, útil para los comerciantes. Entre ellas estaban la chinook de la costa del Pacífico y el mobilio del Sudeste. No obstante, el lenguaje más utilizado era el de señas, muy elaborado, sobre todo en la costa del golfo de México y en el extremo sur de las Grandes Llanuras. Por su parte, las señales de humo se empleaban sobre todo en la región del Mississippi y en la Meseta, donde la orografía permitía divisarlas hasta unos 80 kilómetros de distancia. En tal caso, el fuego se encendía en un lugar elevado y se conseguía humo denso al quemar hojas verdes y hierba húmeda.

Aunque no existía auténtico dinero en las sociedades nativas antes de la llegada de los europeos, algunos artículos eran utilizados como moneda de intercambio. Entre ellos, las conchas dentadas o dentalia de la Costa Noroeste, los discos de conchas de California o las pieles de castor en la región Subártica. A partir del siglo XVI, en el Nordeste, muchas tribus comenzaron a usar *wampums,* cuentas cilíndricas elaboradas con conchas marinas. Estos abalorios, al igual que pequeños retales tejidos con pictogramas, se solían ensartar en cuerdas, correas, bandas, pulseras, collares o, entre otras muchas posibilidades, cintas para el pelo. El valor del wampum se incrementaba proporcionalmente a la distancia geográfica con su lugar de origen. Además de este valor transaccional, tenían también otro ceremonial o testimonial, pues se entregaban para sellar acuerdos de todo tipo, queriendo manifestar así la sinceridad del compromiso, especialmente en los casos de tratados y acuerdos de paz. Sin embargo, a mediados del siglo XVIII, a consecuencia de su fabricación en serie, dejaron de utilizarse.

Las guerras entre tribus eran frecuentes y siempre una actividad muy ritualizada, a la que algunas tribus daban un énfasis especial, casi místico o religioso. Mientras la mayoría de los pueblos de la Gran Cuenca y el Ártico carecían de una organización política y militar volcada a la guerra, en las Llanuras, el Nordeste y el Sudeste, la guerra era una parte integral y fundamental de la cultura, por lo que no es extraño que de allí fueran los guerreros más fieros y temibles. Todos los conflictos eran guerras territoriales, de honor, pillaje o venganza, no obstante, aun en esas zonas de cultura belicosa, raramente involucraban a tribus enteras ni buscaban la destrucción del adversario. El valor y la bravura en combate eran los principios fundamentales de la cultura india y el combatiente valeroso tenía también un lugar importante en la tribu. En las Grandes Llanuras, la guerra era considerada una especie de deporte en el que los individuos podían conseguir los logros que fundarían su posterior prestigio en la vida diaria de su pueblo. Los guerreros más valerosos no eran aquellos que más enemigos mataban, sino que les solía servir con golpearlos y demostrar así su valor y su bravura, sin necesidad de llegar a matarlos. Cada golpe asestado al enemigo le ganaba el derecho al guerrero a incorporar una pluma más a su penacho. La batalla, como es obvio, también tenía muchos riesgos para los guerreros. Entre ellos, por supuesto, el de morir o resultar herido. Pero también no poder demostrar valor, lo que le acarrearía la pérdida de respeto en su tribu. Si moría o quedaba inútil, su familia quedaba desprotegida; pero si mostraba cobardía, le causaría un grave deshonor. Por otra parte, la muerte de demasiados guerreros suponía desprestigio y pérdida de seguidores para el jefe que les había conducido durante la batalla. La mayoría de los indígenas peleaban en pequeños grupos, cifrando su victoria en el efecto sorpresa. Otros pueblos realizaban incursiones para

Las guerras entre tribus eran frecuentes y siempre una actividad muy ritualizada, a la que algunos pueblos daban un énfasis especial, casi místico o religioso. En el grabado, un enfrentamiento entre guerreros pies negros y siux.

capturar prisioneros, que utilizaban o vendían como esclavos. Los jefes militares eran generalmente designados por elección, pero no intervenían en la vida cotidiana de los poblados. La paz se anunciaba mediante la pipa de la paz o *calumet;* la guerra, mediante el hacha de guerra. Pero nunca se firmaba documento alguno, pues la palabra de honor era suficiente.

Cada tribu tenía sus propios rituales de preparación a la guerra y casi todos ellos incluían algún rito de purificación. Las ceremonias que precedían a la batalla consistían en danzas de guerreros armados y, justo antes del ataque, en gritos de guerra que debían atemorizar al enemigo y cohesionar al grupo, mismo fin que perseguían las pinturas de guerra. A menudo incluían algún ayuno o la ingesta de algunos alimentos especiales, así como la abstinencia sexual. Las esposas de los guerreros también se solían tener que ajustar a un comportamiento pautado durante la ausencia de sus maridos. Entre los papago del sur de Arizona, por ejemplo, las esposas y las hijas de los guerreros evitaban reír o hablar en voz alta, en la creencia de que tal conducta pondría a sus hombres en peligro. También se creía que los guerreros volvían de la batalla tan llenos de poder que podrían hacer daño a su familia si antes de nada no se purificaban. Los que hubieran matado o arrancado una cabellera permanecían dieciséis días en aislamiento. Los navajos se sometían a una especie de exorcismo para expulsar a los fantasmas de los no navajos a los que habían dado muerte.

En general, los indios distinguían entre las incursiones y la guerra. El propósito de los asaltos esporádicos era, por lo común, el pillaje: una partida guerrera de cinco a quince hombres se adentraba en territorio enemigo con el objetivo de conseguir todo lo posible sin sufrir baja alguna. Por tanto, el sigilo y el efecto sorpresa eran esenciales; en consecuencia, no era raro que la partida se desplazara al abrigo de la noche y a la máxima velocidad que les fuera posible sin llamar la atención. Por su parte, la guerra exigía que todo hombre capaz de la tribu o la banda, o de las aliadas, participase. Primero se enviaba a exploradores para que localizasen y evaluasen las fuerzas del enemigo. Basándose en esa información, los guerreros intentaban rodear por completo su objetivo sin que el enemigo se diese cuenta de ello, para poderle atacar por sorpresa. Otra táctica habitual era poner un cebo al enemigo para que él mismo, al perseguirlo, se dejase rodear y pudiese ser atacado en situación de desventaja.

Antes de la colonización, la guerra se desarrollaba a pie o desde canoas, y los indios no disponían más que de armas rudimentarias: hachas y *tomahawks,* arcos y flechas, escudos, mazas, cuchillos... También usaban jabalinas y lanzas, aunque estas se solían reservar para los jefes y, algunas tribus, una especie de armadura hecha con madera y cuero, aunque normalmente llevaban ropa ligera y el pelo recogido en una especie de cola. Si bien el arco y las flechas eran su principal arma, para el cuerpo a cuerpo preferían las mazas y los *tomahawks*, una especie de hacha ligera que los indios usaban con suma precisión. La introducción de armas de fuego y del caballo en la cultura guerrera india relegó pronto a aquellas armas a la categoría de instrumentos ceremoniales.

Acabado el combate, algunos prisioneros eran adoptados, pero otros eran torturados o golpeados a bastonazos hasta la muerte. En ciertas tribus, los guerreros se comían algunos órganos de los enemigos derrotados o se guardaban como trofeos sus cabelleras, dedos u órganos sexuales, como medio ritual y supersticioso de hacerse con su valor. La tortura era un rasgo muy distintivo de la guerra del Este de Norteamérica: atados a un poste o a una plataforma, los prisioneros eran torturados mediante mutilación, apuñalamiento o ensartándolos con flechas, pero también mediante fuego o desmembramiento vivo. A veces se les hacía correr entre dos filas paralelas de guerreros que les golpeaban con palos; si sobrevivían, puede que fueran dejados en libertad. Por lo común, las mujeres y niños capturados al enemigo eran tratados como esclavos hasta que se casaban o eran adoptados por la tribu. Los jóvenes cautivos podían ser tomados como esposos por una de las numerosas viudas que solía haber en toda tribu y finalmente aceptados por el resto de la tribu en igualdad de condiciones.

CREENCIAS Y CULTURA INDIAS

Dada la gran aculturación de los indios actuales, a menudo es difícil aislar sus creencias originales. Pero, pese a haber sido cristianizados a partir del siglo XVII, han subsistido no pocos elementos de ellas, que eran muy ricas y variadas y aún es posible comprender su espiritualidad. En primer lugar, los indios sentían un gran respeto por la naturaleza. Eran animistas y hacían ofrendas a la madre tierra. Los ritos y las ceremonias tenían que conciliarse con las fuerzas de la naturaleza, como la lluvia o el sol. En materia divina, aunque compartían una vaga idea genérica de un Dios Creador o "Gran Espíritu", al que cada tribu daba su propio nombre (por ejemplo, los esquimales le llamaban Sila; los algonquinos, Manitou; los apaches, Wacondah, y los siux, Wanka), que dominaba a todos los hombres, cada pueblo tenía su propio punto de vista de la vida espiritual, que solía estar estrechamente ligado a su entorno. Por lo común, existían también dioses secundarios o "espíritus auxiliares" (por ejemplo, los espíritus del viento, del fuego, del trueno o de la caza). Casi todos los pueblos compartían también la creencia de que todas las cosas, incluso la tierra, tienen alma. En efecto, según la tradición india todo lo hecho por el Creador, ya sean cosas vivas o inanimadas, tiene su espíritu. En consecuencia, todo está unido y emparentado con lo sagrado. Para los indios norteamericanos, las fronteras entre el mundo real y el de los espíritus no estaban claramente definidas, pues les separaba un "tercer mundo" de transición. Por regla general, rehuían el contacto con ese mundo espiritual y solo contactaban con él en casos de necesidad, por lo común a través de los sueños y las visiones.

Los indígenas americanos creían que el alma de los difuntos viajaba a otra parte del Universo, donde disfrutaba de una existencia placentera mientras desarrollaba las actividades cotidianas. El alma de las personas desdichadas o perversas vagaba por los alrededores de sus antiguas viviendas, provocando desgracias. Los antepasados que habitan en el reino de los espíritus, habían dado su vida por los que ahora están vivos; por ese motivo, estos debían respetar a sus muertos y a sus parientes vivos, así como cuidarse mutuamente para poder sobrevivir. Este complejo sistema de respeto mutuo no solo se manifestaba en la vida cotidiana, sino también en las prácticas religiosas y ceremoniales. Aunque había muchos mitos sobre el origen del mundo, el más común era el de una tortuga que extrajo barro de las profundidades; sobre ese barro sopló un coyote y lo modeló hasta darle la forma de la Tierra.

Las prácticas religiosas no eran monopolio de un clero propiamente dicho: el chamán o hechicero estaba a cargo de la lectura e interpretación de los signos sobrenaturales contenidos en los sueños y visiones, conseguidos gracias a los ayunos y la ingesta de drogas, principalmente peyote, pero el contacto de los fieles con sus dioses era, por lo común, directo. Los indios desconfiaban de los sacerdotes cristianos, raros personajes vestidos extrañamente de negro que hacían la promesa de vida eterna. Aunque el Dios cristiano era compatible con muchas creencias indias, no entendían cómo el cielo cristiano estaba tan lejos y era imposible internarse en él si no se moría, cosa que lo indios podían hacer más fácilmente a través de visiones y sueños. Las enseñanzas cristianas se basaban en un libro que los nativos no entendían y con imágenes muy lejanas para ellos. Tampoco entendían cómo era posible que la religión cristiana dijese muy poco sobre la naturaleza. Por todo ello no fue nunca fácil la convivencia. Al principio, los colonos obligaban a los indios a practicar la liturgia cristiana e, incluso, los indios de Nueva Inglaterra fueron perseguidos y matados por pescar o cazar los días de guardar, por utilizar medicina india o por casarse al margen de la Iglesia.

El chamanismo dominaba la religiosidad en las culturas del Ártico, el Subártico, la Meseta y la Gran Cuenca. En las Grandes Llanuras, en casi todo el Este y en buena parte del Sudoeste, los líderes religiosos eran a la vez sacerdotes y chamanes. También solían tener más formación religiosa y a menudo dirigían una serie de ceremonias más formales que las de los chamanes. En cuanto al Sudeste, era la única zona cultural norteamericana con sacerdotes a tiempo completo. En algunas tribus, como la natchez, el dirigente supremo sumaba a su poder político el religioso. Para las creencias del nativo, la salud y la espiritualidad estaban íntimamente relacionadas. Los principales cometidos del chamán, que aquí también era hechicero u hombre-medicina, era diagnosticar y tratar las enfermedades y adivinar la localización de un enemigo, una fuente de alimento o un objeto perdido. Por lo general, entraba en trance para contactar con su guía espiritual personal en busca de sanación o adivinación. A partir de ese momento, sus actos, palabras o gestos eran automáticamente identificados con el espíritu.

Solo algunos pocos pueblos, como los natchez, erigían templos permanentes; casi todas las demás se limitaban a preparar un espacio sagrado o un altar donde hacían sus ofrendas. Estas, en forma de alguna sustancia u objeto precioso, las hacían casi todos los pueblos norteamericanos en agradecimiento por los grandes dones de la Tierra.

Los indios compartían también ritos comunes. Antes de las oraciones o de las grandes ceremonias (partida para la caza, la guerra, paso a la edad adulta...), los ritos de purificación utilizaban el tabaco y la salvia, aunque también los baños rituales. Muchas tribus compartían el uso ceremonial del tabaco, que fumaban en pipas de largos tubos *(calumets),* hechas de tierra cocida o piedra tallada y que desempeñaban un papel central en su vida, porque no había ceremonia pública o privada que no fuese solemnizada fumando todos los asistentes uno tras otro de la misma pipa. Hasta para sellar los tratados negociados con los blancos era indispensable la celebración de este rito, que tenía carácter de inviolabilidad. Para muchos indios, sobre todo los de las Grandes Praderas, la pipa ceremonial representa el centro del cosmos, la llave de los otros mundos y una conexión con el pasado y los sagrados espíritus. El humo de la pipa transportaba plegarias y recuerdos a los antepasados.

La danza tenía igualmente un lugar preponderante en las grandes celebraciones, por ejemplo el *powwow,* un encuentro intertribal que incluía cantos, danzas, intercambio de regalos y homenajes y que, en última instancia, venía a significar una manifestación de cultura y solidaridad entre diferentes tribus. Su desfile de apertura solía estar encabezado por guerreros veteranos que portaban los símbolos de cada tribu y que pronunciaban una pequeña oración a sus dioses. Generalmente, les seguían unas danzas de guerra, de la hierba y del conejo, siempre bailadas en competición con las otras tribus y al ritmo que marcara el tambor, instrumento sagrado por excelencia. Dentro del powwow, otros momentos importantes eran el banquete (a base de carne de bisonte y venado, maíz y pan frito) y el intercambio de regalos, por el cual una persona o familia obsequiaba a otra cosas tan sencillas como utensilios de cocina o tan importantes como caballos. Comparable era el rito del *potlatch,* que consistía en un reparto ceremonial de bienes, característico de las tribus norteamericanas de la costa Noroeste, como los kwakiutl y los nutka, en el que una persona que ocupaba un cargo de prestigio ofrecía determinados obsequios a sus rivales, a menudo con ocasión de una boda o una defunción en su familia. El ritual se iniciaba con el baile, el banquete (a base de carne de foca o salmón) y las alocuciones. El anfitrión repartía entonces los obsequios, por lo general en forma de mantas de pieles o corteza de cedro batida y tejida, y después procedía a demostrar ante sus huéspedes su superioridad económica y social. Para los kwakiutl, el obsequio más valioso eran los cobres, que equivalían a varias mantas. A mayor cantidad repartida de mantas y cobres, mayor prestigio y poder. El poseedor de un cargo que despreciaba a sus rivales rompiendo un cobre o lanzándolo al mar, conseguía un prestigio máximo. Los invitados obsequiados estaban obligados a celebrar más adelante una fiesta análoga y ofrecer estos mismos bienes, pero multiplicados, si querían demostrar su superioridad.

Los indios celebraban muchas ceremonias, tanto públicas como privadas. Muchas de ellas se dedicaban a los sucesivos tránsitos entre los diferentes estadios de la vida humana: nacimiento, mayoría de edad de las niñas, estatus de guerrero de los chicos, muerte de un ser querido... Además, había otras muchas dirigidas al bienestar de la comunidad, que se celebraban una vez al año para agradecer los bienes y mantener el mundo en su benéfico equilibrio. A este tipo pertenecían las ceremonias de inicio del nuevo año o del ciclo de estaciones, la danza de la serpiente de los hopis (para convocar las lluvias del verano) o las kachinas o espíritus benignos de esta misma tribu y de todos los indios pueblo. En los navajos se recurría a las efímeras pinturas de arena.

La danza del sol tenía por finalidad la veneración al astro diurno durante el solsticio de verano y se acompañaba de mutilaciones corporales voluntarias con el doble objetivo de demostrar el valor personal y de entrar en trance. En algunas tribus se reservaba como rito de pubertad, de iniciación o, incluso, de renovación por medio del dolor y consistía en que el aspirante a guerrero era colgado de un árbol o de un techo por medio de huesos puntiagudos y cortantes hundidos en su piel, especialmente en el pecho y en la espalda, a los que se ataban cuerdas. Por regla general había que soportar esta agonía durante la interpretación de 24 canciones, lo que duraba varias horas. Se consideraba que la danza había obtenido éxito si el guerrero tenía una visión espiritual.

En el terreno artístico, hay que decir que casi todas las técnicas artísticas conocidas en el resto del

Los pueblos de la Costa del Pacífico desarrollaron un estilo diferenciado de talla en madera, que variaba de una tribu a otra; los ejemplos más conocidos de ello son los tótems, troncos tallados y decorados con representaciones de los antepasados más notables de un clan o de la mitología, como el de la tribu haida de la foto.

mundo durante el siglo XVI resultaban familiares para los indígenas americanos antes de la llegada de los europeos, aunque no siempre se aplicaran de la misma forma. El arte más antiguo conocido por los arqueólogos es el trabajo de sílex o lascas de piedra. La cerámica más antigua del continente data, aproximadamente, del año 3500 aC. Hacia el 2000 aC ya habían aflorado varios estilos y en los objetos de los siglos posteriores se pueden diferenciar las piezas de uso de las ornamentales. Desde que surgiera hacia el 8000 aC o incluso antes, la cestería no cesó de evolucionar, alcanzando niveles muy altos. Las técnicas de decoración incluían el bordado y la aplicación de plumas vistosas, conchas de mar y abalorios. En toda Norteamérica se practicaba algún tipo de tejido. Al principio consistía casi siempre en un sencillo trenzado, que servía para confeccionar bolsas, cinturones y otros artículos. Casi tan difundido era el uso de telares de correa y cintura. En la parte alta del Medio Oeste, hacia el 2000 aC, se batía el cobre para confeccionar cuchillos, punzones y otros utensilios y adornos. Sin embargo, eso no constituía una auténtica metalurgia, ya que el metal procedía de yacimientos puros en vez de la fundición. Nunca llegó a fundirse el hierro, y el bronce se empezó a utilizar poco después del año 1000. El trabajo al que se dedicaba mayor atención era a los metales preciosos: el oro y la plata. Entre los pueblos cazadores, las pieles se utilizaron para confeccionar vestidos, viviendas, escudos y recipientes. La talla en madera era una actividad muy difundida entre algunos grupos indígenas. Los pueblos de la costa del Pacífico desarrollaron un estilo diferenciado de talla en madera, que variaba de una tribu a otra; los ejemplos más conocidos de ello son los tótems, troncos tallados y decorados con representaciones de los antepasados más notables de un clan o con figuras mitológicas. Algunos pueblos del Sudoeste esparcían polen, carbón pulverizado, arenisca y otras sustancias coloreadas sobre un fondo de tierra con objeto de crear dibujos simbólicos para utilizar en los ritos de curación. Entre los estilos musicales indígenas, el canto constituye la forma dominante de expresión musical, actuando la música instrumental como acompañamiento rítmico. Los instrumentos principales eran los tambores y los cascabeles (agitados manualmente o fijados al cuerpo), así como las flautas y los silbatos.

Con todo, pese a su enorme diversidad, todos los pueblos indios tenían al menos dos cosas en común: su ascendencia y su falta de preparación para afrontar la llegada de los hombres blancos, con sus enfermedades que les diezmarían de manera vertiginosa, y con su concepto de la propiedad y su voraz codicia de tierra, que les despojarían de sus medios de subsistencia. En general, para todos los indios norteamericanos, la llegada de los conquistadores y colonos blancos significó el comienzo de un calvario que, como empezaremos a ver enseguida, a punto estuvo de acabar con su forma de vida, con su cultura y con su propia existencia.

2

LA LLEGADA DEL

HOMBRE BLANCO

Si el Gran Espíritu hubiera deseado que yo fuera un hombre blanco me
habría hecho blanco. ¿Es un agravio amar a mi pueblo? ¿Soy malvado
porque mi piel es roja? ¿Porque soy un siux? Dios me hizo un indio.

Totanta Yotanka, "Toro Sentado" (1831-1890),
chamán y jefe de guerra de los lakotas siux hunkpapas.

LOS PRIMEROS CONTACTOS

La América que recibiría a los primeros europeos
estaba muy lejos de ser un páramo deshabitado. Se
cree que en el momento en que se produjeron los
primeros contactos con los conquistadores europeos,
los últimos años del siglo XV, el continente americano
estaba habitado por más de 90 millones de personas;
de ellas, unos 10 en Norteamérica. Pero es un dato difícil de establecer. Cuando los europeos empezaron a
realizar los primeros registros censales, la población
indígena ya se había visto diezmada por las guerras, el
hambre, los trabajos forzosos y, sobre todo, las epidemias y pandemias introducidas por ellos mismos. Lo
que sí es seguro es que el efecto devastador de las
enfermedades traídas de Europa sobre la población
indígena se hizo sentir, de hecho, casi desde el primer
contacto. La viruela, en especial, acabó con comunida-

des enteras y, desde luego, fue una causa mucho más directa de la reducción precipitada de la población indígena del siglo XVII que las muchas escaramuzas, guerras y masacres que se sucedieron en cascada.

La cultura y las costumbres indígenas de esa época tenían una extraordinaria diversidad, como era lógico esperar en virtud de la gran extensión que habitaban y de los muchos entornos diferentes a que se hallaban adaptados. Sin embargo, es posible hacer algunas generalizaciones. La mayoría de las tribus, sobre todo en la región boscosa del Este y en el Medio Oeste, combinaban actividades de caza, pescas, pastoreo y cultivo (por ejemplo, de maíz) para obtener sus alimentos. En muchos casos, las mujeres estaban a cargo del cultivo, la cosecha y la distribución de los alimentos, mientras que los hombres se dedicaban a la caza y a la guerra. Desde cualquier punto de vista, la sociedad norteamericana nativa estaba muy apegada a la tierra. Una gran identificación con la naturaleza y con los elementos era parte integral de sus creencias religiosas. Su vida se orientaba básicamente al clan y a la comunidad, y los niños gozaban de más libertad y tolerancia de lo permitido por las costumbres europeas de la época. La cultura nativa norteamericana era esencialmente oral y se tenía en alto aprecio el arte de relatar cuentos y sueños. Es obvio que había un intenso intercambio entre los diversos grupos y hay clara evidencia de que las tribus vecinas mantenían relaciones extensivas y formales, tanto amistosas como hostiles.

Cuando los primeros europeos arribaron a las distintas costas de lo que ellos consideraron el Nuevo Mundo, por lo general, fueron recibidos con sorpresa y curiosidad por los indígenas. Al parecer, consideraron a aquellos visitantes de tez clara como enviados de los dioses, no solo por sus caballos, sus vestimentas y sus barbas, cosas todas nunca antes vistas por los indígenas, sino sobre todo por su tecnología: barcos de vela;

cuchillos y espadas de acero; pólvora, arcabuces y cañones; espejos, calderos de cobre y latón y otros muchos objetos y artefactos totalmente desconocidos para ellos. Pero, qué duda cabe, también como enviados de los demonios, por el uso agresivo e intolerante que hacían de todo ello y por su extraña y, desde su punto de vista, bárbara cultura.

PRIMEROS VISITANTES CONOCIDOS: LOS VIKINGOS

La enorme isla de Groenlandia, geológicamente parte de Norteamérica, fue la primera región del continente en ser alcanzada por los europeos. De acuerdo con las sagas islandesas, el vikingo Erik el Rojo (950-1001) exploró y colonizó la isla por primera vez, fundando un asentamiento en el año 985. En poco tiempo se consolidaron dos colonias estables que, en conjunto pudieron reunir entre 3.000 a 5.000 individuos. Su vertiginoso crecimiento y la creciente necesidad de abastecerse de materias primas (por ejemplo, madera) pudo influir en la necesidad de explorar nuevas áreas de expansión. Tal vez con ese objetivo, el primer europeo que divisó una parte de la tierra firme continental americana fue probablemente Bjarni Herjólfsson, un comerciante islandés que avistó la costa alrededor del año 986, aunque no llegó a tomar tierra.

Se cree que el año 1001, el hijo de Erik el Rojo, Leif Ericson (c. 975-1020), oriundo de Islandia y establecido en Groenlandia, le compró su barco a Herjólfsson y, siguiendo sus descripciones, repitió la travesía, explorando la costa noreste de lo que hoy es Canadá, donde pasó, cuando menos, un invierno. En su viaje, hizo escala en lo que él llamó Helluland ("Tierra de los cantos rodados", quizá la Tierra de Baffin), Markland ("Tierra de bosques", quizá la costa este de la penín-

El año 1001, el vikingo islandés establecido en Groenlandia Leif Ericson (c. 975-1020) exploró la costa noreste de lo que hoy es Canadá. Por lo que hoy se sabe, fue aquella la primera vez que hombres blancos europeos pusieron su pie en Norteamérica.

sula del Labrador) y, por último, Vinland ("Tierra de pastos y viñas"), punto más al sur, donde fundó un pequeño asentamiento, al que llamó Leifbundir, cuya exacta identificación aún no ha sido establecida por los especialistas: para unos se trata de Terranova; para otros de Nueva Escocia o, incluso, de Nueva Inglaterra. Cuando volvía de aquel primer viaje, Leif se encontró con un navío mercantil que había naufragado y, tras salvar a su tripulación, fue recompensado con la valiosa carga que transportaba. A partir de entonces se le conoció con el sobrenombre de Leif "el Afortunado".

Mientras tanto, pese a las condiciones relativamente favorables del entorno, el asentamiento vikingo en las costas norteamericanas no pudo prosperar más allá de unos años, quizás una década. Las escasas posibilidades de atraer a nuevas familias, la falta de mujeres y la hostilidad de los nativos locales, con mucha probabilidad de etnia algonquina, a quienes los vikingos llamaban *skraeling* ("hombres feos", en lengua arcaica noruega), dieron al traste con las esperanzas de Leif. Al parecer, desde el principio, las relaciones no fueron amigables. De hecho, según narran las sagas islandesas, ocho de los primeros nueve nativos que se acercaron al asentamiento vikingo fueron muertos, aunque no se especifican las razones. El superviviente regresó con el apoyo de un considerable grupo de guerreros, estableciéndose una lucha en la que hubo víctimas por ambas partes (incluido Thorvald Ericson, hermano de Leif). Con el tiempo, pudo establecerse un cierto *status quo* que permitió un incipiente intercambio de bienes (leche y tejidos vikingos por pieles...), pero un incidente posterior (el intento de robo de un arma de hierro por parte de un indio y la muerte de este) convenció a Leif de la imposibilidad de mantener el asentamiento sin el refuerzo de las defensas ni la presencia de nuevos colonos. El asentamiento como tal fue abandonado, pero no así la ruta, pues los vikingos de Groenlandia, siempre escasos de madera, continuaron abasteciéndose de ella en Markland al menos trescientos años más, hasta 1347.

Los viajes, descubrimientos y peripecias de los vikingos en América fueron descritos por primera vez en dos sagas islandesas: la *Saga de los Groenlandeses,* escrita en el año 1200, y la *Saga de Erik el Rojo,* escrita en 1260. Ambos relatos, de autor anónimo, mezclan ficción y realidad sobre hechos sucedidos dos siglos antes y transmitidos oralmente, por lo que los estudiosos han tenido que recurrir a datos científicos complementarios para establecer la mayor o menor certeza de su contenido. Durante muchos años, se dudó de la autenticidad de las sagas y, por tanto, de lo que en ellas se contaba, hasta que en 1837, el arqueólogo danés Carl Christian Rafn describió los indicios de asentamientos vikingos en Norteamérica. Finalmente, en 1963 se comprobó su base histórica al excavarse un asentamiento vikingo en L'Anse aux Meadows, cerca de la punta meridional de Terranova, y establecerse que las ruinas databan del año 1000 aproximadamente y que, seguramente, correspondían a Leifbundir, el puesto comercial fundado por Leif Ericsson. Sin embargo, algunos investigadores, basándose en las descripciones de las sagas, consideran que Vinlandia debía ser un territorio mucho más cálido que Terranova, y la ubican más al sur. Coincida o no el asentamiento encontrado en L'Anse aux Meadows con la legendaria primera colonia de Leif Ericsson, lo que sí está claro es que los restos arqueológicos demuestran la existencia de un poblado estable vikingo en Terranova.

Las excavaciones realizadas revelaron la existencia de, al menos, ocho edificios, de ellos tres dormitorios con capacidad para albergar en torno a 80 personas. Otro de los edificios estuvo dedicado a trabajos de carpintería y otro era una forja, similar a la de los poblados vikingos contemporáneos del norte de Europa. Todo indica que la colonia fue abandonada de modo pacífico o al menos no a causa de un ataque, a juzgar por los pocos restos encontrados (entre ellos, 99 clavos inutilizables, uno más en buenas condiciones y una aguja de coser), lo que parece indicar que sus ocupantes tuvieron tiempo de recoger cuidadosamente sus pertenencias antes de despedirse de la que fuera su residencia durante algunos años.

Hay teorías sobre otros *descubrimientos* anteriores y posteriores a este de Leif Ericson de la Costa Este norteamericana (incluidas algunas que hablan de posibles visitas de los chinos a la Costa Oeste), pero ninguna de ellas ha sido probada rotundamente. Por si fuera poco, algunos estudiosos creen que algunos petroglifos de Sudamérica son símbolos de escritura rúnica, lo que demostraría que los vikingos tuvieron también contacto con las poblaciones locales. También se ha considerado que otras runas encontradas en

Norteamérica (por ejemplo, las de Kensington, la Torre de Newport y Oklahoma) fueron hechas por poblaciones descendientes de los vikingos.

En cualquier caso, lo cierto es que a partir de entonces los vikingos exploraron y colonizaron diferentes áreas del Atlántico Norte, que incluían la isla de Groenlandia y las actuales costas de Canadá y posiblemente Estados Unidos. Sin embargo, la colonización vikinga no tuvo el efecto perdurable de las posteriores colonizaciones europeas, aunque puede ser vista como un preludio a la colonización a gran escala emprendida tras el primer viaje de Colón.

ESPAÑA Y LAS DEMÁS POTENCIAS COLONIALES TOMAN POSICIONES

Las exploraciones europeas a América comenzaron con el viaje realizado en 1492 por Cristóbal Colón (1451?-1506) al servicio de los Reyes Católicos. Sus barcos partieron el 3 de agosto de Palos de la Frontera, en la provincia española de Huelva, y el 12 de octubre llegaron a la isla de Guanahaní (en el archipiélago de las Bahamas), a la que Colón dio el nombre de San Salvador. Antes de regresar a Europa, Colón también desembarcó en las islas de Cuba y Haití (a la que llamó La Española). Fue en este último lugar donde estableció el primer asentamiento español en América. Realizó tres viajes más entre 1493 y 1502, en ninguno de los cuales tocó tierra norteamericana.

En 1497, solo cinco años después del desembarco de Colón en el Caribe, un marino veneciano de nombre Giovanni Caboto o John Cabot (c. 1450-1499) llegó a Terranova en una misión que le fue encomendada por el rey Enrique VII de Inglaterra y que tenía como principal objetivo la búsqueda de un camino directo hacia Asia más rápido que el utilizado por Colón y sus carabelas. Caboto zarpó de la ciudad inglesa de Bristol el 2 de mayo de 1497 a bordo del *Matthew,* acompañado de una tripulación de 18 hombres. Manteniendo casi siempre el rumbo noroeste, tras una difícil travesía, tomó tierra el 24 de junio, probablemente en lo que hoy es la isla de Cabo Bretón; después continuó el viaje por las costas de Labrador, Terranova y Nueva Inglaterra. En la creencia de que había llegado al noreste de Asia, tomó posesión del territorio en nombre del rey británico, Enrique VII. Al regresar en agosto a Inglaterra, tras serle concedida una pensión vitalicia y todo el apoyo real que necesitara, Cabot no perdió tiempo y se puso a planificar sin demora un nuevo viaje de exploración con el que esperaba llegar a Japón, por entonces conocido como Cipango. La expedición, compuesta de cinco barcos y 200 hombres, se hizo finalmente a la mar en mayo de 1498, de nuevo desde Bristol. Sin embargo su destino fue incierto. Puede que la expedición se perdiera en el mar; tal vez arribara a la costa este de Groenlandia en junio de 1498 y continuara viaje hacia el norte hasta que, al amotinarse la tripulación a causa del intenso frío, se viera obligado a virar hacia el sur y desapareciera; o, también, puede que navegara por las costas de Norteamérica hasta la bahía de Chesapeake, entre los actuales estados de Maryland y Virginia, desde donde tuvo que regresar a Inglaterra por falta de provisiones, sin lograr tal objetivo.

Pese al valor pionero de los viajes de Cabot, lo cierto es que en Gran Bretaña nadie aprovechó, de momento, sus hallazgos. Sin embargo, más tarde constituiría la base legal de las reclamaciones territoriales de Gran Bretaña en Norteamérica. Además sirvió también para abrir la rica zona de pesca localizada frente a George's Banks, que muy pronto sería visitada con asiduidad por pescadores europeos, sobre todo portugueses, y también por algún otro explorador y

Las exploraciones europeas a América comenzaron con el viaje realizado al servicio de los Reyes Católicos por Cristóbal Colón (1451?-1506) en 1492. Sin embargo, Colón nunca tocó tierra norteamericana en sus cuatro viajes a América entre 1492 y 1502.

aventurero. Por ejemplo, en el año 1500, el navegante portugués Gaspar Corte-Real (1450?-1501?), oriundo de las islas Azores, al enterarse de que Caboto había llegado supuestamente a Asia navegando con rumbo oeste hacia latitudes del norte, imitó su hazaña y recorrió varios lugares de la costa de Norteamérica, situados entre Labrador y el sudeste de Terranova. En 1501 emprendió un nuevo viaje por la misma zona del que nunca regresó, aunque sí lo lograron dos de sus barcos. Su hermano, Miguel Corte-Real, partió en su busca y llegó en 1502 a las costas norteamericanas, viaje del que, al igual que su hermano, no regresó. En 1503, el rey Manuel de Portugal mandó una expedición con objeto de descubrir el paradero de los dos hermanos, pero tampoco esta expedición tuvo éxito.

Muy probablemente, los primeros europeos que se establecieron con éxito en Norteamérica eran españoles o trabajaban para ellos. Seguidamente, aparecerían los franceses, y más tarde los ingleses, alemanes, holandeses e, incluso, rusos, que primero se asentaron en Alaska y después extendieron su presencia por la Costa Oeste norteamericana. En concreto, el primer encuentro documentado de españoles con indígenas norteamericanos ocurrió en 1513, durante la primera expedición de Juan Ponce de León (c. 1465-1521) al territorio que él mismo bautizaría como "Pascua Florida" (correspondiente, más o menos, a la actual Florida), aunque algunas crónicas afirman que ya se encontró entonces con al menos un nativo que hablaba español. En 1511, nada más ser destituido como capitán-gobernador de la isla de San Juan (hoy Puerto Rico), Ponce de León escribió al rey Fernando II pidiéndole permiso para explorar la isla de Bimini, donde había, según las leyendas indígenas, una fuente rejuvenecedora que hacía "tornar mancebos a los hombres viejos". El rey se lo concedió el 23 de febrero de 1512. El 4 de marzo del año siguiente, Ponce de León partió con tres naves de la isla de Puerto Rico en busca de la mítica Fuente de la Juventud. Un mes después, el 2 de abril de 1513, descubría Florida. A su regreso, en 1514, recibió del rey, entre otros, el nombramiento de adelantado y justicia mayor de la Florida. Años después, en 1521, durante un nuevo viaje a Florida, peleando contra los indios calusa, fue herido de un flechazo, lo que le hizo regresar a La Habana, donde murió.

Casi a la vez, con la conquista de México en 1522, los españoles fortalecieron aún más su posición en el hemisferio occidental. Pero no fue la única potencia que lo hizo. Casi a la vez, Francia y Gran Bretaña exploraban y colonizaban Norteamérica desde Canadá hacia el sur. En general, Inglaterra y España se habían aliado en política internacional durante la primera mitad del siglo XVI, motivo por el que los ingleses no intentaron competir con España en Norteamérica. Francia, el principal rival de España por la hegemonía en el continente europeo, entró en la carrera por el imperio colonial con algún retraso, debido a sus dificultades internas; no obstante, sus adquisiciones territoriales en el Nuevo Mundo fueron importantes.

En 1524, el navegante florentino Giovanni da Verrazano (c. 1480-1527?), actuando en nombre de Francia, tomó tierra en lo que hoy es Carolina del Norte, desde donde exploró la costa norte hasta llegar al territorio actual de Nueva Escocia, que él llamó "Francesca" en honor al rey Francisco I de Francia. En su camino, Verrazano fue el primer europeo que visitó la bahía de la actual ciudad de Nueva York. En 1534, ese mismo rey francés puso al mando de otra expedición al navegante Jacques Cartier (1491-1557), al que encomendó encontrar la deseada ruta noroeste a China. Cartier partió en abril de 1534 de su ciudad natal, Saint-Malo, en la Bretaña, con dos barcos y, veinte días después, avistó Terranova. Cruzó el estrecho de Belle-Isle, que separa esta isla de la península del Labrador, y continuó en dirección sur a lo largo de la costa occidental de Terranova, para finalmente bordear el golfo de San Lorenzo. En este viaje descubrió la isla del Príncipe Eduardo y las tierras de New Brunswick, navegó por la bahía de Chaleur, bautizada así por él, desembarcó en la península de Gaspé y atravesó el estuario del río San Lorenzo. En 1535, Cartier se embarcó en un nuevo viaje por orden del rey Francisco. En esta ocasión, cruzó por segunda vez Belle-Isle y ascendió por el río San Lorenzo, al que bautizó, para llegar hasta el poblado indígena de Stadacona, situado donde hoy se levanta la ciudad de Québec. Después continuó hasta el asentamiento indígena de Hochelaga, desde cuya altura divisó el río Ottawa y los rápidos de Lachine. Cartier llamó a esta elevación montañosa Mont Réal ("Monte Real"), de lo que deriva el nombre actual de la ciudad canadiense de Montreal. Después de pasar el invierno en Stadacona, regresó a Francia siguiendo la ruta sur de Terranova, y, por primera vez, atravesó el actual estrecho de Cabot. En 1541 emprendió su tercer viaje, en el cual navegó nuevamente por el río San Lorenzo para llegar, en esta ocasión, hasta los rápidos de Lachine. Al año siguiente regresó a Francia sin haber logrado el objetivo que le había impulsado, que no era otro que el establecimiento de una colonia en Canadá. No obstante, para la mayoría de los franceses, Canadá debe su origen a las exploraciones de Cartier. Por otra parte, sus viajes fueron la base de las reclamaciones de Francia sobre Norteamérica, que habrían de prolongarse hasta 1763.

Tras el fracaso de su primera colonia en Québec en la década de 1540, unos hugonotes franceses trataron de colonizar la costa norte de Florida dos decenios después. A instancias del almirante Gaspard de Coligny, René Goulaine de Laudonnière (c. 1529-1574) fundó en 1562 la colonia de Fort Caroline, para albergar a los hugonotes y así alejarlos del territorio francés. Los españoles, que veían a los franceses como una amenaza para su ruta comercial a lo largo del canal de las islas Bahamas, destruyeron la colonia en 1565. Una expedición al mando del capitán general de la Flota de Indias Pedro Menéndez de Avilés (1519-1574) partió con 19 navíos y, después de un viaje accidentado, llegó con solo cinco y fundó la cercana ciudad de San Agustín, en la actual Florida, no muy lejos de la colonia hugonote, a cuyos ocupantes atacó y degolló "no por franceses, sino por herejes". Aquel sería el primer asentamiento europeo permanente en lo que más tarde sería Estados Unidos y, de alguna manera, marcó el verdadero inicio de la colonización europea dentro de las actuales fronteras estadounidenses. En 1567, en represalia, Dominique de Gourges recuperó el fuerte y mató a casi todos los españoles de San Agustín. Estos enfrentamientos pusieron fin al intento francés de conquistar la Florida.

Pero, mucho antes, a mediados de 1526, el toledano Lucas Vázquez de Ayllón (c. 1470-1526) desembarcó en Chícora, hoy Carolina del Sur, con seis navíos, 500 hombres, mujeres y frailes, y fundó la colonia de San Miguel de Guadalupe, que fracasó al año siguiente. El clima y los indígenas acabaron con Ayllón y 300 colonos más. Los esclavos supervivientes se escaparon hacia el interior, donde vivieron acogidos por el pueblo cofitachiqui.

El siguiente encuentro lo protagonizaron los miembros de la expedición de 300 hombres capitaneada por Pánfilo de Narváez (1528-1536) cuyo objetivo era la conquista y colonización de la península de Florida. La expedición llegó a la bahía de Tampa, Florida, hacia el mes de abril de 1528, desde donde inició el recorrido por tierra hasta la bahía de Apalachee, en un intento de llegar a México. Durante los dos años siguientes murieron más de la mitad de los hombres y el jerezano Álvar Núñez Cabeza de Vaca (c. 1490-c. 1557), hasta entonces tesorero de la expedición se puso al mando. Con el pequeño grupo de supervivientes llegó a una isla, probablemente la de Galveston, en el actual Texas, donde fueron capturados por los indígenas. A principios de 1535, Cabeza de Vaca y otros tres supervivientes lograron huir y emprendieron un largo viaje a través de lo que es ahora el Sudoeste de los Estados Unidos y el norte de México. En 1536 consiguieron llegar a un asentamiento español en el río Sinaloa, en México. Su pormenorizado relato de la expedición de Narváez, *Relación* (1542), que incluía descripciones de varias culturas indígenas que encontró en Florida, el norte de la costa del Golfo, Texas, posiblemente Nuevo México y Arizona, y el norte de México, así como sus narraciones sobre la ciudad de Zuñi, supuestamente una de las legendarias Siete Ciudades de Cibola, sirvieron de

En 1530, el jerezano Álvar Núñez Cabeza de Vaca
(1490?-1557?) fue capturado por los indígenas de una isla
de la costa sur de Norteamérica (probablemente Galveston,
Texas), con los que vivió casi cinco años, hasta que,
a principios de 1535, huyó junto con tres compañeros y
emprendió un largo viaje por lo que ahora es el Sudoeste
de los Estados Unidos y el norte de México.

aliciente para otras expediciones al continente americano.

La expedición de 1539 encabezada por fray Marcos de Niza (?-1558), un religioso italiano al servicio de la Corona española, fue la primera en emprender esta búsqueda ansiosa de las legendarias Siete Ciudades de Cíbola, guiados por otro superviviente de la expedición de Narváez, Estevanico o Estebanillo (?-1539), esclavo norteafricano de Pánfilo de Narváez. La expedición recorrió infructuosamente los territorios de Arizona y Nuevo México y llegó a las pobres tierras habitadas por los indios zuñí; a su regreso, sin embargo, informó de las supuestas riquezas de sus pobladores, lo que incrementó la leyenda de las denominadas Siete Ciudades.

Seguidor de Marcos de Niza en la búsqueda de las legendarias ciudades fue también el salmantino Francisco Vázquez de Coronado (1510-1554), que partió el 23 de febrero de 1540 de Compostela (hoy en el estado mexicano de Nayarit) con 300 soldados españoles y un gran número de indígenas a sus órdenes. La expedición siguió la vertiente occidental de la sierra Madre en dirección norte hasta llegar a lo que hoy es la frontera del estado de Arizona. Desde allí se encaminó, en dirección noreste, a la supuesta Cibola, que resultó ser un grupo de humildes aldeas del pueblo zuñí, sin signos de contener riqueza alguna. Coronado envió entonces una pequeña partida expedicionaria en dirección oeste bajo el mando de García López de Cárdenas, que se convertiría en la primera formada por europeos que llegó al Gran Cañón del río Colorado. Después, todos pasaron el invierno cerca de la actual Santa Fe, Nuevo México. En la primavera de 1541, la expedición de Coronado, en su viaje hacia el este, cruzó el río Grande y las Grandes Praderas del norte de Texas, convirtiéndose en los primeros europeos que contemplaron los bisontes americanos. Cambió enton-

ces de dirección, tomando hacia el norte y, dejando
atrás los ríos Canadian y Arkansas, buscó el reino de
Quivira, también supuestamente muy rico, que no era
otra cosa que una mísera aldea del pueblo wichita
situada en la actual Kansas. En sus fallidas andanzas,
la expedición conoció a los hopi, los zuñís y otros
varios grupos de nativos de Arizona, Nuevo México,
Texas, Kansas y Oklahoma, antes de regresar a México
muy diezmada en 1542.

A pesar de todo, el grupo de Coronado dejó a los
pueblos de la región un obsequio notable, aunque invo-
luntario: los caballos que se les escaparon en buen
número y transformaron la vida de las Grandes Llanuras. Unas cuantas generaciones después, los nativos de
las praderas llegaron a ser jinetes consumados, lo cual
expandió mucho el alcance y la magnitud de sus actividades.

Otra expedición contemporánea, costeada y capitaneada por Hernando de Soto (c. 1500-1542), viajó a
través de los futuros estados sureños estadounidenses
entre 1539 y 1542. Al frente de casi mil hombres, De
Soto arribó a la costa oeste de Florida en 1539,
dispuesto a encontrar el rico imperio que se creía existía en algún lugar indeterminado. La búsqueda se
prolongó durante tres años, tiempo en el que recorrió el
territorio de los actuales estados de Florida, Carolina
del Sur, Carolina del Norte, Alabama y Mississippi. En
1541 descubrió el río Mississippi y lo cruzó; además,
exploró parte del territorio de los actuales estados de
Arkansas, Oklahoma y norte de Texas. La expedición
de De Soto, responsable de la introducción de enfermedades en esa región y protagonista de varias batallas
con diversas tribus, casi se perdió en lo que hoy es
Alabama cuando el jefe Tuskaloosa del pueblo choctaw, sospechando de sus intenciones, les preparó una
emboscada. Cuando uno de los exploradores españoles
atacó a un hombre choctaw, los guerreros de Tuskaloosa

Entre 1539 y 1542, Hernando de Soto (c. 1500-1542) viajó a través del sudeste norteamericano al frente de casi mil hombres y recorrió la costa sudeste (Florida, las dos Carolinas, Alabama, Mississippi, Arkansas, Oklahoma y norte de Texas. En 1541, descubrió (como representa la pintura) el río Mississippi.

diezmaron al contingente español. La expedición, que no encontró ni oro ni tesoro alguno, emprendió el regreso en la primavera de 1542. De Soto falleció a causa de unas fiebres cuando se encontraban en el río Mississippi, en el que sus hombres hundieron su cuerpo sin vida para que los indios no pudieran profanarlo. Solo unos pocos miembros de la expedición consiguieron llegar a los asentamientos españoles del golfo de México; entre ellos, un miembro de la anterior expedición fallida de Narváez de 1528 llamado Juan Ortíz, al que habían rescatado tras vivir entre los tocobaga doce años.

Al otro lado del subcontinente, y aunque no se sabe con exactitud qué explorador español fue el primero que divisó el golfo de California, se sabe que uno de los primeros fue Hernando de Alarcón (1500?-1543), quien, en mayo de 1540, navegó hasta el extremo del golfo de California y terminó las exploraciones mexicanas comenzadas un año antes por Francisco de Ulloa, además de tratar de aprovisionar a la expedición en marcha de Francisco Vázquez de Coronado. Durante este viaje, Alarcón se convenció de que no existía ningún pasaje navegable entre el golfo de California y el mar del Sur u océano Pacífico, con lo que demostró que la Baja California mexicana era una península. Posteriormente, penetró en el río Colorado, que llamó Buena Guía, por el que navegó unos 1.100 kilómetros, tratando de alcanzar la expedición de Coronado. En un segundo viaje llegó probablemente más allá del emplazamiento actual de Yuma, Arizona. Un mapa trazado por uno de sus pilotos fue la primera representación exacta del golfo de California y del curso inferior del río Colorado.

En 1542, el emperador Carlos V y el virrey de Nueva España, Antonio de Mendoza, enviaron una expedición encabezada por el portugués João Rodrigues Cabrillo (?-1543) para explorar la costa norteamericana del Pacífico. Cabrillo estaba al mando de dos barcos y fue el primer europeo en divisar el puerto natural de San Diego, las islas del canal de Santa Bárbara y la bahía de Monterrey. Llegó tan al norte como Punto Reyes, California, antes de dar la vuelta para pasar el invierno en la isla San Miguel, donde murió a principios de 1543 a causa de unas heridas sufridas en una caída. Continuando con el viaje, su piloto Bartolomé Ferrer llegó probablemente hasta lo que es hoy la frontera entre los estados de California y Oregón.

En agosto de 1570, un grupo de jesuitas españoles tomó tierra en la península de Virginia para crear la misión Ajacan. Su guía, un algonquino cristiano converso indígena llamado Don Luis (1543?-1646?), pronto les dejó y se reunió con su tribu. Hacia febrero de 1571, Don Luis regresó con otros nativos, les robó todas las ropas y provisiones y mató a todos menos a un joven criado. Este desastroso intento de establecer una misión en Virginia significó el final de las aventuras españolas por colonizar la zona.

Durante el resto del siglo XVI, barcos españoles cargados de mercancías asiáticas visitaban frecuentemente la costa de California en su ruta de Manila, Filipinas, a Acapulco, México. Los crecientes temores de los españoles sobre la seguridad de California fueron confirmados cuando sir Francis Drake (c. 1540-1596) llegó a la costa californiana en 1579 y reivindicó el territorio para Inglaterra. El 13 de diciembre de 1577, Drake zarpó desde el puerto inglés de Plymouth con cinco barcos y ciento sesenta y seis hombres. Después de cruzar el océano Atlántico, tuvo que abandonar dos de sus naves en el estuario del Río de la Plata. En el mes de agosto de 1578 se adentró en el estrecho de Magallanes, en el extremo meridional del continente americano con las tres naves restantes. Dieciséis días después navegaban por el océano Pacífico. Una serie de violentas tormentas que se prolongaron más de cincuenta días destruyó una de las naves. Otra volvió a Inglaterra. Drake, que navegaba en su buque insignia *Golden Hind,* fue desviado hacia el sur por el viento. La solitaria nave se dirigió hacia el norte por la costa sudamericana del Pacífico, saqueando Valparaíso y otros puertos españoles. Además, capturó barcos españoles, lo que le permitió usar sus cartas de navegación, mucho más precisas. En su intento de encontrar un paso hacia el este que lo llevara de vuelta al océano Atlántico, continuó viaje hacia el norte alcanzando, quizá, la latitud 48° N, cerca de lo que es hoy la frontera entre Canadá y Estados Unidos. Pero al no poder encontrar ningún paso marítimo, viró de nuevo hacia el sur y llegó con su nave, que necesitaba ser reparada, a una ensenada conocida en la actualidad como bahía de Dràke, al norte de lo que es hoy San Francisco. Drake tomó posesión de esta tierra en nombre de Inglaterra, y la llamó Nueva Albión.

En 1587, otro navegante y bucanero inglés, Thomas Cavendish (1560?-1592?), capturó un barco

español en aguas de la costa de California. Pero la
creciente amenaza inglesa, además de un contratiempo,
fue un estímulo para que los españoles llevaran a cabo
nuevas exploraciones. El onubense Sebastián Vizcaíno
(1550?-1615), un conocido comerciante establecido en
la ciudad de México, exploró en 1602 el norte, hasta
California. Tras reconocer la bahía de Monterrey, a la
que dio nombre y que señaló como la mejor base de
operaciones para la planeada colonización española,
envió un barco hacia el norte desde cabo Blanco, en la
costa suroeste del actual estado de Oregón. El barco
alcanzó la desembocadura de un gran río, probablemente el Columbia, en el extremo norte de Oregón.
Como resultado de estos viajes, Vizcaíno trazó un
mapa de casi toda la costa de California y dio nombres
a varios lugares, muchos de los cuales todavía se usan
hoy, pero no consiguió sentar las bases para un deseado objetivo comercial: la pesca de perlas. Desde el
principio, los españoles habían considerado el golfo de
California como un área ideal para esa actividad, por lo
que el rey otorgó derechos exclusivos para la pesca de
perlas a un pequeño grupo de sus súbditos. Después de
que en 1611 se le otorgaran esos derechos a su tío
Tomás, el sevillano Nicolás de Cardona (1570?-1625?)
exploró el área. Para ello, dejó España en 1613 y
navegó hasta Vera Cruz, Nueva España. Luego continuó el viaje por tierra hasta Acapulco, donde construyó
tres embarcaciones para su expedición, con las que
intentó infructuosamente implantar aquel negocio para
España. El resultado fue un detallado estudio, *Descripciones geográficas e hidrográficas de muchas tierras y
mares del norte y sur en las Indias, específicamente
del descubrimiento del reino de California*. Esta medi-
ción del golfo de California llevó a Cardona hasta la
desembocadura del río Colorado, que pensó que dividía al continente por la mitad. Después, en 1639, el
zaragozano Pedro Porter Casanate (1610-1662) recibió

permiso del rey para explorar la costa de California en barcos de su propio diseño, lo que hizo entre 1643 y 1649.

En resumen, antes de 1600, los españoles habían dominado a los pueblos indios de la península de Florida. Después de consolidar su control sobre Nueva España, las autoridades españolas avanzaron paulatinamente hacia el norte, completaron la conquista de México y ocuparon grandes zonas del sur de lo que hoy es Estados Unidos. Pero sus muchos avances conquistadores y los réditos que eso estaba reportando a la Corona española pronto atraerían a las otras dos grandes potencias europeas del momento, Inglaterra y Francia, dispuestas a ganar cuantas partes de ese gran pastel pudiesen. La gran riqueza que fluía hacia España desde sus colonias americanas despertó gran interés en las demás potencias europeas. Las naciones marítimas emergentes, como Inglaterra, impulsadas en parte por el éxito de Francis Drake en sus asaltos a barcos españoles que transportaban tesoros, se empezaron a interesar por el Nuevo Mundo. En esa línea, la Corona británica reclamó sus derechos sobre Norteamérica basándose en el viaje de John Cabot de 1497, pese a lo cual no hizo ningún intento serio de colonización durante casi un siglo.

En 1578, Humphrey Gilbert (c. 1539-1583), autor de un libro sobre la búsqueda del llamado "Paso del Noroeste" (un hipotético estrecho o vía de agua que permitiría navegar directamente desde el océano Atlántico al Pacífico por el norte de América), obtuvo una concesión de la reina Isabel para colonizar "las tierras baldías y bárbaras" del Nuevo Mundo que otras naciones de Europa no hubieran reclamado aún. Tendrían que pasar cinco años más para que pudiera iniciar su campaña. Finalmente en 1583 Gilbert fundó la primera colonia británica de Norteamérica, cerca de la actual ciudad de Saint John's, en Terranova. Sin embargo, el asentamiento fracasó y los colonizadores regresaron a Inglaterra ese mismo año. Cuando ese mismo año, Gilbert se perdió para siempre en el mar, se hizo cargo de la misión su hermanastro Walter Raleigh (1554-1618), quien, en 1584, fundó la segunda colonia británica en Norteamérica, en la isla Roanoke, frente a la costa de la actual Carolina del Norte. Al principio, las tribus locales se avinieron a realizar intercambios comerciales con los colonos, pero enseguida se volvieron más reticentes al trueque al coincidir una grave sequía y las relaciones se deterioraron. Los suministros de la metrópoli se interrumpieron a causa de una guerra con España y cuando, por fin, se pudieron reanudar tres años después, los colonos ya no estaban en la colonia. Nunca se ha llegado a saber lo que pasó, por lo que desde entonces la suerte de la colonia de Roanoke ha sido conocida como el misterio de "la Colonia Perdida".

El comienzo de la hegemonía británica

Un segundo esfuerzo pionero emprendido dos años después por Walter Raleigh fue también un fracaso. Tendrían que pasar diez años para que los británicos hicieran un nuevo intento. En 1597, Gran Bretaña por fin tuvo éxito y Norteamérica entró en una nueva era. Ese año, un grupo de colonizadores ingleses reunido en la llamada Compañía de Virginia de Londres, una sociedad anónima patrocinada por el rey británico, Jacobo I, con la finalidad de colonizar aquellos territorios y, en lo inmediato, comerciar con los nativos, levantó una pequeña aldea en un paraje de Virginia al que llamaron Jamestown, que se convertiría en el primer asentamiento británico permanente en territorio norteamericano. La Compañía de Virginia esperaba obtener utilidades, pero nunca las logró.

De los primeros 105 colonos, 73 murieron de hambre y enfermedades en los primeros siete meses, pero, con el tiempo, la colonia creció y prosperó. Bajo la dirección de John Smith (c. 1579-1631), sobrevivió a las hambrunas, los ataques de los indios y una epidemia de malaria. La llegada en 1610 de nuevos colonos y suministros permitió finalmente la prosperidad de la colonia. Aquellos primeros virginianos descubrieron la forma de ganar dinero con el cultivo del tabaco, que empezaron a enviar a Inglaterra en 1614. La corona británica se hizo en 1624 con el control de la colonia, que pasó a ser una provincia real. Después de que las autoridades inglesas eliminaran los controles sobre la producción de tabaco, la colonia tomó un gran auge económico y demográfico.

Poco después, los puritanos ingleses establecieron varias colonias más en la misma región del nordeste que hoy se conoce como Nueva Inglaterra, a la que llegaron huyendo de la persecución religiosa en Inglaterra. Los puritanos pensaban que la Iglesia de Inglaterra había adoptado demasiadas prácticas del catolicismo y llegaron a Norteamérica con la intención de fundar una colonia basada en sus propios ideales religiosos. El primero de los grupos, conocido como "Los Padres Peregrinos" (41 varones), cruzó el Atlántico a bordo de un barco llamado *Mayflower* y se estableció en Plymouth, Massachussets, en 1620, a orillas de la bahía del cabo Cod. Los peregrinos, asumiendo que eran autónomos de cualquier clase de gobierno establecido, se reunieron a bordo del buque y firmaron el conocido como "Pacto del Mayflower", la primera legislación norteamericana escrita.

Entre 1628 y 1630 se fundó también la Compañía de la Bahía de Massachussets, que daría lugar a la colonia de Boston. Hacia 1635, algunos colonizadores ya habían emigrado a la cercana Connecticut y habían ido colonizando sistemáticamente todo el litoral atlántico comprendido entre Acadia, la colonia francesa del norte, y Florida, bajo dominio español.

Los puritanos fundadores de casi todas las primeras colonias y asentamientos creían que los gobiernos debían hacer cumplir la moralidad de Dios. Castigaban severamente a los bebedores, los adúlteros, los violadores del descanso dominical y los herejes. En sus colonias, el derecho a voto se limitaba a los miembros de la Iglesia, el sueldo de cuyos pastores salía de los impuestos. Roger Williams, un puritano que no estaba de acuerdo con las decisiones de la comunidad, sostuvo que el Estado no debía intervenir en cuestiones religiosas. Obligado a salir de Massachussets en 1635, fundó la ciudad de Providence, futura capital de la vecina colonia de Rhode Island, sobre la base de la libertad religiosa y la separación Estado-Iglesia. La colonia de Maryland, establecida en 1634 como refugio para católicos, también se caracterizó por su tolerancia religiosa, lo que, a su vez, atrajo a otros grupos de colonizadores al Nuevo Mundo. No obstante, el conflicto religioso y civil que tuvo lugar en Inglaterra a mediados del siglo XVII restringió la inmigración y la atención que la madre patria prestó a sus jóvenes colonias norteamericanas. En parte para proveer las medidas defensivas que Inglaterra les negaba, las colonias de Massachussets, Plymouth, Connecticut y New Haven formaron en 1643 la Confederación de Nueva Inglaterra. Ese fue el primer intento de los colonos europeos por lograr la unidad regional.

Más al sur, los primeros colonos, llegados de Nueva Inglaterra y de Barbados, arribaron a lo que hoy es la región de Charleston, Carolina del Sur, en 1670. Para la nueva colonia se elaboró un complejo sistema de gobierno, al que contribuyó el filósofo británico John Locke. Uno de sus rasgos notables fue el fallido intento de crear una nobleza hereditaria y uno de los más deleznables fue el incipiente comercio de esclavos

Los puritanos ingleses establecieron varias colonias en la región del Nordeste (hoy Nueva Inglaterra), a la que los colonos llegaron huyendo de la persecución religiosa en Inglaterra. El primero de los grupos, conocido como "Los Padres Peregrinos" (41 varones), cruzó el Atlántico a bordo de un barco llamado Mayflower y, en 1620, se estableció en Plymouth, Massachussets.

norteamericanos nativos. Sin embargo, al cabo del tiempo, la madera, el arroz y el índigo dieron a la colonia una base económica más digna.

Siguiendo el ejemplo de España, Gran Bretaña y Francia, otras potencias europeas (Suecia, Holanda, Rusia) fundaron una serie de pequeñas colonias en Norteamérica. Los colonos suecos procedieron fundamentalmente de las regiones de Savo y Kainuu, hoy en Finlandia y entonces parte del imperio sueco hasta 1809), por lo que la lengua común de las colonias fue el finés y no el sueco. Entre 1638 y 1655, los suecos establecieron las colonias de Nueva Suecia en el actual Delaware y Nuevo Estocolmo (hoy Bridgeport) y Swedesboro en lo que hoy es Nueva Jersey. Estas efímeras colonias fueron conquistadas finalmente por los holandeses, que las unieron al territorio de la Nueva Holanda.

En la década posterior a la fundación de Jamestown, los Países Bajos participaron también en la tarea de ocupar territorios en el subcontinente americano, basándose en los derechos adquiridos por las explora-

ciones de Henry Hudson (1565?-1611?), marinero
inglés al servicio de la Compañía de las Indias Orientales holandesa que llegó a la actual bahía de Nueva
York en 1609 y exploró el río que hoy lleva su
nombre. Durante los años siguientes, los holandeses
enviaron diversos navíos mercantes a esa zona, a la
que denominaron Nueva Holanda, fundando puestos
comerciales en las proximidades de la actual Albany,
entre los años 1613 y 1614 y en la isla de Manhattan,
que habían comprado a los jefes indígenas de la
región y donde erigieron en 1626 la ciudad de Nueva
Ámsterdam. Pese a que su gran interés era el muy
rentable comercio de pieles, los holandeses no intentaron colonizar de inmediato Nueva Holanda, lo que no
implicó que comenzaran a establecerse colonos de
forma permanente desde 1624. En 1664, la colonia de
Nueva Ámsterdam fue tomada por los ingleses y
rebautizada con el nombre de Nueva York, al igual
que los asentamientos cercanos al río Delaware que
los holandeses habían arrebatado, a su vez, a los colonos suecos en 1655.

La historia temprana de los colonos británicos
revela gran cantidad de pugnas religiosas y políticas
internas, pues los grupos rivalizaban por el poder
interno y por la primacía entre sus vecinos. Maryland
en particular sufrió las enconadas rivalidades religiosas
que afligieron a Inglaterra en la época de Oliver Crom-
well. Pero, a raíz de la restauración del rey Carlos II en
1660, los británicos volvieron a prestar atención a sus
colonias norteamericanas. En poco tiempo, los colonos
se extendieron a las Carolinas, mientras se expulsaba a
los holandeses de Nueva Holanda en 1664, se estable-
cían nuevas colonias británicas en Nueva York, Nueva
Jersey, Delaware y Pensilvania.

Por su parte, los rusos nunca parecieron preocuparse por conquistar y ocupar territorios norteamericanos, sino solo por controlarlos por medio del estable-

cimiento de factorías comerciales, enfocadas preferentemente al comercio peletero. Su influjo se dejó notar, por supuesto, en la Alaska rusa, que incluía las islas Aleutianas o Shumagin, y en los territorios que, con el tiempo, serían los actuales estados estadounidenses de Washington, Oregón y California, además de la Columbia Británica canadiense. Existen noticias, sin confirmar, que indican que el primer navegante ruso en llegar a las costas de Alaska fue Sémion Deznev (c. 1605-1673), desviado de su rumbo hacia el río Anadyr en 1648. Otros señalan al no menos legendario explorador Fiodor Alexeiev. Sin embargo, la gran exploración de Alaska hubo de esperar al siglo XVIII.

Antes de ello, William Penn (1644-1718), un rico cuáquero amigo del rey Carlos II, recibió en 1681 una gran extensión de tierra al oeste del río Delaware, que empezó a ser conocida como Pensilvania, en honor de su propietario. A fin de poblarla, Penn reclutó con diligencia a multitud de disidentes religiosos británicos y europeos: cuáqueros, menonitas, amish, moravos, bautistas... Cuando Penn se instaló definitivamente en su propiedad norteamericana, ya había en ella colonos holandeses, suecos e ingleses asentados en las riberas del río Delaware. En ese lugar, Penn fundó Filadelfia, la "Ciudad del Amor Fraternal". Con apego a su fe, Penn se vio impulsado por un sentimiento de igualdad no muy habitual en la época. Allí las mujeres gozaron de ciertos derechos mucho antes que las residentes de otras colonias. Penn y sus delegados prestaban también mucha atención a las relaciones de la colonia con los indígenas delawares y se aseguraban de que a estos se les pagara el valor de todas sus tierras que fueran colonizadas por los europeos.

La formación del imperio colonial francés

Francia, por su parte, reivindicó desde bien pronto la parte septentrional de Norteamérica basándose en los supuestos derechos adquiridos por las primeras expediciones de Verrazano y Cartier. Sin embargo, debido a la crisis interna provocada por la Reforma protestante, se vio obligada a suspender la actividad colonial durante más de medio siglo. No obstante, poco a poco, comenzaron a abundar los exploradores y, sobre todo, los misioneros franceses. Entre los pioneros destacó Samuel de Champlain (1567-1635), que exploró el río San Lorenzo, la bahía de Fundy y las costas de lo que sería Nueva Inglaterra, hasta Massachussets, realizando durante sus viajes prolijas observaciones sobre la vida de los nativos. En julio de 1608, fundó la colonia de Québec. Mantuvo alianzas con los indios de Canadá, a los que prestó ayuda en los enfrentamientos que mantenían con los iroqueses, cimentando así unas amistosas relaciones entre franceses y nativos canadienses, que duraron mientras Canadá estuvo bajo dominio francés. En 1611, Champlain creó una casa comercial en Montreal y, además, remontó los canales navegables de la actual provincia de Ontario y la zona septentrional del estado de Nueva York. En 1615 realizó un viaje de exploración al lago Ontario, esta vez acompañado por su compatriota Étienne Brûlé, y en 1629 fue hecho prisionero por una patrulla de asalto inglesa que tomó la colonia de Québec. Tras este episodio, estuvo retenido en Inglaterra hasta 1632, año en el que regresó al Nuevo Mundo para ser el gobernador de Nueva Francia, desde 1633 hasta su muerte, dos años después.

Con posterioridad, destacó también el misionero jesuita Jacques Marquette (1637-1675) que desembarcó en Québec en 1666 y pasó los dieciocho meses siguientes estudiando los lenguajes indios. Fundó una

Entre los primeros exploradores franceses que llegaron a
Norteamérica destacó Samuel de Champlain (1567-1635),
que exploró el río San Lorenzo, la bahía de Fundy y las
costas de lo que sería Nueva Inglaterra, hasta Massachussets,
realizando además prolijas observaciones sobre la vida de
los nativos. En julio de 1608, fundó la colonia de Québec,
momento que refleja el grabado.

misión en Sault Sainte Marie (hoy en Michigan) en
1668 y permaneció en La Pointe (Wisconsin) entre
1669 y 1671. Los siux le obligaron a huir a Mackinac
(actualmente Michigan), donde fundó una misión en
Point San Ignacio (hoy San Ignacio). Allí fue visitado
por Louis Jolliet (1645-1700), el explorador francoca-
nadiense a quien acompañó en un viaje de exploración
al curso alto del río Mississippi, junto con cinco exper-
tos leñadores, a partir de mayo de 1673, en el que
descendieron en dirección sur hasta la región que hoy
ocupa Arkansas. Más tarde, Marquette trabajó como
misionero entre los pueblos illinois del lago Michigan,
mientras Jolliet volvía a Québec, para, posteriormente,
explorar las costas de Labrador y la bahía de Hudson.

Por entonces, barcos de pesca franceses cruzaban
con asiduidad el Atlántico y se dirigían hacia el área
del río San Lorenzo, estableciendo alianzas con tribus
indias que resultarían de notable importancia una vez
que Francia comenzara a colonizar aquellos parajes.
Los comerciantes franceses se percataron de que la

región del San Lorenzo producía pieles, en especial de castor, difíciles de encontrar en Europa, donde el animal estaba cerca de la extinción, y comenzaron a establecer puestos peleteros a lo largo del río San Lorenzo. En 1598, establecieron uno en la isla Sable, al sudeste de la actual Nueva Escocia, pero la colonia no pudo ser reabastecida y los 12 sobrevivientes regresaron a Francia en 1605. En 1600, se había establecido otro puesto en Tadoussac, hoy en la provincia de Québec, pero solo cinco colonos sobrevivieron al invierno. En 1604, se fundó un nuevo asentamiento en la isla Santa Cruz, germen desde el que se establecería la colonia de Acadia, pero que fue trasladado a Port-Royal (actual Annapolis) en 1605, para ser abandonado en 1607, restablecido en 1610 y destruido definitivamente en 1613. Los franceses reforzaron su alianza con las tribus nativas, como los hurones y los ottawas, participando en la guerra contra los enemigos tradicionales de ambos, los iroqueses. Jesuitas franceses también intentaron cristianizar a muchos grupos indígenas por medio del establecimiento de misiones, tales como la de Sainte-Marie entre los hurones. No obstante, la interacción entre nativos y europeos en este primer periodo, aunque se supone mejor que la de otras partes, es desconocida en gran medida, debido a la falta de documentos históricos.

Finalmente, la Corona francesa decidió colonizar el territorio para asegurar y extender su influencia. Los vastos territorios que pasaron a ser conocidos como Acadia y Canadá habían estado habitados hasta entonces por pueblos nómadas, aunque también había importantes asentamientos de hurones e iroqueses. Las tierras estaban llenas de riquezas naturales por explotar, labor a la que enseguida se pusieron los franceses y que no hicieron más que incrementar a lo largo del siglo XVII.

En 1682, uno de los más destacados pioneros de Norteamérica, René-Robert Cavalier (1643-1687), señor de La Salle, que recorrió el Mississippi desde su unión con el Ohio hasta el golfo de México, y que reclamó todos los territorios bañados por el río para Luis XIV, rey de Francia, en cuyo honor llamó a estas tierras "Louisiana". En sus aventuras, Cavalier estuvo acompañado por su socio italiano Henri de Tonty (c. 1650-1704), conocido entre los indios como "Mano de hierro" debido a que tenía una mano postiza de ese material con que sustituía la que había perdido en una batalla en su etapa al servicio del ejército francés, y a la que los nativos del lugar atribuían poderes mágicos. En 1684, La Salle dejó Francia con cuatro barcos y 300 colonos para establecer una colonia en la desembocadura del Mississippi. La expedición hubo de enfrentarse a enormes problemas, incluidos los piratas, los indios hostiles y las dificultades de navegación. No obstante, finalmente logró establecer la colonia de Fort San Luis, cerca de Victoria, Texas, que duró hasta 1688, cuando indios locales masacraron a los 20 adultos que quedaban y se llevaron cautivos a cinco niños. En enero de 1687, Cavalier salió de nuevo de Canadá con una partida de 17 hombres en ayuda de los miembros que quedaban de la expedición original. Sin embargo, sus hombres se amotinaron y lo mataron cerca del río Trinity, en Texas.

Tras una época de convivencia más o menos conflictiva, el auge comercial francés entró pronto en conflicto con los intereses de las colonias británicas, que tenían varias fronteras con las francesas. Esto causaría posteriormente las conocidas genéricamente como "guerras francesas e indias". De momento, los brillantes logros alcanzados por sus exploradores y colonizadores hicieron que Francia dominara durante el siglo XVII vastos territorios del interior, incluido todo el valle alto del río Mississippi. Sin embargo, la inca-

La bárbara costumbre de arrancar cabelleras fue practicada desde la más remota antigüedad en todo el mundo. En Norteamérica fue una costumbre estimulada por los colonizadores como fórmula para demostrar la muerte de un indígena y, en consecuencia, tener derecho a cobrar la recompensa estipulada de antemano para ello.

pacidad militar para consolidar este enorme y en gran parte desconocido dominio motivó que Francia concentrará todos sus esfuerzos en mantener activo y expedito el comercio de pieles con los nativos, sin que intentara colonizar aquellas tierras ni mucho menos desalojar a los indios, como hicieron los ingleses. Además, su política colonial no incentivó la inmigración a gran escala, por lo que la población colonial francesa se mantuvo reducida durante los siglos XVII y XVIII. Además de las iniciativas estatales, los hugonotes franceses establecieron colonias independientes del control del Estado francés: por ejemplo, fundaron New Paltz en la década de 1660, desgajándose de una gran expedición hugonota a Nueva Holanda. Estos hugonotes franceses, liderados por Louis Dubois, formaron una primera comunidad llamada La Duzine, que negoció con los indios la compra de las tierras que van desde el río Hudson hasta las montañas. La comunidad prosperó incluso después de que los ingleses tomaran el control del río Hudson y de Nueva York.

En total, hacia 1666, las posesiones coloniales francesas, conocidas ya genéricamente como Nueva Francia, tenían 2.000 colonos y siguieron creciendo, aunque lentamente, en parte porque a las minorías religiosas no se les permitía establecerse. La colonia abarcaba el área colonizada por Francia desde la exploración del río San Lorenzo por Jacques Cartier en 1534 hasta la cesión de estos territorios a Gran Bretaña en 1763. En su momento de mayor extensión, antes del Tratado de Utrecht (1713), Nueva Francia se extendía desde Terranova al lago Superior y desde la bahía de Hudson al golfo de México. El territorio se dividía en cinco colonias, cada una con su propia administración: Canadá, Acadia, Bahía de Hudson, Terranova y Louisiana.

De esta forma, a comienzos de la década de 1690, la mayor parte del subcontinente norteamericano, desde Canadá hasta el golfo de México, estaba ocupada por

España, Francia y Gran Bretaña. Las colonias francesas estaban muy dispersas. Los principales asentamientos se agruparon en Canadá y cerca de la desembocadura del río Mississippi; una línea de puestos comerciales y militares, situada a lo largo de los cursos fluviales del Ohio y el Mississippi, conectaba ambas regiones. Las posesiones inglesas consistían en 12 colonias contiguas que se extendían por el litoral atlántico. Georgia, la decimotercera, sería fundada en 1732. Muy próxima a los límites de la Florida española, o tal vez dentro de ellos, la región fue considerada como zona de amortiguación contra las incursiones de España. Pero tenía también otra cualidad única: el hombre que estaba al mando de las fortificaciones de Georgia, el general James Oglethorpe, era un reformador filantrópico que se propuso expresamente crear un refugio donde pobres y ex presidiarios pudieran tener una nueva oportunidad.

En 1733, pues, los ingleses habían ocupado 13 colonias a lo largo de la costa del Atlántico: New Hampshire, Massachussets, Rhode Island, Connecticut, Nueva York, Nueva Jersey, Pensilvania, Delaware, Maryland, Virginia, Carolina del Norte, Carolina del Sur y Georgia. Entre los colonos de esos asentamientos había todo tipo de personas: aventureros, maleantes, fervorosos creyentes, constructores, desesperados, prófugos y soñadores utópicos... Norteamérica les prometía, como dijo el poeta Robert Frost, un "nuevo comienzo para la raza humana".

DE LA CURIOSIDAD Y LA ARMONÍA AL CONFLICTO

Hacia 1640 los británicos ya tenían colonias firmemente establecidas en la costa de Nueva Inglaterra y en la bahía de Chesapeake. En medio de ambas, y a punto de ser absorbidas, se asentaban los holandeses y la mi-

Al principio, los indígenas recibieron bien a los pioneros tanto en el Nordeste, como en el Sudoeste y la Costa Oeste. Por ejemplo, se podría afirmar que la colonia de los Padres Peregrinos en Plymouth habría fracasado de no haber sido por la ayuda, en forma de comida, de los indios wampanoag.

núscula comunidad sueca. Bastante al sur, los españoles y al norte, los franceses. Pero hacia el oeste, que es lo que aquí nos interesa más, vivían solos y, de momento, más o menos tranquilos, los nativos. Los indígenas ya contactados por la marea colonizadora europea, recibieron al principio bien a los pioneros tanto en el Nordeste, como en el Sudoeste y la Costa Oeste. Por ejemplo, se podría afirmar que, sin la ayuda de los powhatan, el asentamiento británico de Jamestown no habría sobrevivido a su primer invierno. Igualmente, la colonia que fundaron los Padres Peregrinos en Plymouth habría fracasado de no haber sido por la ayuda de los wampanoag. No fueron pocos los indígenas que enseñaron a los inmigrantes la manera de fertilizar la tierra y cultivarla. Sin embargo, debido a la manera de utilizar la tierra los europeos y a que los recursos alimentarios eran limitados, la enorme inmigración provocó enseguida tensiones entre invasores y nativos.

A veces amigables y a veces hostiles, las tribus del Este —como luego las del resto de Norteamérica—

ya no eran extrañas para los europeos. Aunque los nativos se beneficiaron con el acceso a la tecnología y el comercio, las enfermedades y la codicia de tierras que los primeros colonizadores también trajeron consigo fueron un grave reto para su ancestral forma de vida. En el siglo XVII y en respuesta a la demanda europea, algunas tribus, como los iroqueses, empezaron a prestar más atención a la caza para el comercio de pieles. Las pieles y cueros brindaron a las tribus el medio para comprar los productos coloniales hasta bien entrado el siglo XVIII. Las relaciones iniciales entre colonos y nativos eran, pues, una incómoda mezcla de cooperación y conflicto. Por una parte, se pueden citar las relaciones ejemplares que prevalecieron en el primer medio siglo de existencia de Pensilvania. Por la otra, hubo una larga serie de tropiezos, escaramuzas y guerras que casi siempre resultaron en derrotas y mayor pérdida de tierras para los indígenas. En definitiva, con la llegada de los británicos, los españoles y los franceses, se produjo un auténtico choque de culturas. Los indígenas vivían en armonía con la tierra y la naturaleza desde hacía siglos y sabían sobrevivir sin trastornar ni trastocar el equilibrio medioambiental. No obstante, los blancos les tacharon enseguida de seres feroces e inferiores, desviando así la atención, con oportunismo, del salvajismo con que ellos los intentaban sojuzgar. En 1831, el pensador francés Alexis de Tocqueville resumió, críticamente, la opinión imperante entre los europeos respecto a los indios: "El cielo no los ha hecho para que se civilicen; es necesario que mueran".

En términos generales, el incesante flujo de colonos a las regiones boscosas de las colonias del Este tuvo un efecto nocivo para la vida de los nativos. A medida que la caza se hizo más intensa, las tribus tuvieron que encarar la difícil elección entre padecer hambre, emigrar y entrar en conflicto con otras tribus que vivían más al oeste o, peor aún, hacer la guerra a los blancos. Los ejemplos de todo ello, como vamos a ver a continuación, fueron abundantes y casi siempre, antes o después, acabaron con el mismo resultado desastroso para los indígenas.

3

LAS GUERRAS
COLONIALES

Los blancos no cesaban en su intento de hacer que los indios renunciaran a su forma de vida y adoptaran la de ellos (cultivar la tierra, trabajar duramente y hacer como ellos...) y los indios no sabían cómo. Además, tampoco querían. Si los indios hubieran tratado de hacer que los blancos vivieran como ellos, estos se habrían resistido. Eso pasó con nosotros.

Wambditanka, "Águila Grande" (c. 1827-1906), jefe siux santi.

MUCHOS CONFLICTOS Y ALGUNAS GUERRAS

Durante los siglos XVII y XVIII, en las colonias europeas de Norteamérica no hubo, por definición, una guerra abierta ni mucho menos total contra los indios. Antes bien, la mayoría de los colonos mantenía relaciones más o menos amistosas, sobre todo comerciales, con las tribus de su entorno y, si bien es cierto que en ocasiones se desencadenaban conflictos, estos eran más bien causados por los desencuentros habituales referentes a tensiones fronterizas, raciales y de acceso a los recursos. Además, dichos conflictos casi nunca desbordaban el ámbito y las consecuencias locales, sin afectar a las autoridades coloniales como tales, que siguieron manteniendo públicamente la política oficial de que los colonos habían de respetar a los indios, ser amistosos con ellos y no recurrir bajo ningún concepto a su eliminación sistemática o su esclavización. Por añadidura, su gobierno colonial distó mucho de ser intervencionista y se limitó al recaudo de los cada vez mayores impuestos, dejando a las colonias la responsabilidad de su supervivencia y su autodefensa. No obstante, aunque las relaciones fueran en los primeros tiempos coloniales, por lo general, armoniosas, los indios desplegaban en ocasiones una peligrosa belicosidad, sobre todo en el caso de las colonias británicas, conformadas más como asentamientos estables que como, en el caso francés, meros puestos comerciales.

"Hemos venido aquí para servir a Dios y para hacernos ricos" solían decir los conquistadores españoles. Estos dos objetivos, el comercial y el religioso, precisaban de los propios indígenas para verse coronados por el éxito. Los conquistadores y demás aventureros ansiaban las tierras y el trabajo de los indígenas; los sacerdotes y frailes reclamaban sus almas. No obstante, pese a todo, en última instancia, ambos propósitos resultaron destructivos para muchos pueblos indígenas del continente americano. El primero les privó de su libertad y, en muchos casos, de sus vidas; el segundo les despojó de sus creencias y de su cultura. Sin embargo, hubo numerosos europeos contemporáneos que mostraron sus dudas acerca de la ética de la conquista. Notables juristas y humanistas debatieron en profundidad la legalidad de privar a los indígenas de sus tierras y obligarlos a someterse a la autoridad colonial. A los indígenas, sin embargo, estas discusiones éticas no les reportaron beneficio alguno.

Todo ello sin olvidar que, fieles a sus costumbres, las tribus indias mantuvieron siempre, sobre todo en el Este, un estado casi permanente de guerra intertribal, que complicaba mucho su relación con los colonos.

La situación fue bastante menos explosiva en Canadá, donde los intereses comerciales franceses se centraban exclusivamente en el comercio de pieles. Muchos de los pueblos indígenas eran importantes proveedores de pieles de castor, nutria, rata almizclera, visón y otras especies. Hubiera sido contraproducente para los franceses maltratar a tan provechosos colaboradores. Además, era totalmente innecesario, ya que el aliciente de las nuevas mercancías constituía un gran incentivo para los cazadores indígenas que transportaban las pieles a los emporios comerciales. Otro factor que favoreció la relativa independencia de los pueblos indígenas de Canadá fue la necesidad de los franceses de encontrar aliados en sus constantes guerras contra los ingleses, tanto en el sur, en las fronteras de las Trece Colonias británicas, como en el norte, en las costas de la bahía de Hudson.

Así, mientras que los franceses tendían a considerar a los pueblos indígenas como iguales y aceptaban, incluso, los matrimonios mixtos, los ingleses, lastrados además por sus diversas ortodoxias religiosas, no mostraban tal inclinación. El desprecio británico procedía en gran medida de las tensiones y fricciones generadas por su ansia de poseer cada vez más territorio. A diferencia de los francocanadienses, los anglonorteamericanos colonizaron la costa atlántica a escala masiva, y en este proceso no dudarían en desalojar una y otra vez a cuanta tribu estorbase a sus propósitos o sus intereses.

Cuando, como ya vimos, los primeros colonos británicos llegaron a lo que sería Virginia y fundaron, en 1607, la colonia de Jamestown, las tribus algonquinas locales, confederadas bajo el liderazgo de Wahunsonacawh o "jefe Powhatan" (c. 1550-1618), se mostraron al principio bastante serviciales. Los enfrentamientos comenzaron cuando los colonos empezaron a apropiarse de tierras que pertenecían al pueblo de Powhatan. Entre 1609 y 1614, estalló la que sería conocida como primera guerra anglo-powhatan. En esa circunstancia, el líder de la colonia, el capitán John Smith, principal interlocutor entre pobladores e indios, resultó herido casualmente por una explosión fortuita de pólvora y se marchó en barco a Inglaterra en diciembre de 1609 a tratarse las heridas. Tras su marcha, los powhatan se volvieron más agresivos y lograron capturar y matar al nuevo líder de la colonia, John Ratcliffe. El recién designado gobernador, Thomas West, 3er barón de La Warr ("Lord Delaware"), llegó de Inglaterra a Jamestown en junio de 1610 y puso en marcha enseguida la llamada "táctica irlandesa" o "guerra de tierra quemada", según la cual sus tropas asaltaron pueblos indios, quemaron casas y plantaciones y confiscaron las provisiones. Sin embargo, los guerreros indígenas pamunkey, conducidos por el sucesor de Powhatan, su hermanastro Opechancanough (1554?-1644), contraatacaron defendiendo su propia tierra y poniendo sitio a la fortaleza de Jamestown, que estuvieron a punto de tomar. El acuerdo de paz que terminó aquella guerra en 1614 fue sellado mediante el matrimonio de Pocahontas (c. 1595-1617), la hija del jefe Powhatan, con el colono John Rolfe, el primero de índole mixta conocido en Virginia. Este enlace proporcionó varios años de paz.

En 1622, Opechancanough ordenó un nuevo ataque sorpresa a la colonia para forzar la marcha definitiva de sus ocupantes, en el que murieron no menos de 347 colonos, casi un tercio de los por entonces existentes. Las hostilidades prosiguieron en los años siguientes en lo que se dio en llamar segunda guerra anglo-powathan, causando numerosas bajas en ambos bandos. En 1644, los indios intentaron de nuevo expulsar a los colonos, pero fracasaron. Los colonos consiguieron no solo repeler todos los ataques sino incluso derribar el liderazgo de Opechancanough.

Pese a este mal ejemplo, en la mayor parte de las ocasiones las tensiones y disputas se resolvían

LA HISTORIA DE REBECCA ROLFE, MÁS CONOCIDA COMO POCAHONTAS

En abril de 1607, cuando Pocahontas (c. 1595-1617), hija mayor de Powhatan, jefe de la confederación algonquina, rondaba los diez o doce años, los colonos ingleses llegaron a Virginia y empezaron a construir asentamientos. Al poco, su líder, John Smith, fue capturado por un grupo de indios y llevado al poblado Werowocomoco. Cuando se disponían a ejecutarlo, la joven Pocahontas se tiró encima de su cuerpo para protegerlo. Le salvó la vida y consiguió que, al poco, lo liberasen. Así lo contó al menos el propio Smith, aunque siempre ha habido muchas dudas sobre la veracidad de este suceso. Lo cierto es que, durante la primera época en que los colonos sufrieron hambre, cada pocos días Pocahontas y sus compañeros llevaban provisiones que salvaron la vida de muchos colonos. En marzo de 1613, Pocahontas vivía en Passapatanzy, una villa de los patawomeck, tribu que había hecho algunos tratos con los powhatan, cuando dos colonos ingleses supieron que era la hija del jefe Powhatan, le tendieron una trampa y la raptaron como rehén para obligar a su padre a liberar a prisioneros ingleses. Powhatan lo hizo, pero no satisfizo otras condiciones, por lo que los colonos no liberaron a Pocahontas.

Justo un año después, la muchacha se había amoldado tanto a la vida con los blancos que cuando se desató una violenta confrontación entre los ingleses y Powhatan en el río Pamunkey, ella mostró su deseo de permanecer con los colonos, entre los que había conocido al viudo John Rolfe, con el que se casó en abril. Durante unos años, la pareja vivió feliz en la plantación de Rolfe y tuvieron un hijo,

Thomas. Al poco, los patrocinadores de la colonia de Virginia empezaron a tener dificultades para atraer a nuevos colonos e inversores y decidieron utilizar a Pocahontas, por entonces ya cristianizada con el nombre de Rebecca, como reclamo de la docilidad de los nativos. A tal fin, la familia Rolfe viajó a Inglaterra en 1616, acompañada por otros 11 nativos powhatan. John Smith, que por entonces convalecía de unas heridas en Londres, escribió una carta a la reina Ana urgiendo a que Pocahontas fuera tratada con el máximo respeto y así ocurrió cuando fue presentada al rey Jacobo I. Pero, el 21 de marzo de 1617, tras embarcarse de vuelta a América, Pocahontas murió de viruela o neumonía.

mediante negociaciones o tratados, como el establecido en 1621 entre Massasoit (c. 1581-1661), jefe de la tribu pokanoket y de la confederación wampanoag, y los colonos ingleses de Plymouth. Preocupado por el sucesivo brote de dos epidemias de viruela nada más llegar los extranjeros a su región, Massasoit visitó Plymouth en 1621 y negoció un tratado por el que garantizaba la seguridad de los ingleses a cambio de su alianza contra sus enemigos, los narragansett. Gracias a su ayuda, los colonos pudieron superar la hambruna que les acució durante sus primeros años en Norteamérica. En 1625, otro de esos primeros tratados supuso la primera cesión formal de tierras indias, cuando los pemaquids cedieron a los colonos ingleses de Plymouth 12.000 acres. El líder de los indígenas, Samoset (c. 1590-1653), creía firmemente que las tierras les habían sido dadas por el Gran Espíritu y, por tanto, no "pertenecían" a nadie. Pero, por cortesía, se avino a organizar una gran ceremonia y, cumpliendo a su

Pese a todo, en los primeros tiempos, la mayor parte de las tensiones y disputas se resolvían mediante tratados, como el establecido en 1621 entre Massasoit (c. 1581-1661), jefe de la tribu pokanoket y de la confederación wampanoag, y los colonos ingleses de Plymouth.

manera el requisito de los colonos, lo rubricó dibujando un signo sobre una hoja.

El siguiente gran conflicto fue el conocido como Guerras Pequot, que comenzaron como una rencilla entre los indios pequot y los mohicanos en la zona del río Connecticut. En 1634, los pequot atacaron a un barco esclavista y mataron al capitán, John Stone, y a los otros siete tripulantes del barco. Para preservar la paz, el gobernador de Massachussets, John Endecott, decidió no tomar represalias contra los indios. En 1636, los pequot atacaron otro barco en la isla Block, resultando muerto John Oldham, un comerciante de Nueva Inglaterra. Este crimen ya sí encontró respuesta por parte del hasta entonces pasivo gobernador, que envió tres barcos a destruir las dos aldeas pequot que se pensaba habían sido responsables. En 1637, los pequots respondieron atacando Wethersfield, donde mataron a nueve personas y secuestraron a otras dos. Ese ataque provocó la ira de muchos colonos, que promovieron una acción combinada de todas las fuerzas de las milicias de Massachussets y Connecticut, acompañadas por varios cientos de indios narragansett y niantic. Estas fuerzas rodearon la principal fortificación de los pequot y mataron a más de 500 indios, contando hombres, mujeres y niños. Al terminar, quemaron la aldea y asesinaron a todos los que intentaron escapar. Esta sangrienta guerra fue probablemente la primera masacre a gran escala y se oyeron ya las primeras voces criticando la excesiva brutalidad de las tropas milicianas. No obstante, a pesar de ella, las incursiones indias en territorios coloniales cesaron durante una generación.

Por esas mismas fechas, en la colonia holandesa de Nueva Holanda (actuales estados de Nueva York y Nueva Jersey), la política represiva del gobernador Willem Kieft (1597-1647) provocó una serie de conflictos que se prolongaron desde 1640 hasta 1664. Durante ese tiempo, los holandeses lograron dominar la mayor parte de las tribus algonquinas del valle inferior del río Hudson. En 1641, Kieft envió milicianos para castigar la actitud no colaboradora de los mohicanos, matando a cuatro de ellos. Los mohicanos se vengaron acabando con la vida de otros cuatro milicianos, lo que provocó que la milicia quisiese vengarse y mataron a todos los habitantes de dos poblados nativos mientras dormían, sin respetar edad ni sexo: hombres, mujeres y niños fueron atravesados por las bayonetas de los agresores.

En 1643, el jefe de los aproximadamente 30.000 indios narragansett de Massachussets, Miantonomo (1565-1643), percibiendo el peligro de la llegada de los colonos blancos, trató de reforzar y expandir su alianza con los mohawks a fin de crear un movimiento de resistencia generalizada. En palabras del jefe indio:

> [Hemos de] ser uno, como ellos; de lo contrario, desapareceremos pronto, pues sabéis que nuestros padres tenían muchos ciervos y pieles, nuestras llanuras estaban llenas de ciervos, al igual que nuestros bosques, y de pavos, y nuestras

En 1643, el jefe de los narragansett de Massachussets, Miantonomo (1565-1643), trató de reforzar su alianza con los mohawks en contra del avance blanco, pero fue capturado por el jefe mohegan Uncas (1588-1683), que le puso a disposición de los franceses. Éstos, al no tener poder legal para ejecutarlo, buscaron una solución conveniente: dispusieron que Uncas lo ejecutase ante testigos ingleses para constatar que se le había dado muerte.

calas llenas de peces y aves. Pero estos ingleses que tomaron nuestra tierra cortan la hierba con guadañas y los árboles con hachas; sus vacas y caballos se comen la hierba y sus cerdos echan a perder nuestros bancos de almejas, así que todos moriremos de hambre.

Sin embargo, los intentos de Miantonomo por formar un frente indio unido se malograron al ser capturado por el jefe Uncas (1588-1683), de la tribu mohegan (una escisión de la pequot), quien le puso a disposición de los franceses, que lo buscaban acusado de rebeldía. Como estos no tenían poder legal para condenar y ejecutar a Miantonomo, buscaron una solución conveniente. Como escribió un observador: "No pudiendo ajusticiarlo por estar fuera de la jurisdicción de todas las colonias, las autoridades dispusieron que Uncas lo ejecutase ante testigos ingleses para constatar que se le había dado muerte". A una señal de Uncas, su hermano, Wawequa, mató a Miantonomo con un tomahawk. Cuando el siguiente jefe de los narragansett decidió ir a la guerra para vengar la muerte de Miantonomo, los ingleses prometieron apoyar a los mohegan. El siguiente ataque de los narragansett se produjo en junio de 1644. A cada éxito que obtenían, más y más guerreros aliados se sumaban a los narragansett. Uncas y los mohegan sufrieron un asedio y se hallaban al borde de la derrota total cuando los ingleses les ayudaron a levantar el sitio. Cuando la contraofensiva inglesa estaba a punto de invadir el territorio de los narragansett, estos se vieron obligados a firmar una vergonzosa capitulación.

El siguiente conflicto importante fue el de las Guerras Esopus (1659-1663), dos conflictos entre colonos holandeses y la banda esopus de los indios lenape ocurridos en lo que es actualmente el condado de Ulster, Nueva York. Vinieron a coincidir con la ampliación de los intereses británicos en los territorios holandeses de

Norteamérica. Su mayor consecuencia fue que la dificultad de los holandeses para derrotar a los esopus demostró a los británicos que necesitarían mayor diplomacia para tratar con los nativos de Nueva Holanda que la que venían utilizando en el resto de territorios.

En 1609, el navegante inglés Henry Hudson (1565?-1611?), mientras exploraba por primera vez el río que tomó su nombre, conoció a muchos nativos que nunca habían visto al hombre blanco. Cinco años más tarde, se estableció un puesto comercial holandés en el lugar en el que se encuentra actualmente Kingston, Nueva York, en una región agrícola dominada hasta entonces por la tribu esopus, que enseguida atacó y destruyó el puesto, obligando a los colonos a volver al sur. En 1652 se estableció allí una nueva colonia, pero los nuevos colonos fueron otra vez rechazados por los esopus. Sin embargo, conscientes del gran potencial agrícola de la tierra, los holandeses volvieron a ella una vez más en 1658, construyendo esta vez un fuerte que sirviera para defender mejor la población de la colonia, que esta vez llamaron Wiltwijck. Aunque lo intentaron, esta vez, los esopus no fueron capaces de expulsar a los que consideraban unos intrusos. Como no podían con ellos, decidieron, de momento, concederles tierra, esperando así contener la llegada de más forasteros. Sin embargo, en septiembre de 1659 los colonos contrataron a varios esopus como peones agrícolas. Tras finalizar el trabajo y recibir su paga en brandy, un nativo borracho efectuó un disparo al aire con un mosquete. Aunque nadie resultó herido y los soldados investigaron el asunto y no encontraron malas intenciones, un grupo de granjeros y soldados atacaron en represalia a los nativos. La mayor parte escapó, pero volvieron al día siguiente acompañados de varios centenares más, destruyendo cosechas, matando ganado y quemando edificios. Superados en número y armamento, los holandeses tenían pocas esperanzas de imponerse, pero, aun así, intentaron pequeños ataques e incluso quemaron los campos de los nativos a fin de vencerles por hambre, y finalmente recibieron refuerzos llegados desde Nueva Ámsterdam. La guerra finalizó el 15 de julio de 1660, cuando los nativos acordaron ceder tierra a cambio de paz y alimentos. Pero fue una calma provisional. Las tensiones continuaron y condujeron a una segunda guerra.

Con la esperanza de firmar un tratado definitivo con los esopus, emisarios holandeses contactaron con la tribu en junio de 1663 y solicitaron una reunión. Los nativos contestaron que su costumbre era mantener las conversaciones de paz desarmados y en lugar abierto, por lo que se abrieron las puertas de Wiltwijck. Los nativos llegaron en gran número y, una vez dentro, atacaron por sorpresa. Bien armados, tomaron a los holandeses por sorpresa y pronto controlaron gran parte de la ciudad, incendiando casas y secuestrando mujeres, aunque, finalmente, fueron expulsados por los colonos. Días después, soldados holandeses que transportaban munición a la ciudad fueron atacados. Con la ayuda de otros nativos, los holandeses, pese a sus muchos esfuerzos, no lograron encontrar a los guerreros esopus, que, ocultos en sus guaridas en los bosques, atacaban impunemente, con tácticas de guerrilla, a los colonos. Meses después, tras dedicarse a destruir los campos sembrados de los indios para intentar rendirles por hambre o, al menos, obligarles a acudir al campo de batalla, una columna holandesa localizó finalmente a los esopus, produciéndose una batalla que finalizó con la muerte de muchos indios, entre ellos su jefe, Papequanaehen. Los nativos supervivientes huyeron y los holandeses saquearon su poblado antes de retirarse, llevándose provisiones y prisioneros. Esto significó el final de la guerra, aunque no aseguró la paz. Finalizada así la segunda guerra, los colonos holandeses comenzaron a sospechar de todos los nativos con los que mantenían contacto, incluidos los wappingers y los mohawks, pese a que ambas tribus habían ayudado a los holandeses a derrotar a los esopus.

En septiembre de 1664, toda Nueva Holanda cayó en poder del imperio Británico, que en este caso concreto optó por una postura paciente y contemplativa hacia los nativos. Los límites del territorio indio se establecieron cuidadosamente y se pagó la tierra que pasó a formar parte de la corona británica. A lo largo de las siguientes dos décadas, las tierras esopus fueron compradas y los nativos fueron pacíficamente pero inexorablemente expulsados, debiendo refugiarse con los mohawks al norte de las montañas Shawangunk.

El foco de los conflictos se trasladó de nuevo a Plymouth, donde, tras la firma del tratado con los wampanoag en 1621, la convivencia con los indios fue más o menos pacífica, pero la continua llegada de más y más colonos y su expansión hacia el interior del continente les llevó a invadir cada vez más tierras indias. Ello empezó a ocasionar continuos enfrentamientos, hasta que, en 1675, se desencadenó el conflicto definitivo: la Guerra del rey Philip (1675-1676), nombre cristiano del ahora jefe de los wampanoag, Metacomet (c. 1639-1676), que fue capturado por los ingleses, enfermó y murió cautivo. Como es lógico, su muerte provocó la ira de los nativos. Las consecuencias de la guerra fueron dramáticas para ambos bandos, pero, especialmente, para las tribus indígenas (narragansett, wampanoag, podunk, nipmuck...), que prácticamente fueron exterminadas. A partir de entonces, el modo de vida de los indios de Nueva Inglaterra fue erradicado; los supervivientes fueron esclavizados y vendidos fuera de la región.

La expansión inglesa por los ríos del norte de Virginia continuó hasta 1676, cuando estalló la Rebelión de Bacon, en la que fueron nuevamente derrotados los indios. El adinerado inglés Nathaniel Bacon (1640-1676), tras dejar su país, se afincó en la colonia de Virginia, cerca de la colonia pionera de Jamestown. Coincidió que, hacia 1674, un grupo de colonos de la frontera de Virginia exigió que los nativos que habitaban en las tierras protegidas por los tratados fueran expulsados de las mismas o, mejor aun, exterminados. Aquel mismo año, un grupo de milicianos de Virginia llevó a cabo una incursión a un poblado indígena, asesinando a alrededor de 30 nativos. Actuando contra las órdenes del gobernador Berkeley, una fuerza aún mayor atacó un poblado conestoga fortificado, asesinando a sus jefes. Mientras tanto, Bacon se había convertido ya en un líder rebelde y acusó a Berkeley de corrupción. Cuando el gobernador rehusó permitir a Bacon atacar a los nativos, reunió una fuerza propia, de alrededor de 400 o 500 hombres, que atacó a las tribus doeg y pamunkey, quienes hasta entonces se habían mantenido neutrales. Berkeley expulsó a Bacon de su consejo de gobierno y le arrestó, si bien sus hombres le liberaron poco después. Como represalia, Bacon forzó a Berkeley a convocar elecciones legislativas. Una recompuesta asamblea promulgó una serie de amplias reformas, limitando los poderes del gobernador y restaurando el derecho al sufragio de los hombres libres sin tierras. El 30 de julio de 1676, Bacon y su ejército irregular publicaron la *Declaración del Pueblo de Virginia*, que exigía que los nativos de la zona fueran expulsados o eliminados y que se pusieran fin al "gobierno de los parásitos". Tras meses de conflicto, las fuerzas de Bacon incendiaron Jamestown en septiembre de 1676. Antes de la llegada de un escuadrón naval inglés, Bacon murió el 26 de octubre de 1676 de disentería, lo que causó el fin de la rebelión.

Por su parte, el cuáquero inglés William Penn (1644-1718), fundador de la colonia de Pensilvania, firmó en 1683 un tratado de paz con los delawares cuya vigencia duraría cincuenta años. En 1687, los franceses, inaugurando lo que sería una larga tradición, desplazaron a las tribus iroquesas de los seneca y los onondaga. La liga iroquesa se vengaría dos años después.

El jefe Hiawatha y la Liga de los Iroqueses

Los iroqueses que habitaban la región al sur de los lagos Ontario y Erie, en el norte de lo que hoy son los estados de Nueva York y Pensilvania, fueron los que mejor lograron resistir el avance de los europeos. En 1570, a iniciativa de un profeta conocido como "El Gran Pacificador" y de su discípulo, el jefe Hiawatha, cinco tribus se unieron para formar la nación nativa más compleja de su época, la Ho-De-No-Sau-Nee o Liga de los Iroqueses.

Según la leyenda, Deganawida o Dekanawida, el Gran Pacificador, había nacido de una virgen entre los hurones o los onondaga y fue adoptado por los mohawk. Se dice que, en su juventud, tuvo una visión, inspirada por el Gran Espíritu, que lo impulsó a buscar la paz y la unión. Al hacerse adulto, el Gran Pacificador abandonó su tribu y cruzó el lago Ontario en una canoa "hecha de piedra blanca". En territorio de los onondaga convirtió a Hiawatha, que a partir de entonces sería su compañero, discípulo y sucesor, además del mejor predicador de sus ideas. Poco después, el Pacificador visitó a los mohawk, quienes le recibieron con escepticismo. Un día, trepó a un árbol al borde de unas cataratas y pidió a los guerreros que lo talaran. Al hacerlo, lo vieron perderse entre los rápidos y le dieron por muerto hasta que, al día siguiente, lo encontraron sentado junto a una hoguera. El milagro impresionó tanto a los mohawk que se convirtieron a su nueva fe.

Pero si Deganawida fue el hombre de las ideas, Hiawatha fue el jefe político que puso el plan en práctica y que fue convenciendo a las tribus iroquesas de que aceptaran la visión de El Gran Pacificador y se unieran para convertirse en la Confederación Iroquesa. En origen, ésta estuvo formada por cinco tribus: mohawk, onondaga, cayuga, oneida y seneca. La dirección quedó en manos de un consejo de 50 royaneh u "hombres buenos" (9 oneidas, 10 cayugas, 14 onondagas, 8 senecas y 9 mohawks), escogidos entre los miembros de los clanes correspondientes. Las decisiones se tomaban por consenso en reuniones o *caucus* del consejo, que se ocupaba de los asuntos comunes a todas las tribus, incluidas las declaraciones de guerra, pero que no tenía facultades para decidir sobre la forma en que las tribus mismas, libres e iguales entre sí, debían dirigir sus actividades cotidianas.

Las tribus de Nueva Inglaterra nunca recuperaron el poder que poseyeron hasta el siglo XVII, pero en el interior y más al sur estallaron otras guerras periódicas, como la librada entre los colonos británicos y los tuscarora en Carolina del Norte (1711-1713), en la que murieron varios centenares de colonos y muchos más indios. La tribu quedó diezmada y hubo de pedir asilo en la Liga Iroquesa, que les adoptó como miembros. Algo muy similar ocurrió con el levantamiento de los indios yamasi entre 1715 y 1716, que acabó con los pocos supervivientes de esta tribu originaria del sur de Georgia, aunque afincada en Florida, subsumidos en los seminolas.

Los franceses asentados en Québec y en el valle del Mississippi también se vieron envueltos en guerra con los pueblos indios. La tribu natchez del delta del Mississippi fue una de sus víctimas entre 1716 y 1729. En 1716 mataron a cuatro colonos; en 1729 se sublevaron cuando el gobernador francés les exigió más tierras y quemaron el enclave, pero una expedición francesa saqueó su poblado principal y mató a 200 indios. En 1730 se produjo otra matanza con una importante toma de prisioneros, que fueron vendidos como esclavos en las Indias Occidentales. Los pocos supervivientes se unieron a los cheroqui o a los creek en Eufoula (Oklahoma), donde en 1944 murieron los últimos miembros de la tribu.

Además de los conflictos individuales, las tribus de la parte este de Norteamérica también jugaron un papel importante en las sucesivas guerras provocadas por la escalada de violencia y hostilidades causadas por la creciente rivalidad franco-británica.

LA RIVALIDAD COLONIAL FRANCO-BRITÁNICA

En 1688, la llegada al trono de Guillermo III de Orange originó un vuelco total en la política diplomática inglesa. En Norteamérica, a consecuencia de sus intentos de expansión hacia el oeste, más allá de los montes Allegheny, los ingleses entraron finalmente en conflicto con los franceses en el valle de Ohio. En 1689, las dos potencias comenzaron una lucha por la supremacía militar y colonial. La guerra tendría lugar, en fases sucesivas, durante casi un siglo y en muy distintas partes del mundo. En los territorios septentrionales de Norteamérica, probablemente el escenario más encarnizado, el conflicto se desarrolló en cuatro cruentas fases consecutivas: Guerra del Rey Guillermo (1689-1697); Guerra de la Reina Ana (1702-1713); Guerra del Rey Jorge (1744-1748), y Guerra Franco-india (1754-1763).

El régimen francés era muy centralista, disponía de un ejército bien preparado y contaba como aliados con buena parte de las tribus nativas del Este. Las colonias británicas, por el contrario, apenas cooperaban unas con otras, no mantenían alianzas fiables con los nativos y carecían de poder militar. No obstante, los británicos contaron desde el principio con una enorme superioridad en hombres y material, y un mayor apoyo de la metrópoli.

Desde 1662, con la venta de Dunkerque, la presencia inglesa en el escenario comercial y marítimo mundial había declinado, dejando el lugar a Francia, quien, luego de aniquilar a la armada holandesa, había impuesto su hegemonía. Aquello molestaba mucho a los holandeses y principalmente a su estatúder, Guillermo de Orange (1650-1702), quien, en 1688, se convertiría en rey de Inglaterra, Escocia e Irlanda. Desde ese nuevo trono, pudo dar rienda suelta a su acérrimo odio hacia el monarca francés, Luis XIV, quien había invadido su país natal y le había vencido innumerables veces. Uno de los objetivos británicos de la que en el escenario norteamericano fue llamada Guerra del Rey Guillermo (1689-1697) era ampliar el imperio colonial, por entonces mucho menor al francés. En una reacción directa, Luis XIV incendió varios puertos del área de Nueva York. Guillermo respondió con un ataque a la península de Acadia, feudo pesquero francés, pero fue rechazado estrepitosamente. Hacia 1690, los ataques mutuos en el Canal de la Mancha consumían tantos recursos de ambas potencias, que muchos planes bélicos en las colonias, como la invasión del Canadá francés, se hubieron de posponer. Al final de la guerra, ni una ni otra potencia había ampliado su imperio, pero Francia ya no era la indiscutible potencia marítima y la armada inglesa había ganado en presencia y en actividad.

En 1702, al inicio de la llamada Guerra de la Reina Ana (1702-1713), la segunda guerra franco-británica, que fue la contrapartida a la Guerra de Sucesión Española que tuvo lugar en Europa entre la coalición integrada por Gran Bretaña, las Provincias Unidas (hoy

Países Bajos) y el Sacro Imperio, frente a Francia y España, los ingleses asolaron la ciudad española de San Agustín, en Florida. Sin embargo, fueron incapaces de tomar su principal fortaleza, por lo cual fue más bien una victoria pírrica. Al final de la guerra, los españoles mantuvieron San Agustín y Pensacola, pero su sistema de misiones en Florida quedó destruido. Los indios apalaches, los españoles y el catolicismo fueron borrados de Florida, principalmente como resultado de la llamada Masacre Apalache. Por otra parte, la ayuda militar inglesa a sus colonos fue bastante ineficaz en las áreas de Charleston, Carolina del Sur y la frontera de Nueva York y Nueva Inglaterra con Canadá. Las fuerzas francesas y las tribus indígenas aliadas atacaron Nueva Inglaterra desde Canadá, saqueando y destruyendo Deerfield, Massachussets, en 1704. Pero los británicos contraatacaron con dos expediciones infructuosas en 1704 y 1707 contra Port Royal, la principal ciudad de la Acadia francesa. Finalmente, los colonos británicos, apoyados por un escuadrón de buques británicos a las órdenes del administrador colonial sir Francis Nicholson, conquistaron Acadia en 1710. Al año siguiente, una gran expedición militar y naval conjunta, británica y colonial, fracasó en su intento de tomar Québec y Montreal. La guerra acabó en 1713 con el Tratado de Utrecht, que también puso fin a la guerra en Europa y por el que Francia cedió a Gran Bretaña la Acadia, que fue rebautizada como Nueva Escocia, así como Terranova y el territorio de la bahía de Hudson. No obstante, la paz, bastante precaria, duró solo hasta 1744, en que se inició la siguiente guerra franco-británica, la Guerra del Rey Jorge (1744-1748).

En ella, los mohawk, influidos por el comerciante inglés William Johnson (1715-1774), apoyaron a los británicos; mientras que la liga canadiense y los caughnawaga se aliaron al otro bando. Al igual que en la anterior guerra, las batallas se restringieron a Nueva

Inglaterra y a la zona marítima canadiense. La guerra terminó finalmente con el Tratado de Aix-la-Chapelle de 1748, en el que se acordó recuperar las fronteras anteriores a la guerra.

Finalmente, la llamada Guerra Franco-india (1754-1763) fue la última de las cuatro libradas desde 1689 hasta 1763 entre británicos y franceses, con sus respectivos aliados tanto indios como colonos, por el control y dominio del territorio norteamericano. Aunque esta vez la guerra comenzó en el continente americano, entre 1756 y 1763 se extendió a Europa, donde fue llamada Guerra de los Siete Años, y a la India, bajo el nombre de tercera Guerra de Carnatic.

En 1754, Francia mantenía aún una estrecha relación con buen número de tribus nativas de Canadá y los Grandes Lagos. Controlaba el río Mississippi y, al erigir una cadena de fortalezas y bastiones comerciales, definió un gran imperio en forma de media luna que se extendía verticalmente de Québec a Nueva Orleans, circundando las colonias británicas, confinadas a una franja costera situada al este de los montes Apalaches. En consecuencia, los franceses no solo eran una amenaza para el imperio británico, sino también para los colonos de Norteamérica porque, al tomar posesión del valle de Mississippi, podían constreñir toda posible expansión de aquéllos hacia el oeste. El inevitable enfrentamiento surgió al romperse el equilibrio entre los diversos intereses presentes en la zona. Los iroqueses habían ocupado un territorio situado entre las colonias británicas y francesas y habían conseguido excluirlas del estratégico valle del río Ohio, manteniendo su propia libertad de. acción. Sin embargo, en los últimos años de la anterior guerra, los comerciantes ingleses habían penetrado en los territorios de Ohio y habían entablado relaciones con los pueblos indios, que anteriormente solo habían comerciado con los franceses. Simultáneamente, la Compañía de Ohio, radicada en Virginia y dedicada a la especulación con terrenos, trató de fundar una colonia en el área, en la confluencia de los ríos Monongahela y Allegheny.

Estos avances británicos convencieron al gobernador general de Canadá de la importancia que tenía controlar militarmente el valle del Ohio para proteger sus propios intereses estratégicos. Así pues, en 1753, los franceses empezaron a construir una serie de puestos militares desde el lago Erie hasta el río Ohio. Ante esta situación, el gobernador de la colonia británica de Virginia, Robert Dinwiddie, envió enseguida una fuerza a las órdenes de George Washington (1732-1799), un hacendado virginiano por entonces de veintidós años de edad, para expulsar a los franceses del territorio inglés. Sin embargo, Washington fue derrotado en la batalla de Fort Necessity (3-4 de julio de 1754) y tuvo que retroceder hasta Virginia, lo que marcó el comienzo de la Guerra Franco-India.

La Cámara de Comercio británica, a instancias de su gobierno, trató de resolver el conflicto convocando a una reunión a los representantes de Nueva York, Pensilvania, Maryland y las colonias de Nueva Inglaterra en la ciudad de Albany, Nueva York, a la que asistieron también enviados iroqueses, con los que interesaba mejorar relaciones y, sobre todo, asegurarse su lealtad. En el curso de las deliberaciones de este llamado Congreso de Albany, muchos delegados dejaron bien claro que la unión de las colonias británicas era "absolutamente necesaria para su propia preservación". A tal fin refrendaron una propuesta redactada por el delegado de Pensilvania, Benjamin Franklin (1706-1790), el llamado Plan de Unión de Albany, que proponía la instauración de un presidente designado por el rey y un gran consejo de delegados elegidos proporcionalmente por las asambleas de cada colonia en función de su aportación financiera a la tesorería general. Este órgano se haría cargo de la defensa, las relaciones con los nativos, el comercio y la expansión colonial hacia el oeste. Lo más importante era que tendría autoridad independiente para recaudar impuestos. Sin embargo, a la hora de la verdad, ninguna de las colonias refrendó el plan, pues no estaban dispuestas a renunciar ni a sus facultades tributarias exclusivas ni al control del desarrollo de las tierras del Oeste.

En 1755, Gran Bretaña envió a Norteamérica al general Edward Braddock (1695-1755) con la misión de tomar Fort Duquesne. Esta vez, los británicos obtuvieron una victoria inicial en Nueva Escocia, en la costa atlántica de Canadá, y repelieron un ataque combinado de franceses e indígenas en Nueva York (batalla de Lake George, 1755). El 8 de julio, Braddock, con una fuerza de 1.200 hombres, alcanzó el río Monongahela, afluente del Ohio, pero cayó en una emboscada y fue totalmente derrotado, sufriendo unas 900 bajas, entre muertos y heridos. Los supervivientes consiguieron ponerse a salvo guiados por George Washington, por entonces coronel a las órdenes de Braddock, quien también resultó herido y falleció pocos días después de la batalla. Entretanto, el gobierno británico, que había obligado a los colonos a sufragar la campaña militar, se enfrentaba a la creciente protesta de estos. El periodo comprendido entre 1755 y 1757 estuvo marcado por las diversas derrotas de las tropas británicas y la fricción entre estas y los colonos; una situación diametralmente distinta a la de los victoriosos y bien avenidos franceses y aliados indios.

Pero la situación varió cuando William Pitt "el Viejo" (1708-1778) se convirtió en primer ministro británico en 1757 y centró toda su política en la guerra, en sus diversos escenarios. Al objeto de enderezar el rumbo de los acontecimientos bélicos, inició una serie de campañas bien coordinadas y supo elegir comandantes capaces de dirigirlas. En lo que atañe a Norteamérica, empezó a tratar a los colonos como aliados más que como subordinados. El resultado fue la consecución de una serie de importantes victorias para las fuerzas británicas, que en 1758 tomaron la fortaleza de Louisbourg, enclave fundamental en el río San Lorenzo, destruyeron Fort Frontenac en el lago Ontario, con lo que cortaron las líneas de suministro a los fuertes de Ohio, y, finalmente, tomaron Fort Duquesne. Una fuerza británica comandada por el general James Wolfe derrotó en 1759 al principal ejército francés dirigido por el marqués de Montcalm en Québec y, al año siguiente, el general Jeffrey Amherst completó la victoria obligando a rendirse en Montreal a los últimos defensores franco-canadienses.

Al cerrar el conflicto bélico, el Tratado de París de 1763 puso fin al control francés de Canadá, los Grandes Lagos y todos sus territorios al este del Mississippi. Además, España, en compensación a su apoyo a Francia durante el conflicto, cedió a los británicos Florida y la bahía de Pensacola, aunque confirmó su dominio de los territorios al oeste del Mississippi, que acababa de recibir precisamente de Francia. La Guerra Franco-India decidió que fueran las ideas e instituciones británicas, y no las francesas, las que predominaran a partir de entonces en Norteamérica. El sueño de crear un imperio francés se desvaneció. Sin embargo, al ganar la guerra, el gobierno británico duplicó prácticamente su deuda nacional y adquirió más territorio del que en la práctica podía controlar. A partir de entonces, los intentos de los políticos británicos de reformar la administración imperial y aumentar los ingresos con un sistema impositivo que gravara a las colonias despertaron el antagonismo irreversible de los colonos. Londres consideró esencial organizar sus ahora vastas posesiones para facilitar la defensa, reconciliar los intereses en pugna de las distintas áreas y poblaciones y repartir más equitativamente los costos de la administración imperial. Tan solo en Norteamérica, los territorios británicos se habían duplicado con creces. En una población que había sido predominantemente protestante y anglicana, había ahora católicos de habla francesa de Québec y muchos norteamericanos nativos parcialmente cristianizados. La defensa y la administración de los nuevos territorios, y de los anteriores, habría de requerir enormes sumas de dinero y más personal. Era obvio que el viejo sistema colonial no resultaba adecuado para esas tareas; sin embargo, las medidas necesarias para establecer otro nuevo despertarían la suspicacia latente de los colonos, que cada día vieron menos a Gran Bretaña como protectora de sus derechos y más como una amenaza. Todo ello tendría importantes consecuencias históricas.

Por el lado británico, precipitaría finalmente el inicio de la Guerra de la Independencia estadounidense en 1775. Por el francés, humillado por la derrota, se iniciaría una política de apoyo a las colonias británicas de Norteamérica. La carga que esto supuso para los agotados recursos franceses fue en parte responsable de la crisis social y económica que culminaría en 1789 con la Revolución Francesa. Pero, mientras tanto, derrotada Francia, todavía quedaba otra gran potencia colonial europea implantada en el mismo suelo norteamericano y que amenazaba la hegemonía británica.

ESPAÑA Y NORTEAMÉRICA EN EL SIGLO XVIII

Las exploraciones españolas de la Norteamérica no colonizada se mantuvieron en un tono bajo hasta el siglo XVIII, cuando cobraron una mayor intensidad a raíz de la rivalidad con Rusia y otras potencias, para culminar tras 1769 con la implantación del sistema de misiones y presidios. Entrada la década de 1750,

España se convenció de que California, y particularmente la bahía de Monterrey, necesitaban urgentemente implantar defensas mucho más fuertes. Los españoles habían establecido presidios y misiones para impedir las incursiones de los ingleses y los rusos en el área previamente explorada por Sebastián Vizcaíno y otros. El virrey de Nueva España, José de Gálvez (1720-1787), trató de extender la frontera española hacia el noroeste, política que también siguió su sucesor, Antonio María de Bucareli y Ursúa (1717-1779), quien reorganizó las unidades militares españolas y mejoró el sistema de fortificaciones de la costa del Pacífico, el golfo de México y las regiones del norte de Nueva España para poder anticipar cualquier futura invasión de fuerzas extranjeras. Además, Bucareli sofocó rebeliones indias (apaches, seris, pimas...), envió expediciones para explorar y establecer asentamientos por toda la costa de California y, así, poder vigilar posibles incursiones rusas en territorio español. Tras fundar el puerto de San Francisco, navegó mucho más hacia el norte, tomó posesión de la costa de Alaska, incluyendo la isla Príncipe de Gales, en un lugar que aún lleva su nombre, Bucareli Sound.

Durante las décadas de 1760 y 1770, los españoles concentraron sus esfuerzos en encontrar rutas terrestres entre Arizona y California y para ello fundaron misiones y asentamientos en esa región. En 1769, el militar Gaspar de Portolá (1723-1784) y el fraile franciscano Junípero Serra (1713-1784) fundaron la primera de las nueve misiones franciscanas en lo que es hoy la ciudad de San Diego, California. Al año siguiente, Portolá estableció también un fuerte en Monterrey; y, en 1771, Serra abrió la misión de San Gabriel en la costa del Pacífico, que vino a convertirse en punto de parada obligatorio para soldados y colonos en camino a otros lugares. En la misión, dirigida por el propio Fray Junípero, los franciscanos enseñaron religión y técnicas agrícolas europeas a los nativos. Sin embargo, también trataron de erradicar muchas de sus costumbres y tradiciones, que consideraba demoníacas, como las danzas y las máscaras. Esto fue inaceptable para los indios, que acudían a las misiones en busca de alimentos, pero que se encontraban con agresiones a su cultura. Muchos dejaron de ir.

Coincidiendo con su fallecimiento en 1784, las nueve misiones de Serra habían convertido a unos 6.000 indios. El franciscano Fermín de Lasuén (1736-1803) fundó la décima misión californiana en Santa Bárbara. En última instancia, los franciscanos pusieron en funcionamiento 21 misiones en California entre 1769 y 1823, que serían la base para la futura creación de una colonia española de carácter agrícola en la costa norteamericana del Pacífico.

Puestas sobre aviso por el franciscano José Torrubia (1698-1761) de la inminente amenaza rusa en 1759, las autoridades españolas se vieron obligadas a enviar expediciones más allá del norte de California. La Corona española no tenía intención de crear asentamientos tan al norte, pero su política cambió cuando se dio cuenta de que otras potencias estaban explorando muy activamente esa región y asentándose en ella. España decidió que, para mantener su posición en la costa del Pacífico, tenía que frenar el avance de imperios rivales como Rusia, Inglaterra y, a partir de su independencia, Estados Unidos.

En 1775, bajo la dirección del virrey Bucareli, Juan Francisco de Bodega y Cuadra (1743-1794) navegó desde México hacia California y exploró y trazó un mapa de la bahía de San Francisco. Sin embargo, al morir su piloto, Juan Pérez, y enfermar de escorbuto otros miembros de la tripulación, no pudieron trazar más mapas de las nuevas regiones que habían explorado. Por tanto, como España no pudo publicar mapas de sus nuevos descubrimientos, no

En las misiones, los franciscanos enseñaron religión
y técnicas agrícolas europeas a los nativos. Sin embargo,
también trataron de erradicar muchas de sus costumbres y
tradiciones, que consideraban demoníacas, como las danzas
y las máscaras. Esto fue inaceptable para los indios,
que acudían a las misiones en busca de alimentos,
pero que se encontraban con agresiones a su cultura.
Muchos, pese a estar ya bautizados, dejaron de ir.

hubo reconocimiento internacional a sus reivindicaciones territoriales. Pero, pese a todo, sus exploraciones no acabaron ahí.

Juan Bautista de Anza (1736-1788) representaba la tercera generación de su familia que servía en la frontera de Nueva España. Anza quería encontrar una ruta terrestre que uniera la frontera de Sonora con la Baja California. En 1773, el virrey Bucareli le dio permiso para emprender una pequeña expedición desde Tubac, en lo que es hoy el sur de Arizona, hasta San Diego y Monterrey, California. Anza partió en enero de 1774 con un contingente de 21 soldados, dos sacerdotes, dos guías, sirvientes, arrieros, animales de carga y varios tipos de animales de cría. En su viaje de ida y vuelta entre California y Monterrey, Anza recorrió más de 3.000 kilómetros en cinco meses. La mayor parte de este territorio era totalmente desconocido y Anza compiló una información muy meticulosa sobre la tierra y sus gentes. En octubre de 1775, siendo ya por entonces teniente coronel, guió a un grupo de 240 personas desde su base en Tubac a California con el objetivo principal de poblar las nuevas tierras con colonos. Anza reclutó sobre todo matrimonios jóvenes, casi todos de clase baja, aunque el grupo también incluía mujeres sin pareja. Como resultado de un temprano y duro invierno, con cantidades de hielo y nieve por encima de lo normal, el viaje se hizo imprevisiblemente difícil. Pronto escasearon los víveres y muchos de los animales murieron. A pesar de ello, la expedición de Anza fue uno de los viajes a California por tierra más exitosos de los que se intentaron. Su grupo llegó a Monterrey, California, con tres recién nacidos y una sola muerte, la de una de esas madres durante el parto. En los siguientes meses, Anza fundó las ciudades de San Francisco y San José. El virrey Bucareli lo nombró gobernador de Nuevo México, puesto en el que se mantuvo hasta 1787. Durante su mandato, Anza capitaneó una tropa de indios y españoles en una campaña contra los comanches y en 1779 mató a su jefe, Cuerno Verde. Estas victorias le permitieron negociar en 1786 un tratado de paz con el nuevo líder comanche, Ecueracapa, que se mantuvo en vigor décadas. Más tarde, también negoció tratados con los utes, que vivían en las montañas Rocosas, al noroeste de Nuevo México, con los apaches jicarilla del noroeste de Nuevo México y con los navajos. Las proezas militares de Anza y sus habilidades diplomáticas allanaron el camino para el continuo desarrollo de la región bajo gobierno español.

LOS INDIOS, PEONES DE UN JUEGO ESTRATÉGICO

Desde la perspectiva india, mientras España y Francia mantuvieron su presencia en Norteamérica, las tribus buscaron la alianza con ellas para defenderse de las crecientes incursiones británicas en su territorio. Esto hizo que, con la derrota francesa, las tribus aliadas quedaran más vulnerables ante el poder británico. En 1763, Pontiac (c. 1720-1769), de nombre autóctono Obwéndiyag, jefe de los ottawas, influido por el mensaje anti-inglés del profeta lenape Neolin, reunió el Consejo de las 18 Naciones, y afirmó que el enemigo de los indios era el inglés y que era necesario unirse contra él. Como resultado de ello encabezó una confederación de tribus de la región de los Grandes Lagos (ottawas, ojibwas, potawatonis, miamis, hurones y otras tribus de Illinois) para expulsar de Ohio a los británicos. Pontiac se había distinguido al servicio de los franceses cuando aún era muy joven y, al parecer, dirigió a los guerreros de su propia tribu contra el general Braddock en 1755. Tras sus victorias parciales, el 5 de mayo de 1763, Pontiac prosiguió con su victoriosa campaña, tomando diversas fortificaciones y venciendo en campo abierto a los ingleses en Point Pelée (lago Erie); tras ello sitió Fort Detroit, donde mató a 56 blancos, y a 54 más en Bushy Run.

La crueldad del conflicto fue un reflejo de la creciente división racial entre colonos e indios. El gobierno inglés quería evitar estos brotes racistas, para lo que redactó el mismo 1763 un Real Decreto mediante el cual se delimitaban las fronteras entre las tierras de los colonos y las de los indios. Las incursiones indias en los asentamientos europeos aumentaron durante la primavera y el verano de 1764. El mayor golpe que dieron fue en Virginia, donde mataron a más de 100 civiles. El 26 de mayo, en Maryland, 15 colonos que estaban trabajando un campo cerca de Fort Cumberland murieron en otro ataque de los nativos. El 14 de junio, murieron otros 13 cerca de Fort Loundoun, Pensilvania. Pero el suceso más famoso ocurrió el 26 de julio también en Pensilvania, donde cuatro indios delawares mataron y arrancaron la cabellera a un profesor de escuela y a 10 alumnos. Estos incidentes empujaron a la Asamblea de Pensilvania a volver a ofrecer recompensas a todo aquel que matase a cualquier indio enemigo mayor de diez años, incluidas mujeres, una práctica que había sido útil durante la Guerra de los Siete Años. La guerra fue brutal y el asesinato de prisioneros, el ataque a civiles y otras atrocidades fueron continuos en ambos bandos. En el que quizás sea el incidente más conocido de la rebelión de Pontiac, los oficiales británicos de Fort Pitt (cerca de la actual ciudad de Pittsburg, Pensilvania) intentaron infectar al grupo de indígenas que los asediaba con mantas usadas por enfermos de viruela.

Tras recibir refuerzos, los ingleses intentaron atacar por sorpresa el campamento de Pontiac. Pero este estaba preparado y los venció en la batalla de Bloody Run el 31 de julio. Finalmente, los refuerzos lograron llegar a Detroit; los hombres de Pontiac empezaron a desertar y la noticia de la firma de un tratado de paz entre Francia y Gran Bretaña destruyó todas las esperanzas de recibir ayuda francesa.

Falto por primera vez de apoyo y sometido a muchas disensiones internas, Pontiac levantó el sitio de Fort Detroit y el 17 de agosto de 1765 firmó un tratado de paz que ratificó al año siguiente en Oswego, Nueva York, en el que declaraba su sumisión a la corona británica, representada por William Johnson, superintendente de asuntos indígenas. Una de las condiciones del tratado era que Pontiac no fuera hecho prisionero y se le permitiera volver con su familia. Aunque no fue ni mucho menos una rendición, pues ni se cedieron tierras ni se devolvieron prisioneros ni se tomaron rehenes, la paz abrió el paso del valle del Ohio a los colonos británicos, que continuaron avanzando hacia el oeste de las montañas Apalaches, tierras indias, incumpliendo los acuerdos fronterizos. Por ello, los enfrentamientos se reanudaron, pero Pontiac favoreció la paz, lo que no agradó a los guerreros más jóvenes. Tres años después, murió asesinado en Cahokia por el indio illinois Perro Negro que, pagado por unos comerciantes ingleses, le asestó un hachazo en la espalda.

Durante la Rebelión de Pontiac, alrededor de 400 soldados británicos resultaron muertos en combate y aproximadamente 50 fueron capturados y torturados hasta la muerte, mientras que se calculó que fueron 2.000 los colonos asesinados o capturados. La violencia empujó a más de 4.000 ingleses a huir de Pensilvania y Virginia. Los datos sobre las pérdidas de los indios son poco fiables, aunque se estima que murieron 200 guerreros, a lo que habría que añadir todas las muertes causadas por viruela, si se acepta que la estratagema de las mantas infectadas tuvo éxito. Los indios fueron incapaces de expulsar a los británicos, pero el levantamiento consiguió que el gobierno inglés modifi-

En 1763, Pontiac (1720-1769), jefe de los ottawas reunió el Consejo de las 18 Naciones y afirmó que el enemigo de los indios era el inglés y que era necesario unirse contra él. En consecuencia, lideró una confederación de tribus de los Grandes Lagos para expulsar de Ohio a los británicos.

case su política hacia los indígenas. Los funcionarios dibujaron una línea de separación entre las colonias inglesas y las tierras de los nativos al oeste de los montes Apalaches, creando una inmensa reserva india que abarcaba desde ellos hasta el río Mississippi y desde Florida hasta Terranova. Al prohibir a los colonos entrar en tierras indias, el gobierno británico esperaba evitar nuevas rebeliones. Pero, desde aquel momento, la segregación caracterizó las relaciones entre europeos y nativos. Con todo, los efectos de la Rebelión de Pontiac se hicieron notar durante mucho tiempo. Debido a que el gobierno colonial reconoció algunos derechos a los indígenas sobre las tierras que ocupaban, los decretos promulgados al efecto pasaron a ser conocidos como "Declaración de Derechos de los Indios". A los colonos y especuladores ingleses, sin embargo, les molestó no poder ocupar las tierras conquistadas años atrás a los franceses. El resentimiento que esto provocó minó la relación entre los colonos y el Imperio y, de alguna manera, determinó el levantamiento que llevó a la Guerra de la Independencia. Para los indios americanos, la Rebelión de Pontiac demostró la importancia de la unión intertribal para resistir el avance colonial. Aunque el conflicto dividió a tribus y poblados, durante esta guerra se creó la primera resistencia multitribal contra los europeos y fue la primera que no supuso una completa derrota de los nativos. Aunque Pontiac nunca llegó a ver la tierra india bajo el poder único de los indios, su sueño sería adoptado posteriormente por otros líderes indios, como Pequeña Tortuga y Tecumseh.

Sin embargo, el Decreto Real de 1763 no evitó que los ingleses intentasen expandirse hacia el oeste, por lo que los indígenas se vieron forzados a formar nuevos movimientos de resistencia. El primero comenzó en 1767 tras una reunión organizada por los shawnis y durante las siguientes décadas tuvo diversos líderes, como Joseph Brant, Alexander McGillivray, Chaqueta Azul y Tecumseh, que intentarían, con diferente éxito, crear nuevas confederaciones para revivir los movimientos de resistencia. En lo inmediato, el hecho más destacado sucedido entre 1763 y 1783 en Norteamérica fue el conflicto económico, político y militar entre Gran Bretaña y sus Trece Colonias. Conocido como Guerra de la Independencia estadounidense (1776-1783), este conflicto provocaría el nacimiento de los Estados Unidos de América y el verdadero comienzo del fin para las tribus indias norteamericanas.

En 1733, los ingleses habían fundado la decimotercera de las colonias que establecieron a todo lo largo de la costa atlántica: Georgia. Fuera de ellas, la región al oeste de las montañas Allegheny había sido colonizada por poblaciones procedentes de las colonias o estados de la costa en dos oleadas migratorias sucesivas. La primera había tenido lugar después de que la región quedara en manos británicas tras su victoria sobre Francia en 1763, en la Guerra Franco-India. Más tarde sería de nuevo arrebatada a Gran Bretaña y colonizada durante la Guerra de la Independencia. Por su parte, los franceses controlaban el inmenso Canadá y Louisiana, vastísimo territorio que comprendía toda la cuenca del río Mississippi: un imperio inacabable y profundamente desconocido, tanto en su orografía como en su población autóctona. Los españoles, finalmente, dominaban las Floridas, el Sudoeste y California.

En su desarrollo inicial, la guerra fue claramente de dominio inglés, pero su curso cambiaría cuando, tras la batalla de Saratoga (1777), primera gran victoria americana, Francia y posteriormente España entrarían en la guerra en apoyo de los independentistas estadounidenses. Finalmente, el Tratado de Versalles o de París, firmado el 3 de septiembre de 1783, que ponía fin a la guerra, liberó a todos los prisioneros de guerra retenidos por ambos bandos, reconoció la independencia de las Trece Colonias como Estados Unidos de América (tal y como estas habían definido en la famosa *Declaración de Independencia de los Estados Unidos* de 1776) y otorgó a la nueva nación todo el territorio al norte de Florida, al sur del Canadá y al este del río Mississippi. Gran Bretaña renunciaba, asimismo al valle del río Ohio y daba a su ex colonia plenos poderes sobre la explotación pesquera de Terranova. Además, los Estados Unidos se comprometían a no confiscar las propiedades de los colonos leales a la corona durante la guerra. El Tratado también establecía que España mantendría los territorios recuperados de Menorca y Florida oriental y occidental y recuperaría las costas de Nicaragua, Honduras y Campeche, además de la colonia de Providencia. Sin embargo, Gran Bretaña, además de ganar las Bahamas y mantener a Canadá bajo su imperio (a pesar de que los estadounidenses trataron de exportar a tierras canadienses su revolución), conservaba el estratégico enclave de Gibraltar. En cuanto a Francia, recibía Louisiana y algunos enclaves caribeños, además de las plazas del río Senegal en África. Los Países Bajos recibían Sumatra, pero entregaban Negapatam (India) a Gran Bretaña y reconocían a los ingleses el derecho de navegar libremente por el océano Índico.

Sin embargo, el Tratado de París no mencionaba a los indios norteamericanos, quienes se quejaron amargamente de que los británicos habían vendido sus intereses y olvidado su apoyo. Tampoco la nueva Constitución estadounidense intentó solucionar de raíz el "problema indio". Cuando Estados Unidos trató como enemigos conquistados a las tribus indias de los nuevos territorios situados al oeste de los Apalaches, estas lógicamente opusieron resistencia. Una resistencia tenaz y renovada, pero a la larga totalmente inútil, que acabaría sucumbiendo ante una vorágine destructora que, en apenas un siglo, como enseguida veremos, prácticamente las borraría del mapa.

4

EL CONFLICTO INDIO
EN EL MEDIO OESTE

Si el hombre blanco quiere vivir en paz con el indio, puede vivir en paz. (...) Todos los hombres han sido creados por el mismo Gran Espíritu. Todos son hermanos. La tierra es la madre de todos los hombres y todos los hombres deberían tener los mismos derechos sobre ella. (...) Vosotros sois tal como os hicieron, y tal como os hicieron podéis seguir siendo. Nosotros somos tal como nos hizo el Gran Espíritu, y no podéis cambiarnos; entonces, ¿por qué habrían de pelearse los hijos de una misma madre y un mismo padre?, ¿por qué uno habría de engañar al otro? Yo no creo que el Gran Espíritu diera a una clase de hombres el derecho de decir a otra clase de hombres lo que deben hacer.

Hinmaton Yalaktit, "Jefe Joseph" (1840-1904),
líder de la banda wallowa de los nez percés.

LOS INDIOS Y LA GUERRA DE LA
INDEPENDENCIA ESTADOUNIDENSE

Para los rebeldes estadounidenses, la Guerra de la Independencia fue casi una doble contienda: de un lado, en el Este, fue una lucha con la dominación británica y, de otro, en el Oeste, más bien se trató de una guerra contra los indios. Los independentistas compitieron con los británicos por ganarse la alianza de las naciones indias que vivían al este del río Mississippi. La mayoría de las que se unieron a la lucha del lado de los británicos esperaban que la guerra les sirviera para detener el avance colonialista en sus tierras. Pero no fue así.

Muchas comunidades nativas se dividieron al decidir su adhesión a uno de los dos bandos. Incluso, para los iroqueses, la guerra se trocó en una contienda civil, pues mientras los oneidas y los tuscarora se aliaron con los estadounidenses, las otras tribus de la Liga Iroquesa lucharon al lado de los británicos. Además, ambos bandos buscaron el enfrentamiento directo de unos iroqueses contra otros. Los grupos derrotados perdieron gran parte de su territorio, que fue incorporado a la nueva nación estadounidense. La Corona británica ayudó a los iroqueses expatriados preparándoles una reserva en el río Grand, Canadá. También los cheroquis se dividieron en dos facciones, a favor y en contra de los estadounidenses. Esta última facción pasaría a ser conocida como chickamauga. Muchas otras tribus se subdividieron de similar forma.

La guerra en la frontera fue especialmente brutal y se cometieron numerosas atrocidades en ambos bandos. Tanto los blancos como los indios no combatientes sufrieron mucho en el transcurso de la guerra. El peor ejemplo de ello fue la Expedición Sullivan de 1779, una campaña militar en que se destruyeron más de 40 poblados iroqueses a fin de acabar de una vez por todas con las incursiones en el norte de Nueva York. Pero, pese a sus efectos destructivos, la expedición tuvo justamente el efecto contrario al buscado y solo sirvió para que los iroqueses renovaran su ímpetu guerrero.

Al final, los indios se quedaron estupefactos al comprobar que los británicos firmaron una paz con los estadounidenses en la que cedieron una vasta cantidad de tierra india que ni controlaban ni les pertenecía a los vencedores, y sin informar siquiera a sus aliados indígenas. Desde que los Estados Unidos se convirtieron en un país soberano dejaron bien claro a los indígenas que su intención —como se dijo en el momento, su "Destino Manifiesto"— era la de conquistar y dominar, tarde o temprano, todo el subcontinente pesara a quien pesara y sin tenerlos a ellos en cuenta. Su primera intención fue tratarles como perdedores, pero, en realidad, los indios solo habían sido vencidos en el papel, no en la práctica. En consecuencia, los ejemplos de resistencia indígena posteriores a la guerra fueron tan constantes como condenados de antemano al fracaso. Entre 1775 y 1783, los indígenas de las regiones al este del río Mississippi, pese a su colaboración en la Guerra de la Independencia, se sintieron totalmente dejados a su suerte por la Corona británica al ver que grandes cantidades de nuevos colonos les iban arrebatando territorio. Esto provocó que algunos líderes indios, siguiendo el ejemplo de Pontiac y conscientes de sus dificultades mientras su oposición a los blancos fuera aislada, tribu por tribu, y mientras ellos no consiguieran reunir fuerzas ante el enemigo común, iniciaran movimientos unificadores, aunque no siempre con buenos resultados.

Los primeros en no someterse al nuevo dominio estadounidense fueron los cheroquis, que entre 1776 y 1794 protagonizaron las llamadas Guerras Chickamaugas, una serie continua de conflictos que se iniciaron con la implicación de los cheroquis en la Guerra de la Independencia en dos facciones aliada cada una a un bando y se prolongaron hasta 1794. Chickamauga era el nombre con el cual se venía identificando a la banda cheroqui contraria a los estadounidenses, establecida en el Sudoeste en el área de la actual Chattanooga, Tennessee, y encabezada por el jefe Arrastrando Canoa (1738-1792). El primer brote habían sido los ataques indios a los asentamientos coloniales de Watauga, Holston y Nolichucky, la batalla de Carter en el nordeste de Tennessee, así como otras incursiones en Kentucky, Virginia, Carolina y Georgia. La topología de los ataques iba desde la incursión de un pequeño grupo de guerreros a la campaña en que participaban hasta 1.000 guerreros, como la conducida por Arrastrando Canoa y por su sucesor John Watts en el

Noroeste. La respuesta armada de los colonos buscó la completa destrucción de los poblados cheroquis aunque fueran pacíficos, sin importar cuantas víctimas ocasionase eso en ambos bandos. Las guerras continuaron hasta la firma del Tratado de Tellico Blockhouse en 1794.

Otro foco de inquietud surgió en el valle Cherry, donde el 11 de noviembre de 1778 se produjo un ataque que acabó en masacre por parte de las fuerzas combinadas de soldados británicos (dos compañías de voluntarios y 50 soldados del 8º Regimiento de Infantería) e indios senecas (unos 300 guerreros liderados por el jefe mohawk Joseph Brant) sobre un fuerte independentista al este de Nueva York. Los senecas estaban furiosos tras la quema de la ciudad de Tioga por fuerzas al mando del coronel Thomas Hartley, tras las acusaciones de atrocidades de los iroqueses en Wyoming y por la reciente destrucción de su poblado de Onoquaga. El fuerte no pudo ser tomado, pero la ciudad fue destruida y 16 defensores resultaron muertos, incluido el comandante del puesto, Ichabod Alden. A pesar de los esfuerzos de Butler y Brant por impedirlo, más de 30 mujeres y niños y varios vecinos partidarios de la Corona también fueron asesinados y arrancadas sus cabelleras.

Fiel a su colaboración con los británicos durante la guerra, el jefe mohawk de la Liga de los Iroqueses Joseph Brant o Thayendanegea (1742-1807) se opuso posteriormente, de modo muy activo, a la expansión del nuevo país, intuyendo las consecuencias que ello acarrearía para las naciones indias. Pese a la adhesión de muchas de las tribus vecinas, su actitud también le llevó a enfrentarse a otros líderes nativos partidarios de llegar a un entendimiento con los estadounidenses, como el seneca Chaqueta Roja (1758-1830).

Un nuevo foco de inquietud surgió en el valle Cherry, donde el 11 de noviembre de 1778 se produjo un ataque de fuerzas combinadas de soldados británicos e indios senecas contra un fuerte independentista al este de Nueva York. La ciudad fue destruida y 16 defensores resultaron muertos. A pesar de los esfuerzos por impedirlo del comandante británico, Butler, y del líder indio, Joseph Brant, más de 30 mujeres y niños fueron asesinados.

JOSEPH BRANT,
UN IROQUÉS EDUCADO A LA INGLESA

Joseph Brant nació en 1742 en los bosques del río Ohio y asistió a la escuela india de Connecticut, donde aprendió a hablar inglés y estudió literatura e historia occidental. Llegó a ser intérprete de un misionero anglicano, el reverendo Stuart, y juntos comenzaron a traducir los Evangelios a la lengua mohawk. Heredó la condición de mohawk de su padre antes de que su hermana Molly se casara con William Johnson, superintendente británico para asuntos indios. Trabajando como intérprete para su cuñado, Brant descubrió que las compañías de comercio compraban los revólveres desechados por el ejército por defectuosos para vendérselos a los indios. Brant consiguió que se revocaran las licencias comerciales. En 1775 fue enviado a Inglaterra para informar sobre la situación de las tierras de los mohawk. A su vuelta, en 1776, lideró a los iroqueses que lucharon de parte británica, pues temía que los indios perdieran sus tierras si los colonos lograban la independencia. La Liga Iroquesa admitió su derrota con el segundo tratado de Fort Stanwix (1784). Tras la guerra, mientras intentaba asegurar un hogar para su pueblo, ayudó a los comisionados estadounidenses a negociar tratados de paz con los miamis y otras tribus. Finalmente, unos 2.000 mohawk se establecieron en Ontario, aún bajo su liderazgo, acompañados por indios cayugas, delawares, nanticokes, tutelos, creeks y cheroquis. Brant trató sin éxito de arreglar la venta de parte de la reserva a los colonos para ayudar a su pueblo. Al final de su vida continuó el trabajo que había comenzado siendo joven como traductor de las Sagradas Escrituras al mohawk. Murió el 24 de agosto de 1807 en la reserva de Ontario.

Entre los enemigos de la política anti-estadounidense del líder mohawk Joseph Brant, destacó el jefe seneca Chaqueta Roja (1758-1830), quien, debido a su actitud colaboracionista, fue juzgado por su pueblo.

El 13 de julio de 1787, el Congreso Confederal estadounidense aprobó la Ordenanza del Noroeste, cuyo primer efecto fue la creación del que se llamó Territorio del Noroeste, que incluía todo el territorio bajo dominio estadounidense al oeste de Pensilvania y al noroeste del río Ohio, hasta los límites de los Grandes Lagos y del río Mississippi. Una enorme extensión que cubría todos los modernos estados de Ohio, Indiana, Illinois, Michigan y Wisconsin, así como el nordeste de Minesota; en total más de 673.000 km². En el momento de su creación, estaba habitado por unos 45.000 nativos y unos 4.000 comerciantes, mayoritariamente franceses y británicos, aunque ambos grupos incluían a los llamados metis, un considerable grupo de descendientes de mujeres indias casadas con comerciantes europeos o canadienses que establecieron una cultura única que dominaría el norte del Medio Oeste durante más de un siglo antes de que la colonización estadounidense comenzara oficialmente en Marietta, Ohio, en abril de 1788, con la llegada de los primeros 48 pioneros. El primer gobernador del Territorio del Noroeste, Arthur Saint Clair, estableció formalmente el gobierno del territorio en julio de 1788, en Marietta.

La Ordenanza, que fue ratificada con ligeras modificaciones en agosto de 1789, fijaba el patrón que seguiría en las siguientes décadas la expansión hacia el oeste de los Estados Unidos y la incorporación a la Unión de los nuevos territorios y estados que fueran surgiendo. Estados como Virginia, Massachussets, Nueva York y Connecticut presentaron reclamaciones sobre el nuevo Territorio del Nordeste. Otros, como Maryland, se negaron a ratificar los Artículos de la Confederación mientras se mantuviesen aquellas reclamaciones, temiendo que, si las conseguían, se rompería el equilibrio de poder al instaurarse el gobierno federal. Finalmente, los estados renunciaron a sus reclamaciones en favor del gobierno federal. Así que la mayor parte del nuevo territorio se convirtió en suelo público, a excepción de dos áreas, el Distrito Militar de Virginia y la Reserva Occidental de Connecticut, que ambos estados se reservaron para compensar a sus veteranos de guerra. De esa forma, por primera vez Estados Unidos tuvo territorio y población propios no asignados, de momento, a ningún estado.

Sin embargo, todas las disposiciones para abrir a la colonización este nuevo territorio tropezaban con las dificultades que suponían las tribus indígenas y los puestos comerciales británicos. Y así fue hasta que las campañas del general Anthony Wayne (1745-1796) contra los indios culminaron con la victoriosa batalla de Fallen Timbers de 1794 y con el Tratado de Greenville de 1795. Las disputas con los británicos sobre la región fueron un factor que contribuiría a la Guerra anglo-estadounidense de 1812, tras lo cual Gran Bretaña abandonaría definitivamente sus reclamaciones sobre el Territorio del Noroeste en el Tratado de Gante de 1814.

La Ordenanza del Noroeste hacía mención de los nativos en los voluntariosos términos siguientes: "Siempre se debería mostrar la máxima buena fe posible respecto a los indios; su territorio y sus propiedades nunca les serán arrebatadas sin su consentimiento, y, dentro de los límites de su propiedad, sus derechos y su libertad, nunca serán invadidos o molestados". Todo ello, por supuesto, resultó ser más una deseo que una realidad y los acontecimientos superarían bien pronto esa ficción.

DOS INTENTOS DE SUPERVIVENCIA INDIA

EL SUEÑO DE TECUMSEH

A estas alturas, aunque los ingleses habían reconocido el norte del río Ohio como tierra india, seguían llegando colonos y más desde la independencia estadounidense, por lo que las tensiones no dejaron de aumentar. Si a eso se una la ya mencionada reivindicación territorial de los estados, no es extraño que se desencadenaran una serie de pequeñas batallas entre colonos e indios, que no fraguaron en una guerra abierta porque, de momento, era escasa la ayuda militar.

Sin embargo, esto cambió cuando, en 1789, las ex colonias se unieron y crearon un gobierno nacional. En 1790, el presidente Washington usó su autoridad para enviar a Ohio un primer ejército al mando de Josiah Harmar (1753-1813), que fue fácilmente derrotado por los indios. Al año siguiente, el capitán general Arthur Saint Clair (1736-1818) mandó personalmente otro gran ejército, formado por dos regimientos regulares y algunas milicias, que se dirigió al río Wabash, cerca de Fort Wayne (actualmente en Indiana), para someter a los indios liderados por los jefes Pequeña Tortuga (1752-1812), de los miamis; Chaqueta Azul (c. 1743-c. 1810), shawni; Buckongahelas (1720?-1805), lenape, y, Egushawa (c. 1726-1796), ottawa. La batalla, disputada el 3 de noviembre de 1791, que sería conocida como "la Derrota de Saint Clair", "la Masacre de Columbia" o "la Batalla del río Wabash", supuso la mayor del ejército estadounidense de la historia, pues murieron 623 soldados, además de muchos civiles, por solo 50 guerreros indios.

Tras la debacle, Saint Clair dimitió a petición del presidente Washington, aunque continuó como gobernador del Territorio del Noroeste. Finalmente, las fuerzas del general Anthony Wayne, sucesor de Saint Clair como jefe supremo del ejército estadounidense, unos 3.600 soldados, derrotaron a la tribu miami y aliados, que sumaban unos 1.400 guerreros, en la batalla de Fallen Timbers (cerca de la actual Toledo, Ohio) en agosto de 1794. Antes de ella, los indios habían esperado la ayuda de los británicos, que no se produjo. Al verse solos, se sintieron obligados a firmar el 3 de agosto de 1795 el vergonzoso Tratado de Greenville, por el cual hubieron de trasladarse hacia Indiana, aunque con libertad para cazar en las mismas tierras cedidas a los Estados Unidos. El tratado propició la apertura del inmenso valle del Ohio a los colonos estadounidenses.

Uno de los jefes que se negó a firmar dicho tratado fue el nuevo caudillo de los shawnis, Tecumseh (c. 1768-1813), joven guerrero con ideas panindias influidas por Pontiac y que pronto lograría poner contra las cuerdas a las tropas norteamericanas. A punto de conseguir que los choctaws, los cheroquis y la confederación creek se unieran a su tribu shawni en contra de la expansión de los colonos en los territorios de los Grandes Lagos, el norte del Medio Oeste y el valle del río Ohio, instó a William Henry Harrison (1773-1841), a la sazón gobernador del territorio de Indiana (y luego presidente de los Estados Unidos), para que no permitiera ampliar la zona colonizable.

Según la leyenda, Tecumseh había nacido en Old Piqua, Ohio, coincidiendo justo con la caída de una estrella fugaz, lo que fue interpretado por el chamán de su poblado como que el recién nacido llegaría a ser un gran caudillo. Era hijo de un jefe que murió combatiendo contra los colonos en la batalla de Point Pleasant (1774), lo que marcaría para siempre su odio hacia los blancos. A los veinte años, ya convertido en jefe, Tecumseh se opuso radicalmente a cualquier tipo de cesión de tierra, manteniendo que las realizadas por una sola tribu eran ilegales si no obtenían el consentimiento de todas las demás. Para él: "Ninguna tribu puede vender la tierra. ¿No la hizo el Gran Espíritu para uso de sus hijos? La única salida es que los piel rojas se unan para tener un derecho común e igual en la tierra, como siempre ha sido, porque no se dividió nunca". Fiel a esas ideas, Tecumseh quería crear un gran estado panindio situado entre el valle del Ohio y los grandes lagos, bajo protectorado británico. Ya en 1795 había viajado por

Minesota, Tennessee y Wisconsin para convencer a las diferentes tribus (ottawa, ojiwba, creek, cheroqui, choctaw, confederación iroquesa, potawatomi, catawba...) de las ventajas de un mando único para vencer definitivamente a los blancos. Posteriormente, Tecumseh participó, junto a Pequeña Tortuga, en los ya mencionados enfrentamientos con los ejércitos al mando de Josiah Harmar y Arthur Saint Clair y después, en 1794, en la batalla contra el general Wayne, en la que fueron vencidos. Tras ella, muchos líderes firmaron el Tratado de Greenville, que forzaba a desplazarse a los indios al noroeste de Ohio. Tecumseh se negó.

Cuando los Estados Unidos compraron la Louisiana a los franceses en 1803, toda la región shawni cayó en sus manos. Un grupo de shawnis se fue en 1803 a Texas, por entonces territorio español. Pero el grupo principal, comandado por Tecumseh, el sauk y fox Halcón Negro y caudillos de otras tribus algonquinas, preparó una rebelión a gran escala.

En 1805, el hermano de Tecumseh, Laulewasika (1768-1834), visionario religioso más conocido como Tenskwatawa ("puerta abierta") y como "El Profeta", declaró que había recibido un mensaje del Gran Espíritu para que los pueblos indígenas regresaran a los modos de vida tradicionales y rechazaran la introducción del alcohol por parte del hombre blanco, así como sus vestimentas textiles y el concepto de propiedad privada. Ambos hermanos se dedicaron desde entonces a propagar este ideario en todas las tribus. En 1808, ambos hermanos fueron expulsados de Ohio y se trasladaron a Indiana, donde trataron de formar una gran alianza de tribus con la ayuda de los anglo-canadienses.

Al año siguiente, 1809, el general estadounidense William Henry Harrison compró tierra india ilegalmente e inició la fase definitiva del conflicto. Tecumseh visitó todas las tribus para convencerles de que se uniesen a la revuelta y, en la Convención de Tallapoosa

El jefe de los shawnis, Tecumseh (c. 1768-1813), era un joven guerrero con ideas panindias influidas por Pontiac que lograría poner contra las cuerdas a las tropas norteamericanas. Tecumseh estuvo a punto de lograr que choctaws, cheroquis y creeks se unieran a su tribu en contra de la expansión de los colonos.

de 1811, consiguió concentrar a 5.000 indios, a quienes convenció de que "la tierra pertenecía a todos, para el uso de cada cual". Mientras tamaño contingente de guerreros se organizaba y esperaba el mejor momento de atacar, Tecumseh viajó al sur en busca de más adhesiones. Harrison y sus soldados acamparon provocativamente al lado de los indios, concentrados en Tippecanoe el otoño de 1811. Desobedeciendo las consignas de su hermano, Tenkswatawa atacó con infundado optimismo el campamento de Harrison y fue estrepitosamente derrotado. Aunque la batalla significó solo un pequeño avance de los estadounidenses, y a un coste bastante grande en bajas, también fue un gran golpe para Tecumseh y su sueño. Con todas las provisiones perdidas y la reputación de su hermano destrozada, nadie quiso ya seguirle.

Los estadounidenses confiaban en que esa victoria pondría fin a la resistencia militar india, pero, lejos de rendirse, Tecumseh, que había huido a Canadá, eligió aliarse con los británicos, que pronto estuvieron luchando de nuevo contra los estadounidenses, en la guerra de 1812. Esta, como antes la de la Independencia estadounidense, fue, en última instancia, una guerra india de la frontera del Oeste. Pensaba que si los ingleses ganaban, premiarían a los indios y les permitirían volver a su tierra natal. Pero tras ella, una vez más, los británicos abandonaron a su suerte a los que habían sido sus fieles aliados. Aquélla sería, en consecuencia, la última vez que los indios pidiesen ayuda a una potencia extranjera para derrotar a los estadounidenses.

Los indios liderados por Tecumseh fueron derrotados definitivamente en octubre de 1813, en la batalla del Thames, Ontario, Canadá. En la batalla murió Tecumseh y, con él, su sueño de unidad indígena. Tras su muerte, los pueblos delaware, miami, ojibwa y hurón firmaron rápidamente una paz desventajosa con los estadounidenses. Por su parte, el 28 de julio de 1814, los shawnis firmarían también un nuevo tratado por el cual se comprometían a ayudar a los Estados Unidos contra Gran Bretaña y, a cambio, se les reconocería como nación soberana.

Más al sur, los creeks y otros pueblos del Sudeste trataron de mantener su autonomía mediante negociaciones y guerras, llegando a solicitar incluso la ayuda de España para contener a los colonos que penetraban en sus territorios. Sin embargo, España era reacia a conceder su apoyo debido al creciente poder de los Estados Unidos, por lo que el Tratado hispano-estadounidense de San Lorenzo (1795), firmado por ambos países para definir las fronteras entre Estados Unidos y las colonias españolas en Norteamérica y regular los derechos de navegación en el río Mississippi, no tuvo en cuenta los intereses de los indios.

Las principales hostilidades entre indios y blancos comenzaron con una sublevación de los creek, una de las llamadas Cinco Tribus Civilizadas. Durante el siglo XVIII, los creeks habían sido la tribu dominante en una confederación que llegó a contar con unos 30.000 miembros, que ocupaba la mayor parte de los actuales estados de Alabama y Georgia y que, después de los cheroquis, era la más poderosa al sur de Nueva York. Durante la Guerra de Independencia, los creeks apoyaron a los ingleses. En 1790 firmaron un tratado de paz con el gobierno estadounidense, pero en 1813, instigados por los ingleses, volvieron a levantarse en armas, perpetrando una terrible masacre en Fort Mims, Alabama. Unos meses después, fueron totalmente vencidos por el general Andrew Jackson en una breve pero sangrienta campaña, que finalizó con la batalla de Horseshoe Bend (marzo de 1814). Los creek se vieron obligados a pedir la paz, que se les concedió tras entregar más de la mitad de sus antiguos territorios en el Tratado de Fort Jackson (1814), que señaló el final del poder indio en el bajo Mississippi. En 1828, vendieron el resto de sus posesiones y la mayor parte acordó emigrar al Territorio Indio.

Por su parte, entre 1817 y 1818, los seminolas entraron por primera vez en guerra con los estadounidenses al declarar estos la guerra a los españoles a causa del asilo prestado a los esclavos negros huidos, bien acogidos en la tribu. Fue, en algún sentido, una continuación de la Guerra de los Creek. El que con el tiempo sería presidente de los Estados Unidos, Andrew Jackson, invadió a los seminolas y ejecutó a dos comerciantes instigadores. La guerra terminaría en 1819 con la venta de la Florida española a los Estados Unidos. Con el tratado, el gobierno norteamericano se comprometía a respetar los derechos de los indios y a tratarlos con justicia. No lo haría.

SEQUOYAH Y EL INTENTO DE INTEGRACIÓN CHEROQUI

En 1790, los cheroquis y otras tribus emparentadas habían adoptado conscientemente la decisión de asimilar las formas de vida de sus conquistadores blancos con tal de sobrevivir. Con ese fin construyeron granjas, molinos, escuelas, iglesias e, incluso, bibliotecas. En ese clima de modernización, un modesto platero cheroqui, llamado Sequoyah (c. 1767-1843), dio un paso de gigante al inventar un ingenioso silabario del idioma cheroqui y convertir a su pueblo en el primero que disfrutó de la escritura.

A comienzos del siglo XIX, Sequoyah (también conocido como George Guess, Guest o Gist) se trasladó al valle de Wills Wills, Alabama, donde comenzó a trabajar como platero. En su trabajo, pese a que no hablaba inglés, trataba con regularidad con blancos asentados en la zona y, como muchos otros indios, estaba impresionado por la escritura, a la que se refería como "hojas que hablan". Alrededor de 1809, Sequoyah comenzó a crear un sistema de escritura para la lengua cheroqui. Tras intentar crear un sistema pictográfico, con un carácter para cada palabra, decidió utilizar las sílabas y crear un carácter para cada una de estas. Utilizando el alfabeto romano y, posiblemente, el cirílico, creó 85 caracteres, labor que le llevó doce años. Cuando lo tuvo acabado, al darlo a conocer, chocó con el escepticismo de su pueblo. Para probar su utilidad, Sequoyah enseñó a su hija Ahyoka a leer y escribir en cheroqui. Tras maravillar a los locales, intentó mostrar su obra a un brujo, que lo rechazó aludiendo a la influencia de los malos espíritus. No obstante, la noticia de la existencia del silabario se extendió y los cheroquis comenzaron a aprender el nuevo sistema. En 1823, el silabario de Sequoyah ya se utilizaba completamente y fue convertido en lengua oficial de la nación cheroqui en 1825. Después de ese éxito, Sequoyah siguió con su modesta vida y se trasladó al nuevo territorio cheroqui de Arkansas, donde ahora se estableció como herrero, aunque siguió enseñando su silabario a quienes se lo pedían.

En 1828, viajó a Washington D.C. como parte de una delegación para firmar un tratado territorial para Oklahoma. Este viaje le sirvió para contactar con representantes de otras tribus. Tras estos encuentros, decidió crear un silabario de uso universal para todas ellas. Con tal proyecto en mente, su sueño inmediato era ver a la dividida nación cheroqui unida de nuevo, pero en el verano de 1843 murió, sin poder avanzar su obra, durante un viaje de contacto con cheroquis exiliados en México.

Unos años antes, en mitad de ese conato de asimilación india, se había aprobado la Ley del Traslado Forzoso de 1830, que obligaba a los indios a trasladarse a tierras al oeste del Mississippi y facultaba al presidente de los Estados Unidos a actuar contra todos los que se encontraran al este de dicho río. A pesar de que eran una de las tribus más progresistas del Este, en cuanto se descubrió oro en sus tierras en 1829, los cheroquis supieron que serían desalojados. En lugar de ser recompensados por su intento decidido de integración, fueron acosados, humillados y maltratados hasta que no pudieron soportarlo. Como luego veremos con mayor detalle, forzados en 1838 a emprender un largo y cruel camino hacia el destierro de Oklahoma, muchos murieron víctimas de enfermedades y privaciones en lo que se ha llegado a conocer como "el Sendero de Lágrimas", el ejemplo más dramático de un proceso de expatriación y destierro que siguieron otros muchos pueblos indígenas norteamericanos.

LA ERA DE LOS TRASLADOS FORZOSOS

El segundo periodo importante del conflicto con los indios del Este tuvo lugar en el cuarto de siglo posterior a la guerra de 1812, cuando se comenzó a aplicar la política de traslado forzoso de las tribus indias del Este a otros territorios situados al oeste del Mississippi. Hacia 1820, el presidente James Monroe (1758-1831) ya había enunciado lo que podría considerarse como el principio general de la política expansionista de exterminio y/o exclusión de los indígenas practicada después, con distinta intensidad, por los demás gobiernos estadounidenses:

> La experiencia ha demostrado claramente que las comunidades salvajes independientes no pueden existir dentro de los límites de un pueblo civilizado. El progreso del último ha acabado, casi invariablemente, con la extinción del primero. [...] Para civilizarlas, e incluso para impedir su extinción, parece indispensable que su indepen-

dencia como comunidades debiera cesar y que el control de los Estados Unidos sobre ellas debería ser completo e indiscutible.

Monroe consideraba que la alternativa a la extinción era la sumisión, lo que significaba la pérdida de sus derechos políticos, de sus soberanías como pueblos y de sus identidades, al ser asimilados a la cultura dominante, lo que implicaba, entre otras muchas cosas, el aprendizaje de la cultura de la competencia individualista en sustitución de la comunidad de bienes e intereses que había caracterizado a los pueblos aborígenes. Esos planes provocaron la intensificación de la resistencia india que, por otra parte, había comenzado durante la dominación de las potencias coloniales, se había incrementado durante la británica y se había acelerado mucho durante la Revolución estadounidense. Al principio, fueron los españoles quienes ayudaron interesadamente a creeks, seminolas y esclavos fugitivos a instalar sus poblados al otro lado de la frontera de Florida como fórmula para desestabilizar al poder británico mediante las incursiones y las fugas de esclavos. Como informaban en esa época los comandantes militares destacados en el este de una Florida todavía española, las aldeas fronterizas albergaban cientos de esclavos fugitivos procedentes de las Carolinas y Georgia, lo que provocaba una endémica y generalizada irritación en los plantadores del Sur.

Hartos, ciudadanos de Georgia organizados como milicia y apoyados por el ejército y la marina estadounidenses invadieron Florida en 1812. La finalidad era doble, por una parte apoderarse de un territorio codiciado por plantadores y por el gobierno, que se hallaba bajo control de una potencia muy debilitada como era España, y, por otro, acabar con las poblaciones cimarronas que eran hasta ese momento seguro refugio para los esclavos fugados, lo que desestabilizaba el sistema esclavista.

Dentro de los límites de su propio territorio, ya se dijo que, a fin de obtener el apoyo de los indígenas, los británicos habían prohibido la expansión de las colonias más allá de los montes Apalaches mediante la Proclamación de 1763. La medida fue lo suficientemente efectiva para que, durante la Guerra de la Independencia estadounidense, los colonos tuvieran que enfrentarse no solo a los "casacas rojas" británicos, sino también a las naciones indias, casi todas aliadas a Gran Bretaña. Por lo tanto, una vez conseguida la independencia, el gobierno federal de las antiguas Trece Colonias intentó controlar los territorios situados allende aquellas montañas, comenzando con las misiones exploratorias y el reconocimiento previo del territorio a dominar, como lo atestiguan las expediciones exploratorias a cuenta del presidente Thomas Jefferson de Lewis y Clark y de Zebulon Pike por la Louisiana, recién adquirida a Francia.

Desde la doble presidencia de Jefferson (1801-1809), la política estadounidense fue la de permitir a los indios que se quedasen al este del Mississippi siempre que se comportaran "civilizadamente"; es decir, siempre que fijaran un asentamiento, labraran sus tierras, dividieran las tierras comunales en propiedades privadas y adoptaran y acataran la democracia. En 1830, las "Cinco Tribus Civilizadas" (chickasaw, choctaw, creek, seminola y cheroqui) se habían ajustado a esas reglas de juego, e incluso se habían convertido al cristianismo. Pero, a pesar de esa "civilización" (en realidad, de esa aculturación), su situación no era segura. Muchos blancos sentían que su presencia era una amenaza para la paz y la seguridad, debido a que muchos habían luchado contra los Estados Unidos con anterioridad. Otros colonos y especuladores de tierras blancos simplemente deseaban el terreno que ocupaban. Fueron varios los gobiernos estatales que expresaron su deseo de que todos los terrenos tribales que estuviesen dentro de sus fronteras fueran puestos bajo jurisdicción estatal. En 1830, Georgia aprobó una ley que prohibía a los blancos vivir sin una licencia del estado en el territorio indio después del 31 de marzo de 1831. Esta ley fue dictada para justificar la expulsión de los misioneros blancos que estaban ayudando a los indios a resistirse al traslado. El organizador misionero Jeremiah Evarts instó a la nación cheroqui a que llevase el caso a la Corte Suprema de los Estados Unidos, que finalmente dictaminó que, aunque las tribus indias no eran naciones soberanas, las leyes estatales no tenían poder sobre las tierras tribales.

Pero el presidente Andrew Jackson (1767-1845) y los líderes del nuevo Partido Demócrata habían hecho del traslado de los indios un objetivo prioritario de su campaña presidencial de 1828, y comenzaron a cumplir su promesa electoral. En 1830, el Congreso aprobó la Ley de Traslado Forzoso de los Indios, que estipulaba que el gobierno había de negociar tratados de traslado e intercambio de tierras con cada una de las tribus por otras más al oeste, dentro de la aún no colonizada Louisiana adquirida dos décadas atrás por los Estados Unidos. Con ello, Jackson no solo perseguía vaciar de conflictivos indios los territorios colonizados al este del río Mississippi, sino también crear un cinturón de seguridad ante la amenaza británica y española que seguía instalada en amplios territorios norteamericanos, más allá de la Louisiana. El deseo latente de desembarazarse de los "molestos" indígenas se hizo patente cuando Jackson decidió inmediatamente la expulsión de los pueblos seminolas, creeks, choktaws, cheroquis y chickasaws, precisamente los cinco ya "civilizados", de las regiones del Sudeste, propicias al cultivo de algodón. Este móvil de política económica y también el de la seguridad nacional —esos pueblos habían actuado como aliados de España y Gran Bretaña— fueron los pretextos esgrimidos por Jackson para decretar su traslado forzoso al Oeste.

Por entonces, el rápido incremento de la población del país y la necesidad de convertir a aquella joven y prometedora nación en una auténtica "tierra de oportunidades" mediante la apertura a la colonización de los territorios al oeste del Mississippi, ya había obligado a la administración con anterioridad a negociar y suscribir numerosos tratados para la compra de tierras a los nativos. Ahora, el gobierno estadounidense les animó a vender sus tierras, ofreciéndoles otras en el Oeste, fuera de las fronteras de los estados organizados, donde podrían volver a asentarse y, supuestamente, vivir en paz y prosperar. Se estima que, como resultado de esta política, unos 100.000 indios fueron trasladados al Oeste, la mayoría de ellos durante la década de 1830. Fue entonces cuando se empezó a hablar del "Territorio Indio", un hipotético enclave a determinar donde los pueblos indios tendrían un hábitat asegurado "para siempre". Esa era, al menos, la teoría. A tal fin, a aquel Territorio Indio, a expensas del hallazgo en él de algo que excitara la codicia de los blancos, se le irían dando múltiples localizaciones hasta acabar por ubicarlo en el territorio que hoy, más o menos, es el estado de Oklahoma.

La mayoría de los estadounidenses blancos estaban a favor de la ley, aunque había una oposición significativa. Por ejemplo, muchos misioneros cristianos realizaron una campaña en contra. Pero fue firmemente apoyada por los estados sureños, ansiosos de ganar acceso a los terrenos habitados por las Cinco Tribus Civilizadas. En particular, Georgia se hallaba inmersa en un contencioso jurisdiccional con la nación cheroqui. El presidente Jackson, que apoyaba el traslado indio sobre todo por razones de seguridad nacional, tenía también la esperanza de que solventase la crisis de Georgia. Incluso, algunos líderes indios que previamente se habían resistido a ella comenzaron a replantearse sus posiciones, especialmente tras la arrolladora reelección de Jackson en 1832.

Pero, en realidad, la ley no ordenaba el destierro de ningún indio y el presidente Jackson jamás defendió públicamente el traslado forzoso de nadie que quisiera quedarse. En teoría, se suponía que este traslado iba a ser voluntario, y de hecho muchos indios se quedaron en el Este. No obstante, en la práctica, la administración ejerció una gran presión sobre los líderes tribales para que firmasen tratados, lo que creó amargas divisiones en las naciones indias. A veces, los funcionarios gubernamentales ignoraban a los jefes tribales que se resistían a firmar tratados y solo atendían a los que apoyaban la política de traslado. El Tratado de New Echota (1834), por ejemplo, fue firmado por una serie de líderes cheroquis, pero no por los que la tribu misma había designado. Los términos del tratado fueron impuestos por el presidente Martin Van Buren y, cuando se concretaron en la emigración forzosa de miles de cheroquis, en lo que se dio en llamar "el Sendero de Lágrimas", dio como resultado la muerte de unos 4.000 indios, la mayoría por enfermedad.

El sufrimiento resultante del traslado forzoso fue agravado por una deficiente organización, una corrupta política de contratación de servicios y por el fracaso en la protección de los derechos legales de los indios antes y después de la emigración. La mayoría de ellos cumplieron con reticencias pero pacífica y, a menudo, resignadamente con los términos de traslado fijados en los tratados. Algunos grupos, no obstante, entraron en guerra para resistirse a su cumplimiento. Tales son los casos, por ejemplo, de los sauks (1832), los creeks (1836) o los seminolas (1835-1842). A los que aceptaron los tratados, se les dio, a cambio de sus buenas tierras, una reserva árida y una escasa ayuda gubernamental para subsistir, que, además, no siempre les llegaba, fuera por desidia administrativa o, más a menudo, por corrupción de los funcionarios encargados de ello. Un ejemplo del desdén con el que se trató a las tribus indígenas es el caso de las naciones iroquesas después de la derrota de los británicos a manos de los colonos en la Guerra de la Independencia. Los iroqueses se habían puesto del lado de los británicos, pero todo lo que recibieron a cambio fueron ultrajes, olvido y abandono. Cuando en 1784 se convocó una reunión para firmar un tratado, James Duane, que había sido representante del Comité de Asuntos Indios en el Congreso Continental, exhortó con total cinismo a los funcionarios del gobierno a "tratar a los iroqueses deliberadamente como seres inferiores para socavar cualquier indicio de confianza en sí mismos que todavía les quedara". Su arrogante proposición se llevó a cabo. Algunos iroqueses fueron tomados como rehenes y las "negociaciones" se llevaron a cabo a punta de pistola. Los iroqueses, aunque no se consideraban vencidos en guerra, tuvieron que renunciar a todas sus tierras al oeste de Nueva York y Pensilvania y aceptar una mínima reserva en el estado de Nueva York. Se utilizaron tácticas similares con la mayoría de las tribus indígenas. Los funcionarios gubernamentales se valieron de sobornos, amenazas, alcohol, extorsiones y cohechos para tratar de arrebatarles más y más tierras. En total, entre 1778 y 1871, el gobierno de los Estados Unidos ratificó 371 tratados con las tribus nativas. A partir de la última fecha, leyes del Congreso y órdenes y acuerdos ejecutivos reemplazaron los raramente cumplidos tratados. Es comprensible que los indios no tardaran en desconfiar del hombre blanco y de sus promesas vacías.

LA GUERRA DE HALCÓN NEGRO

La mayoría de los indios se resignaron, a menudo amargamente, a su reubicación forzosa en nuevas tierras. Algunos grupos, sin embargo, no lo aceptaron y crearon focos de rebeldía armada que, normalmente, acabaron en brotes bélicos más o menos sangrientos en contra de la aplicación de los términos de los tratados.

Los primeros conflictos armados surgieron cuando algunas tribus se negaron a aceptar su traslado forzoso a un nuevo emplazamiento. En 1804, los sauk y los fox decidieron ceder a Estados Unidos sus tierras al este del río Mississippi a cambio de una renta anual de 1.000 dólares. Sin embargo, Halcón Negro o Makataemishkiakiak (1767-1838), jefe de los sauk, rechazó inmediatamente el acuerdo, alegando que los hombres blancos habían convencido a los miembros de las tribus para que firmaran el tratado cuando estaban bajo los efectos del alcohol. Posteriormente, a partir de 1812, en la Guerra anglo-estadounidense, Halcón Negro luchó junto a los británicos, a las órdenes del general Henry Procter, dentro de la confederación de pueblos nativos de Tecumseh. La cesión del territorio en disputa se acordó nuevamente en pactos firmados en 1815 y 1816. En 1823, la mayor parte de los sauk y los fox se establecieron por fin al oeste del Mississippi. Cuando los colonos comenzaron a ocupar los terrenos abandonados, Halcón Negro volvió a negarse a reconocer el tratado. Además, llegaban noticias de que los nativos padecían hambre y toda clase de penurias en sus nuevas y áridas tierras, por lo que en abril de 1832 intentaron regresar a su antiguo territorio para plantar sus cosechas. Los colonos dispararon contra el emisario pacífico enviado por Halcón Negro y, de este modo, comenzó la llamada Guerra de Halcón Negro, librada fundamentalmente en Illinois y Wisconsin. En ella, los nativos americanos (los sauk y los fox, pero

En 1804, los sauk y los fox cedieron sus tierras al este del río Mississippi a cambio de una renta anual de 1.000 dólares. Sin embargo, el jefe sauk Halcón Negro (1767-1838) rechazó el acuerdo, alegando que los blancos habían convencido a sus hermanos tras emborracharlos. Este rechazo le condujo a una guerra, que comenzó en 1832.

también los winnebagos y los kickapús), fueron derrotados cerca del río Wisconsin el 21 de julio de 1832, y volvieron a caer en la Matanza de Bad Axe el 3 de agosto, en la que los indios fueron masacrados por cañoneras al intentar cruzar el Mississippi en dirección a Iowa.

Finalmente, Halcón Negro se rindió el 27 de agosto. Primero fue recluido en varios fuertes militares y luego fue llevado por distintas partes del país para mostrar a los incrédulos el poderío de la nación estadounidense. Halcón Negro visitó grandes ciudades del Este y viajó en barcos militares. Con ello, las autoridades estadounidenses esperaban que, al conocer el progreso de la parte este del país, convenciera a su vuelta a los demás indios de la inutilidad a medio o largo plazo de luchar contra el hombre blanco. Gracias a este viaje, Halcón Negro se hizo muy popular y convocaba a verdaderas multitudes allá donde se presentaba. Mientras tanto, los sauk y fox fueron recluidos en una reserva cercana a Fort Des Moines (Iowa), en donde Halcón Negro falleció el 3 de octubre de 1838, poco después de haber publicado su autobiografía.

En cuanto a los creeks, aunque muchos de ellos ya habían sido desplazados desde su hogar tradicional en Georgia al Territorio Indio en 1819, aún quedaban cerca de 20.000 creeks del norte viviendo en Alabama. Como primera medida, el estado abolió los gobiernos indígenas. El jefe Opothle Yohola (1798-1863) apeló al presidente Andrew Jackson pidiéndole su amparo. Como no lo consiguió, los creeks se vieron forzados a firmar el Tratado de Cusseta (1832), que dividió sus tierras en lotes individuales. Los indios podían optar entre venderlos y marcharse al Oeste, o bien permanecer en sus tierras, acatar las leyes estatales y atenerse a las consecuencias. Pero los especuladores y ocupantes ilegales comenzaron a arrebatar a los indios sus parcelas mediante todo tipo de estafas y la violencia brotó enseguida. El secretario de guerra Lewis Cass envió al general Winfield Scott (1786-1866) para que acabara con la violencia, forzando a los creeks a marcharse definitivamente al Territorio Indio, al oeste del río Mississippi. Casi al mismo tiempo, su tribu hermana, la seminola, había vuelto a desenterrar el hacha de guerra.

OSCEOLA Y LA SEGUNDA GUERRA SEMINOLA

La segunda Guerra Seminola de Florida (1835-1842) se distinguió por las tácticas evasivas de los indios, que escaparon por mucho tiempo a los intentos estadounidenses de cercarlos. Los seminolas, renuentes a su traslado a territorios al oeste de Mississippi, se habían refugiado en las profundidades de los bosques y marjales de Florida, territorio casi inaccesible para los foráneos. Junto a ellos vivían los llamados indios negros, esclavos fugitivos, cimarrones, que habían logrado una excelente convivencia con ellos, protegiéndose mutuamente de los intentos de incursión de las tropas norteamericanas.

Los documentos de la época reflejan el temor que causaba esta situación a los propietarios de esclavos, ya que la proximidad de sus plantaciones al territorio indio podía favorecer la consumación de la amenaza más inquietante para la elite esclavista: la insurrección general de los esclavos. Este puede ser un factor que explique la duración de esta guerra, además de la habilidad de seminolas y cimarrones para mantener con éxito una verdadera guerra de guerrillas contra el ejército estadounidense. El temor a una insurrección de esclavos hacía que gran parte de las milicias tuvieran que mantenerse relativamente próximas a las plantaciones, reduciendo su capacidad ofensiva. También fracasaron las tentativas de los oficiales estadounidenses, como el general Jesup, de separar a los seminolas de sus aliados negros, prometiéndoles a los primeros que no serían procesados y que se les permitiría abandonar Florida con sus pertenencias si entregaban a los esclavos fugitivos o si aceptaban irse a una reserva en lo más profundo de Florida y mantenerse lejos de las plantaciones, lo que evitaría que volvieran a brindar refugio a los esclavos que escapaban de ellas.

En 1835, los seminolas se negaron una vez más a dejar Florida, lo que condujo a la Segunda Guerra Seminola. El líder seminola más importante de esta guerra fue Osceola (c. 1800-1838), que dirigió a su tribu en su resistencia contra el traslado. De sangre mestiza, pues era hijo de un comerciante inglés, de quien recibió el nombre de Willis Powell, y de una india creek, Osceola se vio obligado a exiliarse junto a su madre a Florida cuando apenas contaba diez años. Siendo aún un muchacho, participó en la primera guerra seminola contra el poder estadounidense (1817-1818). En 1823, algunos jefes seminolas firmaron el Tratado de Moultrie Creek, por el que se creaba su reserva. Años después, en aplicación de las cláusulas del nuevo Tratado de Payne's Landing (1832), se exigió a los seminolas que abandonasen la reserva en un plazo de tres años y que todos los descendientes de afroamericanos (que convivían en igualdad con ellos) fuesen vendidos como esclavos. A pesar de la unanimidad del descontento, a los líderes indios les costaba tomar decisiones pues estaban enfrentados por su diversidad de opiniones respecto a lo que debían hacer.

Cuando en 1830 se aprobaron en Washington las leyes de traslado forzoso, Osceola dejó patente su negativa a acatarlas, así como a reconocer el resto de lo pactado en el tratado de Payne's Landing, firmado por algunos líderes a espaldas de la opinión mayoritaria de la mayoría de los seminolas. Escondiéndose en la región pantanosa de los Everglades de Florida, Osceola y su banda usaron los ataques sorpresa y la guerra de guerrillas para derrotar al ejército estadounidense en muchas batallas. De esa forma, consiguió mantener a raya durante casi tres años a las fuerzas del ejército enviado por Washington.

La tensión contenida estalló en 1835, cuando el agente de asuntos indios Wiley Thompson dictó un nuevo tratado que ordenaba taxativamente, por enésima vez, el desplazamiento seminola. Las opciones presentadas por Thompson eran pocas y diáfanas: o firma o muerte. El 3 de abril, Thompson mantuvo un enfrentamiento personal con Osceola al reiterar este su negativa a obedecer al gobierno. Según la tradición seminola, Osceola, constituido ya en uno de los principales jefes de su pueblo, exclamó, mientras clavaba su cuchillo en el nuevo tratado: "Este será mi tratado". Inmediatamente, fue detenido y encarcelado.

Para muchos, esa podría ser la fecha del inicio de una guerra que nunca fue declarada oficialmente y que cobró trascendencia nacional cuando Osceola, nada más ser liberado, asesinó a quien hasta pocas semanas antes había sido un amigo personal, Charlie Emathla, un seminola que acababa de recibir dinero del agente a cambio del traslado junto a su familia. Osceola le mató, despechado por lo que consideraba una grave traición, y arrojó monedas sobre el cadáver como muestra de su desprecio. Pocos meses después sucedieron otros dos hechos violentos casi simultáneos. En el amanecer del 28 de diciembre de 1835, una columna de unos 200 soldados que se dirigía a Fort King fue emboscada por rebeldes seminolas y la mitad de los soldados abatidos. Esa misma noche, aparecían muertos Willey Thompson, con 14 balas en el cuerpo, y un acompañante, presuntamente a manos o por orden de Osceola. La movilización de más de 5.000 soldados y milicianos no fue suficiente para capturar al grueso de los rebeldes, que superaban poco más de los 1.000 guerreros y que, con sus técnicas de guerrilla, mantuvo las hostilidades en dos frentes simultáneos: el occidental, liderados por Gato Montés, y, el oriental, por el propio Osceola.

En 1837, tras el relevo de otros tres comandantes en jefe y el aumento a 8.000 soldados del contingente de fuerzas perseguidoras, Osceola fue capturado cuando negociaba la paz durante una tregua concertada al efecto. El general Jesup pactó una tregua con Osceola y se ofreció para una entrevista personal en la que llegar a un acuerdo que dejara sin valor el tratado de Payne's Landing. En ese encuentro, que tuvo lugar el 22 de octubre, pese a la tregua pactada, Osceola fue hecho prisionero. Después fue paseado por las calles de la ciudad San Agustín bien custodiado por soldados, como si le hubieran capturado en una acción de combate.

Unos meses después, el 30 de enero de 1838, Osceola falleció en su reclusión en Fort Moultrie, Charleston, Carolina del Sur, derrotado solo por las fiebres de la malaria (aunque otros aseguran que asesinado), pero orgulloso tras haber pedido a sus familiares que le ayudaran a vestirse con sus ropas de guerra y sus pinturas de combate. En sus manos apoyadas sobre su pecho mantuvo hasta el último momento su cuchillo de caza.

El recuerdo del jefe muerto siguió alentando durante años a los grupos seminolas que se negaban a abandonar Florida, y que continuaron oponiendo una feroz resistencia. Algunos se adentraron mucho más en el interior de los Everglades, mientras que otros se desplazaron al Oeste. La Segunda Guerra Seminola terminó en 1842, con la victoria, como era de esperar, blanca.

Unos años antes de aquella victoria anunciada, se produjo uno de los sucesos más dramáticos de la historia de las guerras indias: el traslado en condiciones inhumanas de la tribu cheroqui a un nuevo emplazamiento en el Territorio Indio.

El Sendero de Lágrimas Cheroqui

Con la arrolladora reelección en 1832 del presidente Jackson y su política de desalojo de nativos, algunos de los cheroquis más contrarios a la colaboración comenzaron a reconsiderar sus posturas. Lo que terminó por conocerse como "Partido del Tratado" o "Partido Ridge" estuvo liderado por el comandante Ridge (c. 1771-1839), su hijo John Ridge (1792-1839) y sus sobrinos Elias Boudinot y Stand Watie, quienes creían que el tratado era lo más beneficioso para los cheroquis al poder obtener buenas condiciones por parte del gobierno estadounidense, antes de que los colonos ilegales, los gobiernos estatales y la violencia empeoraran la situación. John Ridge emprendió conversaciones no autorizadas por su pueblo con la administración Jackson a finales de los años 1820. Mientras tanto, anticipándose al traslado cheroqui, el estado de Georgia comenzó a realizar subastas para dividir sus tierras entre los georgianos blancos. Las tensiones entre Georgia y la nación cheroqui entraron en la crisis definitiva con el descubrimiento en 1829 de oro cerca de Dahlonega, que produjo la primera fiebre del oro de la historia de los Estados Unidos. Los especuladores empezaron a invadir las tierras cheroquis y a presionar al gobierno georgiano para que cumpliera las promesas del pacto de 1802. Cuando Georgia quiso aplicar las leyes estatales en las tierras tribales cheroquis, el asunto llegó a la Corte Suprema de los Estados Unidos. Finalmente, la Corte Marshall dictaminó que los cheroqui no eran una nación soberana e independiente y, por tanto, se negó a atender el caso. Sin embargo, en otra resolución de 1832, la corte dictaminó que Georgia no podía imponer sus leyes al territorio cheroqui, ya que solo el gobierno nacional, y no los estatales, tenía autoridad en los asuntos indios.

Pero el presidente Jackson estaba totalmente entregado a la política de traslado de indios y no tenía interés alguno en que el gobierno federal protegiese a los cheroquis de Georgia. Con la Ley de Traslado Forzoso de Indios de 1830, el Congreso estadounidense había concedido a Jackson autoridad suficiente como para negociar y cerrar tratados, intercambiando territorios indios del Este por tierra al oeste del río Mississippi. Jackson usó la disputa con Georgia para presionar a los cheroqui para que firmasen el tratado. Sin embargo, el principal jefe electo cheroqui, John Ross (1790-1866), también conocido por su nombre indio, Kooweskoowe ("La Garza"), y la mayoría del pueblo cheroqui permanecieron inflexiblemente opuestos al traslado. Entonces, comenzó la maniobra política final: el jefe Ross canceló las elecciones de 1832 y el Consejo impugnó a los Ridge, mientras que un miembro de su partido era asesinado. Los Ridge respondieron creando su propio consejo, que representaba solo a su facción. Esto dividió a la nación en dos bandos: los cheroquis del oeste, liderados por el comandante Ridge, y la facción este, con John Ross al frente.

En 1835, Jackson nombró al reverendo John F. Schermerhorn comisario de tratados. El gobierno propuso pagar a la nación cheroqui 4,5 millones de dólares, entre otras compensaciones, para que ellos mismos se trasladaran. Estas condiciones fueron rechazadas en octubre de 1835 por el consejo de la nación cheroqui. El jefe Ross, en un intento de establecer un enlace entre su administración y el Partido Ridge, viajó a Washington con John Ridge para abrir nuevas negociaciones, pero fueron rechazados e informados de que tratasen con Schermerhorn. Al mismo tiempo, este último organizó un encuentro con los miembros del consejo favorables al traslado en la localidad de New Echota, Georgia. Solo 500 cheroquis, de entre varios miles, respondieron a la citación y, el 30 de diciembre de 1835, 20 partidarios del traslado, entre los que se encontraban Ridge y Elias Boudinot, firmaron el Tratado de New Echota. El jefe Ross, tal como era de esperar, se negó. Las firmas violaban la ley de la nación cheroqui de 1829, cuyo borrador era obra del propio John Ridge, que había convertido la cesión por escrito de tierras cheroquis en un crimen, cuyo castigo era la pena capital.

Ni un solo miembro del consejo cheroqui firmó el documento, que entregaba todo el territorio cheroqui del este del río Mississippi. A pesar de las protestas del Consejo Nacional Cheroqui y del jefe Ross argumentando que el documento era un fraude, el Congreso ratificó el tratado el 23 de mayo de 1836, por un solo voto de diferencia. Inmediatamente, algunos cheroquis, incluidos partidarios de Ridge, se unieron a los que ya habían emigrado. A finales de 1826, más de 6.000 cheroquis se habían trasladado al Oeste. No obstante, más de 17.000 se quedaron en el Sur: los términos del tratado les daban un plazo de dos años para emigrar. Durante ese plazo, las protestas contra el tratado continuaron. En la primavera de 1838, el jefe Ross presentó una petición con más de 15.000 firmas de cheroquis, pidiendo al Congreso que invalidase el tratado. Muchos estadounidenses blancos estaban indignados por la dudosa legalidad del tratado y pedían al gobierno que no forzase a los cheroquis a emigrar. Sin embargo, a medida que la fecha tope para el traslado voluntario del 23 de mayo de 1838 se aproximaba, el nuevo presidente Van Buren encargó al general Winfield Scott (1786-1866) que preparara la operación de traslado a la fuerza. Scott llegó a New Echota el 17 de mayo al mando de 7.000 soldados. Comenzaron a acorralar a los cheroquis en Georgia el 26 de mayo de 1838; diez días después, las operaciones comenzaron en Tennessee, Carolina del Norte y Alabama. Durante tres semanas, unos 17.000 cheroquis, además de apro-

En 1834, algunos jefes firmaron el Tratado de New Echota, por el cual se dictó la deportación forzosa de miles de cheroquis, en lo que se dio en llamar "el Sendero de Lágrimas", durante el cual murieron no menos de 4.000 indios, la mayoría por desnutrición y enfermedades.

ximadamente unos 2.000 esclavos propiedad de los más ricos, fueron sacados a punta de pistola de sus casas y agrupados en campos, a menudo con lo puesto. Los soldados asaltaban las granjas y, a punta de bayoneta, conducían a las familias a las reservas. Los que intentaban escapar eran asesinados o apresados. Todos fueron reunidos en el desembarcadero de Ross (Chattanooga, Tennessee) y en el de Gunter (Calhoun, Tennessee). Desde ahí, fueron enviados al Territorio Indio. Los cheroquis recorrieron unos 1.285 kilómetros, la mayoría a pie, aunque otros a caballo, en tren o en barco. Mientras tanto, los hogares y posesiones de los cheroquis fueron saqueados. Sin demora, los colonos blancos se iban apoderando de sus tierras. El centro cultural y formativo de los indios, Spring Place Mission, fue convertido en una taberna para blancos. La milicia de Georgia destrozó la imprenta del *Cheroqui Phoenix,* auténtica seña de identidad de la tribu.

El éxodo fue durísimo. Los campos del camino estaban plagados de disentería y otras enfermedades, lo que ocasionó muchas muertes. Cuando ya habían partido tres grupos en tren, un grupo de cheroquis pidió al general Scott que esperase hasta que el tiempo más fresco hiciese el viaje menos arriesgado. El militar se avino a ello. Mientras tanto, el jefe Ross, aceptando finalmente la derrota, logró que la supervisión de lo que quedaba del traslado pasase a manos del Consejo Cheroqui. Aunque hubo algunas objeciones por parte del gobierno estadounidense debido al coste adicional, el general Scott concedió al jefe Ross un contrato para trasladar a los 11.000 cheroquis restantes. La marcha comenzó el 28 de agosto de 1838, con el grueso de indios divididos en 13 grupos con una media de 1.000 personas cada uno. Pese a que este último viaje supuso para todos los implicados una mejora en las condiciones, aún murieron muchos por enfermedad.

El número de personas fallecidas durante el que fue llamado Sendero de Lágrimas Cheroqui ha sido objeto de diferentes estimaciones. El gobierno federal hizo un recuento en su momento de 424 muertes; un doctor estadounidense que viajó con una partida calculó unos 2.000 fallecimientos en los campos y otros 2.000 en el tren; su total de 4.000 muertes permanece como la cifra más citada. Un estudio demográfico de 1973 estimó un total de 2.000 defunciones; otro, de 1984, concluyó que fueron 8.000. Durante la marcha, se dice que los cheroquis no dejaron de cantar "Amazing Grace" ("Gracia Increíble") para levantar la moral. Se escribieron las letras en el idioma cheroqui y la canción se convirtió en una especie de himno nacional para el pueblo cheroqui.

Los trasladados se asentaron inicialmente cerca de Tahlequah, Territorio Indio. La confusión política que ocasionó el Tratado de New Echota y el Sendero de Lágrimas condujeron a los asesinatos del alcalde Ridge, John Ridge y Elias Boudinot. Al llegar a su destino, las familias fueron separadas. Las tierras no resultaban apropiadas para las técnicas de cultivo que conocían los cheroquis y también la caza era otra. Tropezaron, además, con la hostilidad de los indios de las llanuras, que habían sido obligados a cederles parte de sus tierras. Se encontraban ciertamente, al final del sendero.

Tal vez unos 1.000 cheroquis evadieron a los soldados y se instalaron en Georgia y otros estados. De entrada, los que vivían en terrenos privados propios no estuvieron sujetos al traslado forzoso. En Carolina del Norte, unos 400 cheroquis vivían en terrenos de las Grandes Montañas Humeantes, propiedad de un hombre blanco llamado William Holland Thomas, adoptado por los cheroquis, y también quedaron fuera del traslado.

El Sendero de Lágrimas o, en idioma cheroqui *Nunna daul Isunyi* ("el camino en que lloramos"), es considerado comúnmente como uno de los episodios más lamentables de la historia estadounidense. Pero no fue un suceso único en el desarrollo de las guerras indias en el Este de Norteamérica ni, como veremos enseguida, en la mitad occidental del subcontinente, cuando los estadounidenses se volcaron a la conquista y colonización de las vastas tierras ignotas que se extendían desde la ribera occidental del Mississippi hasta la Costa Oeste del Pacífico.

5

EL CONFLICTO INDIO
LLEGA AL OESTE

Uno no vende la tierra por la que camina su pueblo.

Tashunka Witko, "Caballo Loco" (c. 1849-1877),
jefe de los siux oglala.

LA VERTIGINOSA EXPANSIÓN
DE LOS ESTADOS UNIDOS

Las condiciones imperantes en todo el litoral del Atlántico alentaron la emigración hacia nuevas regiones. En Nueva Inglaterra, donde el suelo no producía altos rendimientos, surgió una corriente incesante de hombres y mujeres que dejaban sus granjas y aldeas en la costa para aprovechar las ricas tierras del interior del continente. La población de los asentamientos de los campos de las Carolinas y Virginia, aislada por falta de caminos y canales de acceso a los mercados de la costa y resentida por el dominio político de los grandes hacendados de la región de las marismas, emigró también al Oeste. En 1800, los valles fluviales del Mississippi y el Ohio ya se estaban convirtiendo en una gran región fronteriza. Este flujo de población hacia el Oeste de principios del siglo XIX condujo a la división de los viejos territorios y a la definición de nuevas fronteras. Según se iba admitiendo a los nuevos

Los enfrentamientos a muerte entre indios y colonos se produjeron cuando ya no había más remedio, forzados por la presión insostenible del avance colonizador, y dieron lugar, por parte india, a verdaderos actos de heroicidad y, a la vez, de crueldad desesperada.

estados (Indiana, Illinois, Maine, Mississippi, Alabama, Missouri...), el mapa político se estabilizaba al este del Mississippi. Si la primera frontera norteamericana estuvo estrechamente unida a Europa y la segunda, a los asentamientos de la costa, esta vez, la población del valle de Mississippi miraba por primera vez más hacia el Oeste que al Este.

Pero, salvo por la emigración al territorio de Texas, que aún pertenecía a México, el avance de la frontera agrícola hacia el Oeste esperó hasta después de 1840 para pasar de Misuri y entrar en el vasto territorio occidental adquirido más de tres décadas atrás con la Compra de Louisiana de 1803. Antes, en 1819, Estados Unidos había logrado que España le cediera Florida y sus derechos sobre el territorio de Oregón en el Lejano Oeste. Por si fuera todo eso poco, en la década de 1840, Estados Unidos incorporaría además Texas (1845), el enorme Territorio de Oregón (1846) y el Sudoeste y la California españoles (1848). De esa forma, se fue completando el mapa definitivo de los

Estados Unidos. En general, el crecimiento de la nación fue enorme: entre 1812 y 1852, la población aumentó de 7,25 a más de 23 millones y la tierra disponible para los colonos creció en una superficie casi igual a la de Europa occidental, es decir, pasó de 4,4 millones a 7,8 millones de km².

Sin embargo, aún no se habían resuelto los conflictos básicos arraigados en las diferencias sectoriales que estallarían en una guerra civil en la década de 1860. También fue inevitable que la expansión al Oeste provocara un catarata de conflictos de distinto calado entre los colonos y los habitantes originales: los indios.

Desde la década de 1820, en que John C. Calhoun, secretario de Guerra del presidente Monroe, comenzara a aplicar la política de deportación de las tribus hacia territorios de más allá del Mississippi, el traslado forzoso de indígenas no se había detenido. Solo en los dos periodos presidenciales de Andrew Jackson (1829-1837), el gobierno firmó en total 94 tratados, por los cuales le cedieron millones de hectáreas y docenas de tribus fueron desalojadas de su tierra ancestral.

El segundo tercio del siglo XIX vivió las primeras emigraciones masivas. Mayoritariamente, se trataba de mineros (hacia California o Montana, donde se había descubierto oro) o colonos (hacia el Territorio de Oregón, de ricas tierras agrícolas). La mayor parte de las miles de caravanas de emigrantes veían el territorio central de las Grandes Llanuras como un simple lugar de paso. Se limitaban a cazar en él todo lo que les era posible. Pero era tan grande el número de caravanas, que muy pronto ese simple paso afectó a las tribus. En primer lugar, disminuyó la cantidad de caza, especialmente de bisontes. Y, en segundo lugar, fue dejando un mortífero rastro de enfermedades que significaron el fin de tribus enteras (antes de que se disparara el primer tiro).

Pero enseguida quien tomó el papel predominante fue el ejército. Se tenía que proteger a las caravanas y a los mineros de los ataques de los indios. Pero, sobre todo, era necesario hacer prevalecer la ley en aquellos nuevos territorios que, poco a poco, Estados Unidos se iba anexionando. Ello implicaba, entre otras acciones, la delimitación de reservas para los indígenas y el control del territorio para abrirlo a la colonización. Fue en los territorios hasta entonces controlados por siux y cheyenes donde se produjeron más enfrentamientos y donde se hicieron evidentes las limitaciones del ejército, formado por gente poco preparada militarmente, con orígenes muy diversos, que casi no hablaba inglés y, que, en general, estaba poco motivada. Si al final se impuso, fue sobre todo por su superioridad numérica y técnica y por la rendición de los indios, incapaces de sobrevivir en un mundo sin bisontes y con epidemias constantes.

La llegada del tren vino a significar algo así como la última estocada. Su tendido supuso ante todo la aniquilación de las grandes manadas de bisontes, base de la alimentación de los indios. Por otro lado, estableció una vía rápida de conexión entre costa y costa: los largos meses de penoso viaje que hasta entonces habían separado a los dos océanos se redujeron a unos seis días. Y el centro del país, teóricamente el territorio menos interesante y aprovechable y, a la vez, el más hostil, quedó rodeado y preparado para ser colonizado.

En 1865, la línea fronteriza de la civilización, que en general seguía el contorno occidental de los estados contiguos al río Mississippi, se desplazó hasta la línea vertical que enlazaba el este de Texas, Kansas y Nebraska. Este eje norte-sur, de casi 1.600 kilómetros, atravesaba enormes cordilleras, muchas de ellas ricas en recursos minerales, separadas por infinitas praderas e inacabables desiertos que se extendían hacia el oeste, en dirección a las boscosas cordilleras de la costa y el océano Pacífico. Salvo por los distritos colonizados de

California y algunos asentamientos dispersos, como el de los mormones en Utah, aquellas vastas regiones interiores estaban habitadas solo por nativos. Pero, solo un cuarto de siglo después, casi todo el país ya estaba organizado en estados y territorios semicolonizados. Los mineros habían explorado todas las comarcas montañosas y habían fundado pequeñas comunidades en Nevada, Montana y Colorado. Los ganaderos, que sacaban buen provecho de los enormes pastizales, reclamaron como suya la enorme extensión que iba desde Texas hasta la cuenca alta del Misuri. Los granjeros hundieron sus arados en los llanos y valles... Y así se fue cerrando a gran velocidad la brecha entre el Este y el Oeste. Pero, en el interior, quedaban muchas cosas por hacer. La primera, hallar una solución al "problema indio".

LA SOLUCIÓN AL PROBLEMA INDIO

Cuando los estadounidenses expresaron su voluntad de cumplir su "Destino Manifiesto" y extender el territorio de su nación de costa a costa de Norteamérica pasaron por alto un hecho crucial: ese vasto territorio, que sus mapas reflejaban como un espacio en blanco y en gran parte yermo e "inhabitable", ya estaba habitado desde muchos siglos atrás por decenas de miles de norteamericanos nativos. Setenta años después, al final del proceso, estos nativos vieron sus instituciones hechas añicos, sus vidas profunda y dramáticamente transformadas y sus tierras barridas y holladas por miles de tumbas prematuras, ocupadas sobre todo por víctimas de las enfermedades europeas, ante las cuales ellos no tenían protección innata alguna. Pero eso era algo que venía de lejos.

Aunque, como ya hemos comentado, los primeros contactos entre indígenas y colonos fueron en general pacíficos y, por regla general, de índole comercial, resolviéndose las tensiones, por lo común, mediante la negociación de tratados, los primeros conflictos de carácter bélico surgieron ya en 1540, cuando los conquistadores españoles al mando de Vázquez de Coronado se enfrentaron con los guerreros zuñí, y solo cesarían tres siglos y medio después, en 1890, cuando el ejército estadounidense masacrara a la banda de siux liderados por Pie Grande en Wounded Knee. Estos dos acontecimientos y los numerosos enfrentamientos que se desarrollaron en el intervalo son una parte de las luchas continuas por la posesión de Norteamérica. En todo ese tiempo, la política primero colonial y luego estadounidense fue, en la práctica, poco dubitativa: deportaciones, masacres, devastaciones de territorios, expolio de los recursos, exterminio de la fauna que sustentaba el sistema socioeconómico de las tribus, especialmente de los búfalos...

Los conflictos comenzaron desde que los europeos quisieron acaparar las tierras o afirmar su dominio, desde que su codicia convirtió el suelo norteamericano, la patria de los indios, en una mera propiedad inmobiliaria sobre la que especular; pero también se favoreció al procurarse por parte de los colonos que continuaran, y aun se acentuaran, si eso era posible, los ancestrales conflictos entre las propias tribus, en aplicación del viejo principio bélico "divide y vencerás". Así que mucho antes de que los Estados Unidos comenzaran a desplazarse al Oeste a comienzos del siglo XIX, los indios ya sabían bien que significaba el avance de los colonos blancos.

Aquellas tribus de guerreros emplumados —o no, porque también eso es un tópico a revisar—, tuvieron que hincar la rodilla ante una nación joven y poderosa a la que, consciente de su poderío y su pujanza, le urgía tomar posesión de una de las mayores y más fértiles superficies de la corteza terrestre. Ahora bien, el enfrentamiento no fue solo una pugna de ocupación territorial sino también un choque entre primitivismo y tecnología. Es difícil, en estos casos, hablar del triunfo de la civilización, porque las tribus de "pieles rojas", con sus ritos, sus sacrificios y su organización tribal, vivían acomodadas, tal vez felices, en medio de esa mezcla de candor y crueldad que caracteriza a los pueblos primitivos. Los "rostros pálidos", representantes de un pueblo supuestamente evolucionado, científico y culto, encarnaban ante sus ojos la civilización de las armas de fuego, el alcohol, la codicia, el desprecio y derroche de los bienes naturales y el incumplimiento de las promesas. En esas circunstancias, es difícil contemplar el paso de la barbarie de las tribus de la época precolombina a su domesticación en las reservas, a finales del siglo XIX, como un progreso.

Ante el alud blanco, los indios del Oeste, igual que les había ocurrido a las tribus del Este, no supieron en general qué hacer. Simplemente, no entendían el mundo de los blancos. En el suyo había un equilibrio constante de alianzas o enemistades y de relaciones comerciales, entendido casi siempre como una lucha por la supremacía y casi nunca como un intento aniquilador del adversario. Sin rehuir matarse entre ellos, lo que valoraban más era al valiente guerrero que, sin armas, "tocaba" al enemigo armado. En cierta ocasión, el joven guerrero siux Caballo Loco (1849-1877) atacó en solitario a un grupo de 16 bravos shoshonis y les fue tocando con su hacha, uno por uno, sin herirles, mientras ellos intentaban en vano matarle. Salió ileso, después de tocarlos a todos, y volvió a casa convertido en un líder. Evidentemente, una cultura que valoraba, por encima de la muerte, la valentía ante el enemigo, tenía una forma de entender el mundo muy distinta de la pragmática, egoísta y codiciosa de los blancos y, por tanto, no podía comprender cuáles eran sus intereses.

Los indios no pudieron imaginar que su mundo se vendría abajo tan deprisa y tan irremediablemente. De hecho, siguieron con sus viejos esquemas y, en principio, consideraron a los blancos como un enemigo más, no como uno común para todo ellos. Valga el ejemplo de los crows, que siguieron el consejo de uno de sus hombres medicina de no hacer la guerra a los blancos, lo que les llevó a convertirse inmediatamente en el mayor vivero de exploradores indios al servicio del ejército norteamericano, que en aquellos momentos se enfrentaba a los siux y los cheyenes, sus enemigos tradicionales. Por tanto, no parecía tan malo ayudar a derrotar a los enemigos de toda la vida y, a la vez, estar en buenas relaciones con los "casacas azules".

Por regla general, los enfrentamientos a muerte se produjeron cuando ya no había más remedio, forzados por la presión insostenible del avance colonizador, y dieron lugar a verdaderos actos de heroicidad y, a la vez, de crueldad desesperada, enmarcados en una resistencia inútil, ya que su entorno había cambiado de forma radical. Los indios, muy debilitados por las enfermedades y no menos desorientados por el brutal cambio de su mundo, no se dieron cuenta de que su sistema de vida llegaba a su fin hasta que ya no les quedó nada. Su resistencia armada fue el canto del cisne de un mundo irremediablemente condenado a desaparecer.

Por su parte, el bando estadounidense, como todo pueblo en fragua, como toda sociedad que se va labrando su propia historia, elevó esas luchas contra las tribus al rango de cruzada dirigida a incorporar unos territorios ocupados por tribus salvajes a una nación avanzada y depositaria de unos valores que sintetizaban el progreso de las naciones de la triunfante civilización occidental. Por entonces, los Estados Unidos estrenaban su incipiente conciencia de nación. La Guerra de Independencia contra Gran Bretaña había supuesto una pausa en su avance colonizador, pero su emergencia como estado independiente reafirmó su empeño expansionista hacia los territorios occidentales disponibles. Además, significó también la aparición de una fuerza, el ejército de los Estados Unidos, mezcla de milicia profesional y voluntariado civiles, que iba a revelarse decisiva en la lucha contra las tribus indias. Era evidente que, para los militares, la posibilidad de ganar nuevos entorchados, o incluso de hacer carrera política, a costa de los indios era una tentación nada desdeñable.

Este fue el caso, por ejemplo, de Andrew Jackson (1767-1845), primer hombre forjado en las aventuras de la Frontera que llegó a la Casa Blanca. Durante la Guerra anglo-estadounidense de 1812, Jackson, al mando de la milicia de Tennessee, fue enviado al sur de Alabama, donde reprimió implacablemente una insurrección de los indios creeks, que tuvieron que ceder dos terceras partes de sus tierras a los Estados Unidos. Su derrota (más de 800 indios perdieron la vida solo en la batalla final de Horseshoe Bend, Alabama, en 1814) provocaría uno de los primeros grandes éxodos forzados de población indígena. Más tarde, Jackson, obviando fronteras y soberanías, expulsó a varias bandas de seminolas de sus refugios en la Florida aún española. Ambos éxitos militares le proporcionaron los entorchados que le faltaban para completar su currículum, en el que ya figuraban sus facetas de fiscal, labrador, pionero, especulador y hombre resuelto en el manejo de la carabina como vía de resolución de cualquier pleito fronterizo, por trivial que fuera. El destino final de sus víctimas serían las agrestes tierras de Oklahoma y Kansas. El destino de Jackson, por su parte, sería el de convertirse, en 1829, en el séptimo presidente de los Estados Unidos.

Parecido fue el caso de William Henry Harrison (1773-1842), quien, nombrado gobernador del Territorio de Indiana en 1800, mantuvo una política hacia los indios en la que, mezclando el engaño con la coacción y el chantaje, negoció una serie de tratados cuyo fin era sustraer a las tribus millones de hectáreas de terreno. Con el beneplácito y el apoyo del Gobierno federal, ávido de extender su poder sobre nuevas parcelas, Harrison decidió astutamente tratar siempre por separado con cada una de las tribus, hasta que el jefe de los shawnis Tecumseh pensó que la mejor manera de defender los derechos individuales de las tribus sería promover una confederación de todas ellas a fin de negociar unificadamente y desde una posición más fuerte. Viendo el riesgo de esa nueva actitud, Harrison aprovechó que Tecumseh había viajado al sur en busca de adhesiones, para atacar a su tribu al frente de un millar de hombres y derrotarla en la batalla de Tippecanoe (1811), Territorio de Indiana. El éxito le convirtió en comandante en jefe del ejército del Noroeste. Deseoso de estrenar su nuevo mando, volvió a vapulear a los indios en la batalla de Thames, en Ontario (Canadá), éxito más apreciable por cuanto las tribus se habían coaligado con los ingleses en un estertor colonialista de estos. En el tratado que siguió a la paz, los blancos dejaron bien sentado quiénes eran los nuevos dueños del viejo Noroeste. Cuando Harrison, orgulloso de su hoja de servicios, se presentó en 1841 como candidato a la presidencia de los Estados Unidos, en su campaña electoral habló más de sus hazañas bélicas que de su programa político. Lo eligieron. Sin embargo, su dicha presidencial duró poco. Agotado por la intensa campaña electoral, no estaba en las mejores condiciones físicas para, en su primer acto público, un mes después de su toma de posesión, pasarse largas horas a la intemperie bajo un intenso frío. Su resfriado derivó en pulmonía y acabó con sus días. Fue el más breve presidente en la historia de los Estados Unidos. En su sepelio, muchos recordaron "la maldición de Tecumseh".

La maldición de Tecumseh

"La Maldición de Tecumseh" o "la Maldición de los veinte años" fue lanzada en 1836 pero no exactamente por el célebre Tecumseh, sino por su hermano, Tenskwatawa «el Profeta». Ese año, se celebraban las elecciones presidenciales y los candidatos eran Martin Van Buren, el vicepresidente de Andrew Jackson, y William Henry Harrison, un famoso general que había ganado años antes la batalla de Tippecanoe a una fuerte confederación india liderada por el propio Tenskwatawa.

Se dice que, mientras éste posaba para un retrato y los presentes discutían el posible resultado de las elecciones, el Profeta lanzó su profecía-maldición: "Harrison no ganará este año el puesto de Gran Jefe. Pero ganará la próxima vez. Y, cuando lo haga, no terminará su periodo. Morirá en ejercicio". "Ningún presidente ha muerto en ejercicio", le apuntó uno de los presentes. "Pero les digo que Harrison morirá y, cuando él muera, ustedes recordarán la muerte de mi hermano Tecumseh. Ustedes creen que he perdido mis poderes, yo que hago que el sol se oscurezca y que los pieles rojas dejen el aguardiente. Pero les digo que él morirá y que, después de él, todo Gran Jefe escogido cada veinte años de ahí en adelante morirá también y que, cuando cada uno muera, todos recordarán la muerte de nuestro pueblo".

El desahucio de los inquilinos

Diseminadas, pues, por la inmensidad de aquella naturaleza casi virgen, vivían unas tribus de extraños y ancestrales usos. Se estima que, a comienzos del siglo XVIII, la población indígena de Norteamérica era ya solo de aproximadamente un millón de individuos,

183

repartidos entre las reservas y las zonas aún no colonizadas.

La llamada "Conquista del Oeste" tuvo, pues, al
menos, dos caras: por un lado, creó nuevas oportunidades para miles de colonos blancos en una sociedad más
democrática y con menos diferencias sociales de lo
habitual; por otro, supuso el acoso y la marginación de
pueblos enteros mantenidos en cautiverio en las llamadas reservas y el exterminio de su principal medio de
vida, el bisonte, cuando no de ellos mismos. Las sociedades indígenas, que ofrecieron una firme, aunque
débil, resistencia a la expansión de la sociedad blanca,
firmaron decenas de tratados con las autoridades norteamericanas para demarcar territorios; sin embargo,
estos no fueron respetados y la expansión continuó.
Luego, la mitología distorsionaría los hechos al equi-
parar la fuerza de los bandos contendientes y al
mostrar una versión equilibrada de la lucha entre colonos desprovistos de otro apoyo que su propio arrojo e
indios dispuestos a impedir que esos "pacíficos" agricultores se instalasen en sus tierras. Unos indios
presentados no solo como crueles y rapaces, sino
también como egoístas e intolerantes, puesto que no
eran capaces de aceptar la convivencia con otros
pueblos. Pero, en realidad, todos estos rasgos definie-
ron más bien a los colonos y la historia habría que cali-
ficarla, en el mejor de los casos, de brutal choque de
culturas y, en el peor, de guerra de exterminio.

Desde la década de 1840 hasta la de 1880, las
fuerzas armadas de Estados Unidos libraron numerosas
batallas en su esfuerzo por despejar las rutas del Oeste
para los colonos y hacer efectivo el control del
gobierno en este inmenso territorio. Cuando en 1842 se
abrió la Senda de Oregón a la emigración masiva,
miles de colonos atravesaron las Grandes Llanuras e
invadieron las ancestrales tierras indias, arrasando los
pastizales, perturbando la caza y violando los tratados.

A partir de 1851, una nueva oleada legal aceleró el encierro de las tribus en reservas, territorios que les eran exclusivos pero que no les permitían crecer y, a veces, ni siquiera subsistir: cárceles territoriales, donde ya no pudieron desarrollarse plenamente. La moral de la época los veía como un mero estorbo, unos salvajes infieles cuya presencia era un impedimento para el progreso de la civilización. Apoyándose en estas razones, los colonos y, por supuesto, el ejército de los Estados Unidos, desde que estos se constituyeron como nación, masacraron a los indios con una saña difícil de concebir, aunque no de imaginar, desde la mentalidad actual. La ironía de esta tragedia es que algunas de esas tribus "salvajes" atesoraban una viejísima y sofisticada cultura, aunque primitiva, y que, en muchos aspectos, poseían una visión del mundo más espiritual y civilizada que la de los hombres blancos...

En términos generales, el piel roja era un guerrero místico. Tenía sentido del honor, del respeto al enemigo y de la palabra empeñada (con excepciones, claro está), y un sentido de la valentía y del sacrificio poco usuales. Sus jefes militares y espirituales fueron brillantes: Caballo Loco, Toro Sentado, Nube Roja, Gerónimo, por nombrar algunos... Fueron derrotados porque, sencillamente, el hombre blanco y su cultura se habían enraizado tanto en sus tierras que cuando quisieron reaccionar ya estaban sentenciados.

Como siempre, la invasión empezó por los exploradores y aventureros y, de modo más continuo, por los tramperos y cazadores. Más tarde sería el turno de las expediciones aisladas. Posteriormente llegaría la hora de nutridas caravanas de colonos y de manadas de reses y, por fin, llegarían también los soldados. Los territorios indios serían atravesados, surcados, violados sin escrúpulos. Si, por desgracia, se descubría en alguno de ellos un yacimiento mineral provechoso, se producía además la invasión de una horda de buscadores y la expulsión a tiros de quienes constituyeran un obstáculo para la extracción de tales riquezas, fueran o no sus legítimos y reconocidos dueños. Después llegaría el ferrocarril y el trazado de unas vías que venían a hollar el suelo de unas tierras adonde habían ido a parar tribus arrojadas con anterioridad de otros lugares. En estas circunstancias, la reacción indígena sería fruto del hambre y la desesperación colectiva de unos pueblos burlados y engañados. A finales de la década de 1840, los blancos ya habían dado en todas partes muestras suficientes de sus intenciones y de sus métodos, y casi toda la tolerancia inicial de los indios había desaparecido, sustituida por una creciente ira. El punto de vista de los nativos quedó expresado, por ejemplo, en las siguientes palabras de Satanta (1820-1878), jefe de los kiowas:

> El hombre blanco una vez vino a comerciar, ahora viene como soldado. Una vez puso su confianza en nuestra amistad y no quiso otro escudo que nuestra fidelidad. Ahora se cubre el rostro con nubes de recelos y odio y nos dice que nos vayamos de la misma forma que un ofendido amo habla a su perro.

GUERRAS EN LA COSTA OESTE, LA MESETA Y LA GRAN CUENCA

En 1836, el misionero Marcus Whitman y su esposa Narcissa se instalaron entre los indios cayuses, en Waiilatpu, 8 kilómetros al oeste de la actual ciudad de Walla Walla, Washington. Además de evangelizar, los Whitman abrieron un dispensario médico, una escuela, molinos e introdujeron el regadío. Su trabajo avanzó lentamente hasta que, unos años después, se produjo un sensible aumento del número de colonos, que llevó a una escalada de la tensión con los nativos debido a incomprensiones culturales y hostilidades mutuas. Por ejemplo, los cayuses creían que arar el suelo profanaba el espíritu de la tierra y, en un plano más mundano, que el paso de las caravanas por su territorio y la caza de los animales de los que ellos dependían exigían el pago de una tasa. Por supuesto, los colonos no lo veían así y echaban a los nativos que solicitaban el pago como si fueran simples mendigos.

Además, los nuevos colonos trajeron consigo las consabidas enfermedades. En 1847, una epidemia de sarampión mató a la mitad de los cayuses, que sospecharon que Whitman (médico y líder religioso; por lo tanto, desde su punto de vista, una mezcla de hombre medicina y hechicero) era el responsable de las muertes de sus familiares y había causado el desastre para despejar el camino a nuevos inmigrantes. Buscando venganza, los cayuses atacaron la misión el 29 de noviembre de 1847 y, antes de destruirla, asesinaron a 14 colonos, incluidos los Whitman. Durante varias semanas, 53 mujeres y niños fueron retenidos antes de ser liberados. Este hecho, que se llamó "la Masacre Whitman", inició la Guerra Cayuse.

A comienzos de 1848, una fuerza de más de 500 milicianos, liderada por el clérigo Cornelius Gilliam y apoyada por el ejército, marchó contra los cayuses y otras tribus del centro de Oregón. Los indios se negaron inicialmente a suspender las hostilidades e hicieron incursiones en asentamientos aislados. Sin embargo, fueron incapaces de contraponer una resistencia eficaz a la potencia de fuego de sus enemigos, por lo que tuvieron que refugiarse en las montañas Blue.

En 1850, la tribu entregó a cinco de sus miembros para que fueran juzgados por el asesinato de los Whitman. Todos fueron declarados culpables por un tribunal militar y, consecuentemente, todos fueron ahorcados. Sin embargo, el conflicto no finalizó con ello y se produjeron esporádicos derramamientos de sangre durante otros cinco años más, hasta que los cayuses fueron derrotados definitivamente en 1855. Su población, ya muy mermada, fue integrada en una reserva junto con los umatillas y los walla wallas, mientras se confiscaba la mayor parte de sus tierras tribales. La guerra tuvo significativas consecuencias a largo plazo para la región, al abrir el territorio cayuse a la colonización blanca, pero echó a perder las relaciones entre blancos y nativos y dejó el terreno abonado para una serie de nuevas guerras que tendrían lugar en los siguientes años. Veamos algunos ejemplos.

A mediados del siglo XIX, los indios yakimas o yakamas vivían a lo largo de los ríos Columbia y Yakima, en la meseta norte de Columbia, en el cara interna de la cordillera de las Cascadas. Además de sus ancestrales relaciones con las tribus vecinas, los yakimas mantenían un prolongado vínculo comercial con la Compañía de la Bahía de Hudson. Entre mayo y junio de 1855, Isaac Stevens, el primer gobernador del recién creado Territorio de Washington, y Joel Palmer, superintendente del mismo, acordaron tres tratados distintos. Por el primero de ellos, las tribus walla walla, umatilla y cayuse eran obligadas a trasladarse desde sus 16.000 km^2 de tierras tribales a una reserva al nordeste de Oregón que, con el tiempo, se redujo a solo 384 km^2. Mediante un segundo tratado, otras 40 pequeñas tribus locales acordaron trasladarse a la reserva de los indios yakimas, desalojando en total unos 75.000 km^2. Mediante el tercer tratado, los nez percés fueron confinados a una reserva que incluía partes de Washington, Oregón e Idaho.

Sin embargo, ese mismo año, 1855, se descubrió oro en la reserva de los yakimas y el conflicto estalló entre los invasores mineros y las tribus de la Meseta, que se aliaron bajo el liderazgo del jefe yakima Kamiakin (1800-1877). El ejército envió tropas, que, a partir de agosto de 1856, se acantonaron en el nuevo fuerte Simcoe. Al unirse a la refriega los cayuses y los walla wallas, la violencia subió de grado y dio como resultado una serie de incursiones y batallas, entre las que destacó la de Seattle en la que una partida india cruzó la cordillera de las Cascadas, atacó a los colonos y a los marines de la Armada estadounidense y se escabulló rápidamente. La llamada Masacre de las Cascadas fue un ataque indio contra los colonos blancos efectuado el 26 de marzo de 1856 en el que murieron 14 colonos y tres soldados. La última fase de la guerra (a veces diferenciada como Guerra Palus o Guerra Coeur d'Alene) se desarrolló en 1858, cuando el general Newman S. Clarke fue puesto al frente del Departamento del Pacífico y envió una fuerza al mando del coronel George Wright para acabar con el conflicto. En la Batalla de los Cuatro Lagos, librada cerca de Spokane, Washington, en septiembre de aquel año, Wright infligió una decisiva derrota a los indios y les impuso un tratado de paz que llevó a distintas reservas a los restos de todas las tribus implicadas. Kamiakin huyó a Canadá, pero otros 24 cabecillas de la rebelión, aunque se rindieron, fueron ejecutados.

Dos años después, en 1860, estallaría la siguiente revuelta india, conocida en este caso como la Guerra de los Paiutes o la Guerra del Lago Pyramid, que enfrentó a los paiutes del norte, junto con algunos shoshonis y bannocks contra los colonos blancos en la región dominada por el lago Pyramid, en el Territorio de Utah (hoy en Nevada). La guerra vino precedida por una serie de incidentes de violencia creciente que culminaron en dos batallas campales en las que resultaron muertos unos 80 colonos y un número desconocido, aunque seguramente menor, de indios, a los que habría que sumar los que murieron de hambre. Las escaramuzas continuaron hasta que se acordó un alto el fuego unos meses después.

Más al sur, en California, el descubrimiento de oro en 1848 vino a precipitar todo al provocar una riada de colonos a través de las principales tierras de caza de los indios. Los de momento muy esporádicos ataques indígenas a las caravanas invasoras empezaron a traer las primeras represalias de las tropas estadounidenses. Comenzó así la espiral de violencia que acabaría por provocar, dos décadas después, las llamadas por antonomasia "guerras indias".

El primer efecto de la Fiebre del Oro californiana sobre los pueblos nativos se produjo, obviamente, en la propia California. Al norte, un pueblo orgulloso y fuerte, el modoc, luchaba por sobrevivir en los yermos campos de origen volcánico de las inmediaciones de los lagos Klamath, valiéndose de la caza y del ataque esporádico a las tribus más pacíficas que habitaban cerca de la costa. Incluso practicaban la esclavitud y comerciaban con enemigos cautivos que entregaban a los indios de más al este a cambio de caballos. Desde las primeras incursiones de los blancos en sus dominios, estos indios, de naturaleza belicosa, se mostraron hostiles. Durante unos años, aun sin declarar formalmente la guerra, los modocs, con apoyo circunstancial de los klamaths y los paiutes del norte, no dejaron de atacar los campamentos mineros. Los esfuerzos del ejército por doblegarlos fueron inútiles. Las autoridades se quejaban de que un indio podía mantener ocupado a 10 soldados en su persecución y de que, si al fin conseguían darle muerte, costaba 50.000 dólares o más al gobierno. No obstante, los soldados estadounidenses dominarían temporalmente a los modocs del norte de California, así como a las tribus contiguas shasta, klamath y hupa, pero sin llegar hasta décadas después a sojuzgarlos por completo.

En cuanto a los mineros, estos jugaron un papel importantísimo en el proceso de colonización. Se podría decir que actuaron como "desbrozadores". Se trataba de gente de distintas nacionalidades, a menudo al límite o directamente fuera de la ley, que para evitarla y al mismo tiempo hacer fortuna, se adentraban en estos territorios. No poseían más norma que el beneficio propio e inmediato. En oposición a los tramperos, ellos no mantenían ningún tipo de relación con los indios y, si tenían algún contacto, era fácil que este fuera más o menos violento. Uno de los peores brotes de violencia entre mineros e indios, ocurrido en California en 1850, pasaría a la historia con el nombre de Guerra Mariposa. Tras la Fiebre de Oro, miles de esperanzados buscadores llegaron al norte de California, hasta entonces solo habitado por nativos y algunos californios (descendientes de los primeros colonos españoles). A finales de mayo de 1849, se estimaba que más de 40.000 personas de todas las procedencias entraron en tropel en territorio indio, lo que aumentó la población californiana no nativa de las aproximadamente 14.000 personas de 1848 a las 200.000 de 1852. Los anglo-estadounidenses tomaron pronto el control de los campos mineros y desplazaron a californios, chinos y negros a un segundo plano, subordinado. Obviamente, la fiebre del oro también incrementó la presión sobre los nativos de California, obligados en muchos casos a abandonar sus tierras e, incluso, forzados a trabajar en las minas, mientras que otros sufrieron incursiones del ejército y de milicias de voluntarios, y especialmente los protagonizados por el llamado Batallón Mariposa.

Algunas pocas tribus indias, con tradición guerrera, contraatacaron, como fue el caso de la banda paiute de los ahwahneechees y de los chowchilla yokuts, de Sierra Nevada y el valle de San Joaquín, que llevaron a cabo incursiones contra propiedades blancas en 1850 y 1851. La guerra, de baja intensidad, se frenó definitivamente en 1860, cuando las enfermedades, las hambrunas y la violencia habían reducido la población nativa de California a unos escasos 35.000 individuos dispersos.

A partir de entonces, se sucedieron en aquel rincón del país una serie de guerras menores contra las escasas tribus californianas supervivientes, como los hupas, wiyots, yuroks, tolowas, nomlakis, chimarikos, tsnungwes, whilkuts, karuks o, entre otras, wintuns.

EL JEFE JOSEPH Y LOS NEZ PERCÉS

En 1855, el Tratado de Stevens, impulsado por el gobernador del territorio de Oregón, Isaac Stevens, intentó definir definitivamente las fronteras del territorio de los nez percés, que se declararon dispuestos a renunciar a una parte de su territorio en favor de los Estados Unidos. Al fin y al cabo, el territorio era inmenso y ofrecía suficiente espacio para todos. Parecía que con ello se salvaban las dificultades; sin embargo, tristemente, la paz no duró mucho tiempo. Pronto se demostraría que la ambición de los colonos, que cada vez querían más tierra, jamás sería satisfecha.

Solo cinco años después, en 1860, un comerciante llamado Elias D. Pierce descubrió indicios de oro en la reserva y, para finales de aquel año, ya había establecido allí un campamento que alojaba a 33 mineros. Su intención era abrir la mina aquella misma primavera. En previsión de una mayor afluencia de ávidos buscadores de oro, se trató de reducir aun más la reserva de los nez percés por medio de otro tratado, discutido en 1863. El gobierno convenció a algunos jefes nez percés, pocos, de que renunciaran a la mayor parte del territorio que les quedaba y se fueran a la reserva de Lapwai, en el actual estado de Idaho. Dos terceras partes de todos los jefes nez percés se negaron a firmar ese acuerdo y siguieron viviendo como hasta entonces, sin preocuparse lo más mínimo de los límites de la reserva que les trataban de imponer.

Hasta el 17 de junio de 1877, el jefe nez percé Joseph
(1840-1904) jamás había participado en una batalla.
Pero ese día decidió huir del acoso blanco con todo su
pueblo. Perseguidos implacablemente por el ejército, que
nunca pudo con él, Joseph se ganó las alabanzas de los
generales yanquis que reconocieron que era un estratega
genial, "un Napoleón indio", como le describieron
los periódicos.

Pasaron algunos años y, en el año 1871, Old Joseph (c. 1785-1871), jefe de los nez percés del valle Wallowa y uno de los que no había querido firmar, le hizo prometer en su lecho de muerte a su hijo, Joseph (1840-1904), que, como próximo gran jefe de su pueblo, nunca renunciaría a los sagrados valles Grande y Wallowa. "Recuerda siempre que tu padre no vendió el país", le insistió.

Hinmaton Yalatkit ("Trueno que baja de las montañas"), que luego sería conocido por los blancos como "jefe Joseph", había nacido en 1840, precisamente en el valle de Wallowa, al noreste de Oregón, el lugar de nacimiento también de su padre y de sus antepasados. Cuando en 1871, Joseph sucedió a su padre como jefe de su banda. En los últimos años, los ganaderos blancos se habían adentrado en el valle Wallowa y Joseph estaba muy dolido con ellos. Como luego escribiría:

> Nos robaron muchos caballos y no pudimos recuperarlos porque éramos indios. Espantaron a muchas de nuestras reses. Algunos hombres blancos reunieron a nuestras terneras y las marcaron con su propio hierro, con el fin de que fueran declaradas de su propiedad. No teníamos ningún amigo que pudiera representar nuestros intereses ante los tribunales blancos.

El comisario jefe para asuntos indios en Oregón invitó a Joseph a una consulta y le explicó que su tribu "estaba obligada" a irse a la reserva de Lapwai. La respuesta de Joseph no dejó muchas dudas:

> El hombre blanco no tiene ningún derecho de venir sencillamente aquí y quitarnos nuestras tierras. Este territorio ha pertenecido siempre a nuestra tribu. [...] Nosotros estamos contentos y felices con que se nos deje en paz. La reserva Lapwai es demasiado pequeña para nuestra mucha gente y todo su ganado.

En 1872, a medida que empezaron a establecerse en el valle los blancos que se creían con derecho a ello, la situación fue cada vez más tensa. A la consternación y el resentimiento de los nez percés se unió el plazo poco realista de treinta días que les habían dado para trasladarse. En eso, el joven guerrero Wahlits, cuyo padre había sido asesinado por un hombre blanco tres días antes, decidió vengarse y, ayudado por dos jóvenes de su tribu, mató a cuatro colonos. Al trío se unieron otros 17 jóvenes del campamento del jefe Pájaro Blanco que, animados con licor robado, continuaron con la violencia. Los jefes, entre ellos Joseph, que no participaron en estos incidentes, intentaron entregar a los culpables, pero su iniciativa fue frustrada por voluntarios sin escrúpulos.

En 1873, los nez percés, obtuvieron de nuevo el reconocimiento oficial de Washington de sus derechos históricos. La Oficina de Asuntos Indios declaró que el valle de Wallowa seguía perteneciendo a la banda de Joseph, ya que él jamás firmó el convenio de 1863. En consecuencia, los colonos blancos recibieron la orden de abandonarlo, pero se negaron. Todo lo contrario, construyeron nuevos caminos y puentes y amenazaron a los indios con expulsarlos violentamente. Como quiera que cada vez eran más los blancos que venían a asentarse en el territorio, dos años más tarde, el gobierno revocó su decisión: el presidente Ulysses Grant concedió a los blancos libertad para la colonización del valle de Wallowa. Con resignación, durante algún tiempo los nez percés intentaron coexistir pacíficamente con los inmigrantes que empezaban a inundar sus tierras. Joseph quería evitar una sangrienta confrontación y se desplazó con su pueblo a otra zona del valle, lejos de los asentamientos, cada vez más numerosos, de los blancos. "Si la tierra nos pertenecía antes, entonces nos sigue perteneciendo, ya que nosotros jamás la hemos vendido", insistía una y otra

vez. Entonces, las autoridades, por una vez bien inten-
cionadas, procuraron comprarles la tierra y enviarlos a
otra reserva. El jefe Joseph se negó y varios meses de
negociaciones no pudieron hacerle cambiar de opinión,
hasta que vio a las tropas dirigiéndose hacia ellos.
Entonces, supo que no tenía elección. Pero no quería
romper la promesa hecha a su padre en su lecho de
muerte.

Cuando, finalmente, en mayo de 1877, el general
de brigada Oliver Otis Howard (1830-1909) recibió la
orden de enviar sus tropas al valle de los nez percés, la
confrontación se hizo inevitable. Hasta el 17 de junio
de 1877, Joseph jamás había participado en una batalla. Y, para que siguiera siendo así, Joseph decidió
entonces emigrar hacia el este con todo su pueblo en
busca de tierras más seguras en las grandes llanuras
donde vivían sus parientes siux. Cuando el ejército les
alcanzó en White Bird Canyon, Joseph y 17 guerreros
más derrotaron a los más de 100 soldados de una
forma humillante. Los días siguientes, los nez percés, a
pesar de ser menos numerosos, continuaron venciendo
a los soldados. Estos reveses aumentaron la determina-
ción del general Howard de acorralarlos y vencerlos
definitivamente para salvar su reputación. En julio, los
guerreros indios volvieron a derrotar a los soldados en
Clearwater Creek, ganándose las alabanzas militares
hasta del propio Howard, que a regañadientes hubo de
reconocer que Joseph era un estratega militar genial,
"un Napoleón indio", como le describieron los periódicos. "El Gran Espíritu habla al corazón y a la cabeza
de un hombre y le dice cómo debe defenderse", diría
tiempo después con modestia el jefe nez percé.

A continuación, Joseph y sus lugartenientes decidieron dirigirse a Montana para unirse a los crow o
bien para ponerse a salvo en Canadá y esperar allí a
que se calmaran los ánimos. Una vez que empezaron
su largo viaje, el ejército de Howard salió en su perse-

cución, con lo que se emprendió una de las epopeyas más fabuladas de la historia de la Conquista del Oeste. A lo largo del resto de julio y agosto, Joseph condujo a su pueblo hacia el noreste, hasta llegar a Montana, agotado, hambriento y deshecho. Para su desgracia, pararon para descansar y esto dio tiempo a que sus perseguidores se acercaran. El 9 de agosto, unos 200 soldados conducidos por el coronel John Gibbon les alcanzaron y atacaron. Los indios resistieron dos días y después se retiraron, pero no sin dejar antes a un tercio de la tropa de Gibbon herida o muerta. De nuevo los nez percé habían vencido, aunque habían perdido 80 personas, entre guerreros, mujeres y niños.

Moviéndose con gran rapidez a pesar de sus condiciones físicas y de sus heridos, los nez percé giraron hacia el Oeste y entraron en Idaho, tratando de eludir a sus perseguidores. Howard los siguió tan deprisa como pudo, pero, a mediados de agosto, iba siempre con un día de retraso y, además, los guerreros indios, mientras sus familias seguían avanzando, volvían una y otra vez sobre sus pasos para atacar por sorpresa, retardando su avance y causando bajas en su tropa. El 22 de agosto, los nez percé entraron en el territorio que hoy es el parque nacional Yellowstone, mientras que los hombres de Howard, exhaustos, hacían un alto y rogaban que se acabara la persecución. Mientras tanto, Washington ordenó a otros comandantes de la región que empezaran a confluir sobre los indios asediados. A finales de septiembre, estos se dirigían de nuevo hacia la frontera canadiense. Cruzaron el río Missouri y volvieron a hacer un alto para descansar. Fue su primer error fatal. Al fin, varias de las columnas que los perseguían se les acercaron y, el 30 de septiembre, los soldados, dirigidos entonces por el general Nelson Miles (1839-1925), en número aproximado de 350, atacaron su campamento en el valle Snake Creek, que se encontraba ya a solo 64 kilómetros de la frontera canadiense. Durante los cinco días siguientes, Joseph mantuvo a Miles a raya, causándole muchas bajas. Entonces llegó Howard con su columna y los indios se dieron cuenta de que aquella vez ya no podrían vencer ni escaparse. Era tiempo de negociar y, el 5 de octubre, Joseph decidió finalmente parlamentar con Miles. Hablando a sus mensajeros de paz, dijo:

> Decidle al general Howard que conozco su corazón. Lo que me dijo antes, lo tengo en mi corazón. Estoy cansado de combatir. Son demasiados los bravos que han muerto en la llanura helada. Han matado a nuestros jefes. [...] Todos nuestros ancianos han muerto. Ahora son los jóvenes los que tienen que decir "sí" o "no". [...] Hace frío y no tenemos mantas. Los niños pequeños se mueren de frío. Algunos de mi pueblo han escapado a las colinas y no tienen ni mantas ni comida. Quiero tener tiempo para cuidar de mis hijos y ver a cuántos de ellos puedo encontrar. Quizá los encuentre entre los muertos. Escuchadme, queridos jefes, mi corazón está enfermo y cansado. ¡Desde este momento, en esta posición del sol, digo que no lucharé más!

El general Miles le ofreció unos términos generosos y le prometió que permitiría que volvieran a la reserva de Lapwai, en Idaho, sin represalias. Joseph aceptó.

Unos 800 nez percé habían batallado a lo largo de 2.700 kilómetros recorridos en 17 semanas a través de ríos y cadenas de montañas contra muchas columnas de soldados, a las que se enfrentaron en no menos de 20 escaramuzas y cinco enfrentamientos a campo abierto, todo ello con victorias. Acosados hasta el límite, su rendición tuvo lugar a menos de 300 kilómetros de la frontera. Pero, en las tristes secuelas de su heroico viaje, las autoridades, una vez más, no cumplieron la promesa de Miles. Los supervivientes fueron enviados primero a Fort Leavenworth, en Kansas, y luego fueron rebotando de reserva en reserva, hasta acabar en la de Ponca, donde muchos de ellos enfermaron de malaria y otras muchas afecciones y murieron. "Jamás debieron traernos a una tierra donde el clima resulta un veneno para nuestra salud, a un sitio donde nosotros no podemos vivir, donde la tierra no nos deja vivir", se quejó amargamente Joseph. Desde allí envió un patético llamamiento al presidente Rutherford B. Hayes en pro de la supervivencia de su pueblo. Entre otras cosas, decía:

> He oído palabras y más palabras, pero nada se ha hecho. Las buenas palabras no duran si no se convierten en hechos. Las palabras no pagan la muerte de mi pueblo. No pagan la pérdida de mi país, ahora invadido por los hombres blancos. No protegen la tumba de mi padre. No pagan mis caballos y mi ganado. Las buenas palabras no me devolverán a mis hijos. Las buenas palabras no cumplirán la promesa de vuestro jefe guerrero, el general Miles. Las buenas palabras no devolverán la salud a mi pueblo ni evitarán que muera. Las buenas palabras no darán a mi pueblo un hogar donde pueda vivir en paz y cuidar de sí mismo.

Hasta el general Miles se sintió cautivado por la causa del jefe Joseph y, en años posteriores, le ayudó a defender su caso. En la primavera de 1879, Joseph viajó a Washington para presentar en persona sus protestas sobre la vida en la reserva de Ponca ante altos funcionarios del gobierno. "Quiero que los blancos aprendan a entender a mi pueblo", les dijo, para añadir:

> Algunos de vosotros consideráis a los indios como salvajes. Eso es un gran error. Os hablaré de mi pueblo y después podréis opinar si un

indio es una persona o no. [...] Hace tiempo que
llevo una pesada carga, ya desde que era un niño.
Entonces aprendí que nosotros éramos solo unos
pocos, pero que había muchos, muchos hombres
blancos y que no podríamos igualarnos con ellos.
Éramos como corzos. Ellos eran como osos
grises. [...] Dejadme ser un hombre libre. Libre
para viajar o quedarme, para trabajar, para
comerciar donde escoja, libre para elegir a mis
propios maestros, para seguir la religión de mis
padres, libre para pensar y hablar y actuar por mí
mismo. [...] La tierra es la madre de todas las
personas, y todas las personas deben tener derechos iguales en ella.

Lo más que obtuvo el jefe Joseph fue una reserva
en el estado de Washington, donde murió en 1904,
reverenciado por los indios y muy respetado por los
blancos.

WASHAKIE Y LOS INDIOS DE LA GRAN CUENCA

Mientras la guerra de los nez percé de la Meseta
atraía la atención del país, en la Gran Cuenca, una
vasta extensión árida de unos 3.200 km^2 situada entre
las montañas Rocosas y Sierra Nevada, que incluye la
mayor parte de los estados de Nevada y Utah, así como
zonas de California, Wyoming, Idaho y Oregón, una
multitud de tribus (desde los shoshonis occidentales y
los paiutes, al oeste, hasta los más imponentes shoshonis del norte, bannocks y utes) vivían dispersas, cada
una encarando su resistencia ante el irreversible avance
de los blancos a su propia manera. En un principio, la
más hostil de todas era la de los utes de Utah, Colorado
y Nuevo México, lo que le acarreó varias operaciones

El jefe de los shoshonis occidentales Washakie (1809?-1900) había crecido en estrecho contacto con los blancos y sabía que su pueblo jamás sobreviviría a una guerra contra ellos. Por eso siempre estuvo decidido a mantener la paz, pese al acoso de los colonos y pese a la rebeldía de los guerreros más jóvenes de su pueblo.

militares de castigo en 1863 y la imposición de una serie de tratados.

Sin embargo, el problema abierto más importante se centraba en Idaho, en la parte norte de la Cuenca, donde en 1863 una facción de los shoshonis occidentales se levantó, junto a pequeños grupos de otras tribus, contra los avances de los blancos, bajo el liderazgo del jefe Washakie (1809?-1900), que había crecido en estrecho contacto con los blancos. Nacido en Bitterroot Valley, en Montana, aproximadamente por la misma fecha en que la expedición de los exploradores estadounidenses Lewis y Clark atravesó ese territorio, sus padres lo llamaron Pina Quanah ("Aroma de Azúcar") y era aún un niño cuando su padre murió durante un ataque de los pies negros. Su madre huyó con él y sus otros cuatro hijos a refugiarse con su banda de origen, los lehmis, una facción de los shoshonis orientales. Durante todo un verano, Pina Quanah cuidó un rebaño de caballos de unos tratantes de pieles blancos. Cuando la temporada de caza terminó, los estadounidenses le regalaron un viejo mosquetón, con el que alardeaba ante sus amigos, que solamente poseían flechas y arcos. Después de matar su primer búfalo, desolló la cabeza del animal, la rellenó con algunas piedras y la ató alrededor de un palo hueco, por el que podía hincharla como un globo. Cuando la piel del extraño artefacto estuvo seca, las piedras de su interior producían un ruido similar al de una matraca. Desde entonces siempre llevaría al campo de batalla ese ruidoso instrumento con el fin de asustar a los caballos enemigos. Por eso fue llamado Washakie, algo así como "Matraca de piel sin curtir", aunque sus enemigos preferían llamarlo "Cara Cicatriz" o "Jefe Dos Cicatrices", debido a que la flecha de un guerrero pie negro le había atravesado en cierta ocasión la mejilla izquierda, dejándole una doble cicatriz.

En muchos enfrentamientos con sus enemigos naturales, los pies negros y los crows, Washakie demostró su valor, lo que le llevó a ser nombrado, aún muy joven, jefe de su propia banda, establecida a orillas del río Verde. Cuando el gran jefe de los shoshonis murió, hacia 1848, Washakie se convirtió en su sucesor. Por entonces, su tierra ancestral ya había cambiado para siempre. Casi todos los ríos se habían vaciado de peces y aun más de castores. Simultáneamente, los cazadores y los tratantes de pieles se habían desplazado a nuevas zonas de caza de la costa noroeste del Pacífico. Por entonces, cada vez eran mayores las caravanas de emigrantes blancos que utilizaban la Senda de Oregón y cruzaban su territorio de camino a California y Oregón. No obstante, de momento no surgieron demasiados conflictos. Washakie había prohibido a sus guerreros atacarles. Incluso, con frecuencia les ayudaban a vadear un río o les reunían las reses que se les habían escapado.

Hasta donde llegaban los recuerdos de la tribu, los shoshonis habían estado siempre amenazados y presionados por los cheroquis y los pies negros, y, por el este, por siux, cheyenes y arapajoes, que les atacaban sin cesar. Dada su manifiesta inferioridad, los shoshonis optaron por retroceder desde los llanos de Wyoming y Colorado a las montañas Rocosas, que se convirtieron en su fortaleza. Cuando también comenzaron a aparecer en su nuevo territorio los cazadores y comerciantes blancos, los shoshonis no establecieron importantes lazos comerciales con ellos, salvo para la adquisición de armas de fuego, con las que se podrían defender mejor de sus enemigos.

Washakie tenía claro que su pueblo jamás sobreviviría a una guerra contra los blancos, por lo que estaba firmemente decidido a mantener la paz, pese a todos los perjuicios que el paso de los colonos les ocasionaba. No obstante, la paciencia de Washakie se

fue agotando. Por entonces, comenzó a expresar en
público su pensamiento:

> Este es mi país y el país de mi pueblo. Mi padre
> vivió aquí y bebió agua de este río. Mi madre
> recogía aquí leña para el fuego. El búfalo y el
> alce venían aquí a beber y a pastar, pero todos
> han sido aniquilados y ahuyentados de nuestro
> territorio. Las vacas y los caballos del hombre
> blanco han agotado nuestros pastos. Toda la leña
> ha sido quemada. Cuando nuestros jóvenes salen
> ahora de caza y llegan cansados y hambrientos al
> campamento de un hombre blanco son golpea-
> dos, expulsados a patadas e insultados. [...] Sin
> embargo, yo siempre he sido amigo del hombre
> blanco y les he dicho a mis guerreros que esta
> tierra no debe ser empapada en sangre. Hasta
> hoy, ningún hombre blanco puede mostrar un
> lugar en todo nuestro territorio donde los shosho-
> nis hayan matado a uno de los suyos; sin
> embargo, nosotros podemos dar muchos testimo-
> nios de dónde hemos sido maltratados y lo
> hemos tenido que soportar con paciencia.

Pero Washakie no se hacía ilusión alguna y sabía
que, a la larga, su gente jamás conseguiría vencer a los
blancos y que nunca les haría retroceder. Por ello
advertía una y otra vez a los jóvenes guerreros de su
tribu que, puesto que jamás ganarían esa guerra,
eludieran todo conflicto. Pero, a pesar de su advertencia, algunos hombres de su tribu pedían a gritos que se
desenterrara el hacha de guerra. Mas Washakie no
cejaba en sus esfuerzos pacificadores:

> No solo soy vuestro jefe, sino también un
> hombre viejo. Y también vuestro padre. Por eso,
> es mi obligación daros un consejo. Yo sé lo duro
> que es para la juventud tener que obedecer la voz
> de un hombre viejo. La vieja sangre fluye más

lentamente que un caracol, pero la sangre joven aflora tempestuosamente. Yo también fui joven, hijos míos, y entonces pensaba exactamente igual que vosotros ahora. Entonces nuestro pueblo era fuerte y yo siempre estaba a favor de la lucha... [...] Vosotros no debéis luchar contra los blancos.

Sin embargo, muchos de esos jóvenes no querían obedecer. Sigilosamente, casi uno a uno, se fueron marchando del poblado de Washakie para unirse a las bandas rebeldes, dirigidas por Cazador de Osos, un jefe guerrero shoshoni, y por Pashego, un jefe bannock. Finalmente, en 1862, estalló una guerra abierta y los rebeldes atacaron asentamientos de los blancos en las cercanías de la frontera entre Utah e Idaho, mientras tendían emboscadas a las caravanas de la Senda de Oregón. El ejército llevó a cabo sangrientas represalias: tropas de caballería atacaron el campamento de los rebeldes en Idaho y mataron a más de 200 guerreros, entre ellos a Cazador de Osos, e hicieron muchos prisioneros. No obstante, el levantamiento no fue aplastado del todo hasta el verano de 1863.

Washakie, que se había negado a participar en aquellas luchas, se preocupó después de que se celebraran negociaciones de paz. Él pensaba sobre todo en el futuro. Desde hacía años, pedía una reserva para su pueblo en el territorio del río Wind, en Wyoming. Otros jefes se habían opuesto enconadamente a los planes del gobierno de fijar la residencia de su tribu en una reserva, pero Washakie opinaba que los indios, tras la llegada de los blancos, ya no podían seguir vagando por el país como cazadores y guerreros libres. Los búfalos y la demás caza estaban desapareciendo a toda velocidad. Por eso, él estaba convencido de que lo mejor para su pueblo era hacerse sedentario y convertirse en campesinos. Sin embargo, la patria de los shoshonis, en el valle del río Verde, ofrecía un suelo poco apropiado. Además, cada vez llegaban más colonos y estaba planificada la construcción de una línea de ferrocarril por aquellas tierras. Washakie comunicó a los funcionarios del gobierno que, si se le permitía ir con su gente hacia el norte, al fértil valle del río Wind, aprenderían a cultivar la tierra y a cuidar ganado. En 1868, recibió la autorización. En el acuerdo firmado en Fort Bridger el 4 de julio de 1868, se dispusieron 12.150 km^2 como reserva para los shoshonis. En contrapartida, ellos renunciaban al resto del territorio que aún dominaban entre Wyoming y Utah y se comprometían a preservar la paz con sus vecinos blancos.

En ese mismo tratado de Fort Bridger, se decidió llevar a los bannocks a la reserva de Fort Hall en Idaho. Allí esta tribu sufrió unos duros años de hambre y todo tipo de privaciones, debido sobre todo a la acción sin control de furtivos blancos que les mataban su ganado y les robaban sus ya de por sí escasas raciones de comida que solo recibían tres días a la semana. Liderados por el jefe Cuerno de Búfalo, la tribu finalmente escapó de la reserva y pronto se reunió con los paiutes del norte, procedentes de la reserva de Malheur y liderados por el jefe Egan, y con los umatilla. Cuerno de Búfalo sabía perfectamente que su intento estaba condenado al fracaso pues conocía perfectamente a los soldados que se pusieron rápidamente tras su pista y especialmente a su jefe, el general Oliver Otis Howard, al que había servido como explorador en la reciente guerra de los nez percé. Efectivamente, el general Howard los sometió tras dos batallas. Tras una matanza ocurrida en Wyoming, en la que murieron 140 indios, las tres tribus se rindieron. Unos años después, en 1878, los utes y los bannocks, vecinos de los nez percés, se levantaron de nuevo y únicamente la llegada de unos 4.000 soldados logró que depusieran su actitud y entraran, por enésima vez, en negociaciones.

Mientras tanto, los shoshonis no pudieron poner en práctica lo acordado en el Tratado de Fort Bridger de 1868 porque algunas tribus enemigas se lo impidieron. Conseguida la paz con los cheroquis, ahora fueron los siux, cheyenes y arapajoes quienes atacaban su coto de caza del río Wind, en el que aún abundaban los bisontes. Aunque Washakie estaba dispuesto a irse más al norte si era necesario, lo que temía, sin embargo, era que su pequeño grupo de guerreros no pudiera defender bien el territorio contra un enemigo mucho más poderoso. Por eso, pidió ayuda militar y, en 1869, el ejército montó el campamento Brown en el corazón de su nueva reserva del río Wind. Pese a ello, solo en 1872 se sintieron los shoshonis suficientemente seguros como para asentarse allí.

En 1876, los siux declararon la guerra a los blancos después de que Toro Sentado, Caballo Loco y otros jefes indios se negaran a irse a vivir a la reserva que les habían asignado en Dakota del Sur. Tropas del ejército, al mando del general George Crook, tenían la orden de localizarlos y someterlos. Para ello, Crook necesitaba rastreadores indios que pudieran ayudarlo. Como Washakie estaba deseoso de vengarse de los siux, dispuso que un contingente de guerreros shoshonis y cheroquis apoyara a Crook. Este contingente se enfrentó, junto a los soldados, a los siux de Caballo Loco en la batalla del río Rosebud de junio de 1879 y consiguió rechazar varios contraataques siux, que, de lo contrario, habrían arrollado a las tropas. También las ayudaron en la victoria sobre el jefe de los cheyenes, Cuchillo Desafilado, en las montañas de Big Horn en noviembre de 1878. Y también fueron rastreadores shoshonis los que mantuvieron la persecución de Toro Sentado y le obligaron a continuar huyendo.

En honor a los servicios prestados por Washakie, el ejército cambió el nombre del campamento Brown, en la reserva del río Wind, por el de Fort Washakie. Sin embargo, poco después, pese a las objeciones de Washakie, envió a los arapajoes a la reserva de los shoshonis, sus viejos enemigos. Solo la mediación del jefe shoshoni logró que esa convivencia no acabara mal. Washakie pasó en la reserva sus últimos años, amargado por su nostalgia de un mejor tiempo pasado, así como por sus reproches a los blancos, que en cierta ocasión resumió como sigue:

> Hemos tenido que sufrir tantas injusticias de los blancos. El hombre blanco, que es dueño de este territorio desde un mar hasta el otro y se puede mover libremente por él, no sabe lo limitados que nos sentimos nosotros en este pequeño trozo de tierra. Sabéis tan bien como nosotros que cada metro del país que orgullosamente llamáis América pertenecía hasta hace poco a los pieles rojas. El Gran Espíritu nos lo dio. En él había sitio suficiente para muchas tribus y todos eran libres y felices... Sin embargo, progresivamente, nuestros padres fueron expulsados de él y nosotros, sus hijos, somos el triste resto de las en su día poderosas tribus; y nos arrinconáis en este pequeño trozo de tierra, que por derecho nos pertenece, hacinados como prisioneros condenados, vigilados por hombres con rifles, que solamente esperan matarnos.

EL CAPITÁN JACK Y LOS MODOCS

Sojuzgados tras largo tiempo los paiutes inmediatamente después de la Guerra de Secesión, solo los modocs permanecían imposibles de controlar. Eran pocos, probablemente entre 400 y 800, pero su orgullosa independencia y el terreno impenetrable en el que habitaban les convertían en enemigos formidables. En la década de 1870, sus guerreros más belicosos siguie-

Tras la Guerra de Secesión, el único foco de resistencia en la Meseta era el de los modocs. Eran pocos, entre 400 y 800, pero su orgullosa independencia y el terreno impenetrable en el que vivían les convertía en unos formidables enemigos. Y más bajo liderados por Kintpuash (c. 1837-1873), más conocido como "Capitán Jack".

ron el liderazgo de Kintpuash (c. 1837-1873), a cuyo padre habían matado los blancos y al que los mineros, de los que había sido amigo en un tiempo, llamaban "Capitán Jack". Había firmado un tratado en 1864 por el que accedía a retirarse a una reserva con sus seguidores, pero la vida allí se les hizo insoportable, fundamentalmente por tener que convivir con los klamath, y finalmente los modoc se volvieron a su hogar ancestral en la región de Lost River, en California. Los blancos de la región, temerosos, solicitaron que fueran expulsados o, mejor aún, aniquilados. La tarea recayó en el general Edward Canby (1817-1873), un veterano de las luchas con los indios, laureado también en la Guerra de Secesión. En el verano de 1872, Canby comenzó los preparativos para perseguir al capitán Jack y sus seguidores y, en noviembre, localizó el campamento modoc y les exigió que se rindieran. Los indios contestaron con una descarga de disparos y corrieron a refugiarse en una fortaleza natural, un paraje volcánico casi inexpugnable conocido como El Baluarte. En esta inmensa extensión de lava, se hicieron fuertes. Los modocs conocían cada fisura, caverna y pasaje. Su ganado sobrevivía con los terruños de pasto. La artemisa y la hierba les servían como combustible. El agua provenía del lago Tule... No obstante, en enero de 1873, las fuerzas de Canby llegaron hasta ellos y se produjo una batalla incierta en la que los soldados se llevaron la peor parte, a pesar del hecho de que eran muchos más, en una proporción de siete a uno. Los modocs conocían tan bien su guarida de lava que la tropa casi no tenía nada que hacer frente a ellos. Frustrados, le pusieron sitio mientras negociaban durante meses con el capitán Jack, cuyos propios guerreros vacilaban ya entre resistir o entregarse. En primavera, los modocs estaban aún más divididos y el capitán Jack se decidió por la capitulación frente a la negativa de otros líderes. Al fin, accedió a encontrarse con Canby en abril.

Cuando anunció su intención de hablar de paz, su tribu le criticó hasta que se plegó a seguir un plan para romper las negociaciones y continuar resistiéndose. El 11 de abril de 1873, Canby y sus negociadores, con dos intérpretes, se encontraron en tierra de nadie con Jack y su grupo. Mientras hablaban, el capitán Jack se levantó de repente, sacó una pistola y disparó a Canby en la cabeza. Sus lugartenientes mataron a otros dos miembros de la comisión negociadora y dieron por muerto a un tercero. Fue un acto de traición estúpido. Canby había sido un oficial muy popular, muy respetado, y su actitud frente a los nativos que le habían ordenado dominar era comparativamente benévola. Además, hasta ese momento, los modocs se habían ganado las simpatías populares y se tildaba a los militares de agresores incompetentes. Ahora, la opinión pública dio un giro total. Ante el asesinato, Washington reaccionó con una vehemencia previsible, dando virtualmente carta blanca a sus tropas de la región para hacer lo que hiciera falta con tal de sofocar aquella rebelión de los modocs.

Tras tres días de asaltos, los modocs dejaron El Baluarte y huyeron. Siete días después, tendieron una emboscada a un grupo de 50 exploradores del ejército y mataron a la mitad. Pero los modocs empezaban a desmoronarse y una facción decidió rendirse. Su líder, Hooker Jim, ofreció su ayuda para capturar al capitán Jack a cambio de una amnistía y dirigió a los soldados hasta Willow Creek, cerca del lago Clear. El 28 de mayo, enviaron una petición de rendición a Jack. Como este sabía que lo matarían si se rendía, se dispersó con sus seguidores. Les capturaron uno a uno, incluido su jefe, durante los siguientes días. El general al mando, William T. Sherman (1820-1891), hubiera preferido matarlos en vez de capturarlos, pues, al estar vivos, se hacía necesario juzgarlos. Al final, el capitán Jack y algún otro fueron sentenciados a muerte y ahorcados, mientras los otros 153 supervivientes modocs fueron enviados al Territorio Indio, para que se asimilaran a los cheroquis y otras tribus.

Estas guerras indias fueron cruentas y salvajes, pero aún lo serían más las que, inmediatamente, iban a suceder en las Grandes Praderas y el Sudoeste, últimos reductos de la resistencia india.

6

LAS "GUERRAS INDIAS"

Nos hicieron muchas promesas, pero solo cumplieron una. Prometieron quitarnos nuestra tierra. Y nos la quitaron.

Majpiya Luta, "Nube Roja" (1822-1909),
jefe de los siux oglala.

LA GUERRA LLEGA A LAS PRADERAS

Al igual que en el Este, la expansión en las Grandes Llanuras del Oeste de mineros, colonos y cowboys
produjo un incremento de los conflictos con la población indígena. La renovada corriente migratoria hacia
el Oeste posterior a la Guerra de Secesión condujo
inevitablemente a más y más choques fronterizos con
los indios y esto, a su vez, impelió a Washington a
mandar más y más soldados a sus puestos avanzados.
El potencial de confrontación entre los colonos y los
indios en la nueva frontera tendida desde Nuevo
México a Canadá era tan grande que el comienzo de la
época de las grandes guerras con los indios de las
praderas, las llamadas por antonomasia "guerras indias", fue casi inevitable.

En esta última fase de los seculares conflictos con
los indios, el escenario más conflictivo de todos resultaría ser, sin duda, el de las Grandes Llanuras. Nada en
la experiencia previa de los blancos americanos les

había preparado para la magnitud, la ferocidad y la naturaleza de la guerra en las praderas. Se trataba de una vasta extensión de cientos de miles de kilómetros cuadrados habitada sobre todo por cazadores nómadas maestros en el arte de montar a caballo y de luchar al galope, que dominaban la estrategia y que, llegado el caso, sabían practicar a la perfección el tipo de guerra que más se adecuaba a aquellas tierras. Además, muchos de ellos pertenecían a sociedades guerreras muy desarrolladas que glorificaban las virtudes viriles del combate y cuyo único miedo a la muerte era que llegara con deshonor. Aunque a menudo no tenían el mismo sentimiento íntimo de propiedad de la tierra que habían mostrado las tribus del este del Mississippi, las de las Llanuras consideraban todo el vasto Oeste como su dominio propio. Por tanto, era natural que no les gustasen el avance de los blancos y que expresasen ese resentimiento con violencia.

Los indios de las Llanuras pelearon contra los blancos casi desde sus primeros encuentros. Cuando la civilización blanca cruzó el Mississippi, se extendió por Misuri y empezó a moverse hacia Kansas y Colorado y hacia las llanuras desde Oklahoma a Montana, se sucedieron cada vez más oleadas de violencia. También encontraron una feroz resistencia al colonizar el extremo sur de esas llanuras y la región del Sudoeste, donde los inmigrantes chocaron inmediatamente con los comanches, los apaches y otras tribus afines. Dada la creciente tensión de los jefes y guerreros más belicosos, era inevitable que pronto alguno de los numerosos incidentes desembocara en un abierto conflicto.

Por aquellos años, destacaban en términos generales dos grandes grupos de indígenas propensos a defender violentamente la supervivencia de su cultura: por un lado, en las llanuras del norte, la gran nación siux, un conglomerado muy complejo de tribus y bandas de gran tradición guerrera, y, por otro, en los desiertos del sur, los apaches, de no menor tradición bélica.

Conducidos por líderes militares hábiles y resueltos, como Nube Roja o Caballo Loco, los siux, pese a su relativamente reciente llegada a las llanuras desde su territorio de origen, los Grandes Lagos del norte, donde eran agricultores sedentarios, eran muy habilidosos en la guerra a caballo. Una vez aprendieron a capturarlos, domarlos y cabalgarlos, se trasladaron al Oeste, destrozaron por el camino a otras tribus indias y se convirtieron en unos temibles guerreros.

Por su parte, las bandas apaches llevaban siglos practicando con maestría una particular guerra de guerrillas a un lado y otro de la frontera mexicana. Estaban acostumbrados a vivir del pillaje a otras tribus, por lo que eran naturalmente proclives a la lucha y muy escurridizos en su inhóspito medio ambiente del desierto y los desfiladeros.

Como enseguida veremos, hasta 1868, los conflictos con estos y con los demás indígenas de las Llanuras se fueron solucionando mal que bien mediante campañas militares concretas y, sobre todo, mediante un alud de tratados provisorios. Pero en dicho año se firmó con los siux en Fort Laramie el último de tales convenios que, como pronto se vio, no sirvió para apaciguar, sino más bien para todo lo contrario. A medida que el avance de los colonos se hacía cada vez más constante e irrefrenable, el choque definitivo se fue haciendo más inexorable. Entonces, el gobierno de los Estados Unidos adoptó oficialmente, ya sin ningún tipo de ambages, una política de sometimiento y sujeción violenta de la cultura aborigen de las Llanuras, protagonizada por el ejército y especialmente por su caballería, que no se detendría ante la posibilidad misma del exterminio físico del enemigo.

Tras la finalización de la Guerra de Secesión el ejército de los Estados Unidos quedó libre para trasladar su principal foco de actividad a la frontera del Oeste y, especialmente, a defender a los colonos y emigrantes de todo tipo que comenzaron a inundar el Oeste. El problema de partida era que aquel ejército era escaso, estaba mal equipado, menos motivado aún y, por si fuera poco, en general, mal dirigido. Desde la constitución de los Estados Unidos, una vez pasadas la guerra revolucionaria y la anglo-estadounidense de 1812, vencidos en ambas ocasiones los británicos, el ejército estadounidense se mantuvo como una organización relativamente pequeña durante casi la primera mitad del siglo. La situación cambió con la guerra contra México de 1846, pero hasta la finalización de la de Secesión en 1865 no hubo suficientes tropas para cubrir todo el inmenso país. Durante el tiempo de paz que siguió, las fuerzas se redujeron otra vez. Esto fue un error porque pronto se necesitaron en la frontera del Oeste para proteger de los indios hostiles a colonos, mineros y trabajadores ferroviarios.

Desde la primera aparición en el Oeste de los soldados vestidos de azul, de los llamados por los indios "casacas azules", la misión que se les asignó fue múltiple. Debían mantener la paz y el orden en la frontera y proteger a la vez a los blancos de los nativos y a estos, al menos sobre el papel, de la explotación y los malos tratos de aquéllos. Debían encabezar exploraciones y estudios de rutas en las regiones salvajes y proporcionar seguridad a los viajeros que anduvieran por aquellas tierras, para que pudieran trasladarse sin peligro. Debían defender también de otras amenazas tanto exteriores como domésticas. El reto consistía en hacer todo eso con unos pocos centenares de soldados esparcidos por toda la frontera en una serie de puestos avanzados muy desperdigados y totalmente expuestos a la autodefensa.

Entre 1869 y 1876 se libraron más de 200 combates y en esa última fecha la pujanza siux alcanzó su
apogeo, cuando, como veremos, Caballo Loco aplastó
la columna del coronel Custer en la batalla de Little
Big Horn, un enfrentamiento que en los libros de historia estadounidenses se recuerda como "La Masacre".
Pero aquel sería un apogeo engañoso y efímero. Por su
parte, en 1886, los últimos guerreros apaches serían
también derrotados. Tras los últimos estertores de
resistencia india, otra masacre, en este caso la de
Wounded Knee acabaría por completo con la civilización india. Veamos todo esto con mayor detenimiento.

GUERRAS EN EL SUDOESTE

Aunque los pueblos del Sudoeste se incorporaron
tarde a la ola de conflictos provocados por el avance de
la civilización estadounidense desde el Este, en su
momento ya habían sido los primeros en chocar con
los españoles establecidos en el norte de México y en
California. Cuando, a partir de 1848, los colonos estadounidenses comenzaron a inundar la región tras la
guerra con México, los nativos ya sabían, pues, lo que
les esperaba.

Había pasado solo un año cuando, en 1849, los
navajos empezaron a atacar las colonias blancas, lo
que provocó represalias inmediatas de parte del ejército y la firma de un tratado inicial que, como casi
todos, no prosperó.

LA LARGA MARCHA DE LOS NAVAJOS

Las hostilidades entre los navajos y los colonos
españoles comenzaron a finales del siglo XVII y se
extendieron a los anglo-americanos a raíz del asesi-

nato, con corte de cabellera incluido, de su líder Narbona en 1849. En 1851, el gobierno ordenó al coronel Edwin V. Sumner (1797-1863) organizar una campaña contra los navajos, los utes y los apaches con la intención de castigarlos para que no volvieran a atacar a los blancos. La campaña de Sumner no dio resultado, pero mientras estaba en Nuevo México empezó la construcción de una cadena de fuertes en lugares remotos, entre ellos Fort Defiance, Arizona, y Fort Wingate, México, que serían la base de la defensa de la Frontera durante el resto del siglo.

En 1858 estalló finalmente una guerra genuina contra los navajos precipitada por un comerciante indio enloquecido que hirió mortalmente a un niño esclavo en Fort Defiance. Todo ese otoño una expedición persiguió a la banda que cobijaba al culpable, pero lo único que consiguieron fue caer repetidamente en emboscadas. Acabado el otoño, los navajos realizaron un ataque que no tuvo consecuencias y, en las Navidades, ambos bandos siguieron hostigándose hasta que un tratado selló la paz.

Siguió un año de tranquilidad antes de que, en abril de 1860, 1.000 navajos atacasen de nuevo Fort Defiance, una de las pocas veces en que los nativos asaltaron una instalación militar. Liderados por los jefes Manuelito (1818-1893) y Barboncito (1820-1871), los navajos se querían vengar porque los soldados no les daban el alimento prometido para sus animales y acaparaban los mejores pastos, lo que contravenía el tratado. Casi milagrosamente, los soldados repelieron el ataque con escasas bajas y emprendieron una campaña que, tras casi dos años, persuadió al enemigo a pedir de nuevo la paz. Se firmó un nuevo tratado en febrero de 1861, y en él los navajos perdieron dos de sus cuatro montañas sagradas, así como un tercio de su antiguo territorio. En marzo, una partida de 52 blancos, liderados por José Manuel Sánchez, robó una manada de caballos navajos. El capitán Wingate persiguió a los ladrones y recuperó los caballos para los navajos, que habían matado a Sánchez. Otro grupo de ciudadanos se vengó arrasando las rancherías navajas de las laderas de la montaña Bella. Casi simultáneamente, una partida mixta de mexicanos e indios pueblo capturó a 12 navajos en una incursión. No obstante, el territorio navajo recuperó fugazmente la calma, pero, al estallar la Guerra de Secesión ese mismo año de 1861, hubo que retirar soldados de su territorio, lo que los indios aprovecharon para atacar los asentamientos estadounidenses y mexicanos del valle del río Grande, en el Territorio de Nuevo México.

Mientras se desarrollaba la guerra civil en el Este, continuaron los ataques esporádicos y, al fin, en 1863, el general James H. Carleton (1814-1873), al poco de ser destinado a la zona, decidió acabar con la amenaza navaja para siempre. Ordenó a todos los jefes y grupos que deseaban la paz que dejaran sus tierras y se trasladaran a Bosque Redondo, cerca de Fort Sumner, donde el ejército podía vigilarlos. A los que no lo hicieran, los llevaría el ejército a la fuerza. Ese verano, Carleton puso al coronel Christopher "Kit" Carson (1809-1868) al mando de casi 1.000 soldados, los Voluntarios de Nuevo México, que iniciaron una campaña en la que mataron directamente a pocos indios, pero destruyeron todas sus cosechas y diezmaron sus animales para sacarlos del impresionante cañón de Chelly, en el nordeste de Arizona, en que se refugiaban. Carson, llevado por su celo destructor, llegó a arrancar más de 5.000 melocotoneros. Muy debilitados, los navajos hubieron de sufrir ataques simultáneos de otras tribus enemistadas con ellos. Al final, unos 800 navajos se rindieron y fueron obligados a emprender la que sería llamada "Larga Marcha" de unos 500 kilómetros hasta el campo de detención de Bosque Redondo en Fort

Sumner, una árida franja de tierra cercana al río Pecos, en Nuevo México.

La marcha comenzó en enero de 1863 y, en sus dieciocho días, al menos 200 indios murieron. Un informe comentó así aquel terrible viaje: "Hacía un frío glacial y muchos de los exiliados, mal vestidos y desnutridos, murieron por el camino". Las condiciones que encontraron en la reserva no fueron mejores. Entre 8.000 y 9.000 personas convivían en un área de 104 km², casi todos yermos. Los navajos tuvieron que cavar agujeros en el suelo para cobijarse; pese a ello, la pretensión gubernamental era que los navajos, y unos pocos apaches mescaleros allí reunidos también, aprendieses a ser granjeros. Por cierto, la idea de mezclar a apaches y navajos, tradicionales enemigos, no fue muy brillante y los conflictos surgieron enseguida.

En 1868, tras reconocer su grave error, el gobierno concedió a los navajos 1.500.000 hectáreas de sus tierras ancestrales de Arizona y Nuevo México. Los navajos regresaron, pero ya nunca serían los mismos. Para empezar, ya nunca más volvieron a luchar contra los blancos.

LA GUERRA LLEGA A TEXAS

En las primeras décadas del siglo XIX, un gran número de colonos anglo-americanos llegaron a Texas, en principio parte del virreinato de Nueva España, luego una provincia mexicana, después una república independiente y, finalmente, un estado más de los Estados Unidos. Desde ese momento hasta los años setenta, se encadenaron una serie de confrontaciones armadas, la mayoría de las cuales involucraron a los tejanos y los comanches. La primera batalla destacable fue la llamada Masacre de Fort Parker de 1836, en la cual una nutrida partida de guerreros comanches, kiowas, wichitas y delawares atacó el puesto de apoyo a los colonos de Fort Parker. A pesar de los pocos colonos blancos asesinados durante la incursión, el rapto de la niña de ocho años Cynthia Ann Parker causó una amplia indignación entre los colonos anglo-tejanos, además de traer consecuencias a medio plazo, de momento inesperadas.

Una vez emancipada la República de Texas y tras asegurarse su soberanía en la consiguiente guerra con México, el gobierno tejano, presidido por Samuel Houston, puso en marcha una política de enfrentamiento con los comanches y los kiowas. Además, la república afrontó en 1838 un conflicto conocido como Rebelión de Córdova, en el que los mexicanos parecieron haberse aliado con los cheroquis para que ambos recuperasen sus antiguos territorios. El asunto no dejaba de ser irónico, pues el presidente Houston había vivido unos años con los cheroquis. Por ello, resolvió el conflicto sin recurrir a las armas, negándose a creer que su antiguo pueblo se levantara contra el gobierno.

La administración Lamar, que siguió a la de Houston, adoptó una muy diferente política india, que resultaría fallida y además cara. El coste de la guerra contra los indios excedió los ingresos anuales del gobierno durante los cuatro años de su mandato. Bajo Mirabeau Buonaparte Lamar (1798-1859), Texas intentó desplazar a los cheroquis hacia el oeste, fuera de Texas y, en esto, tuvo éxito. Con ese objetivo ya cumplido, el gobierno tejano intentó después expulsar también a comanches y kiowas. Esto condujo a una serie de batallas en las cuales, durante una tregua para parlamentar, la milicia tejana apresó a un grupo de jefes comanches, hecho que daría como resultado la llamada Gran Incursión de 1840, en la que los indios arrasaron varias ciudades tejanas, hasta ser contraatacados en la Batalla de Plum Creek. A continuación

Una de las primeras confrontaciones armadas entre tejanos y comanches fue la Masacre de Fort Parker (1836). Como siempre, los indios mataron a los adultos y raptaron, entre otros, a la niña de ocho años Cynthia Ann Parker, que creció como una comanche más, se casó con el jefe Peta Nacona y tuvo tres hijos: Flor de la Pradera, Pecos y Quanah, quien se convertiría en uno de los jefes más capaces contra los que se enfrentaron los blancos.

llegó una segunda época de Samuel Houston, que retomó la anterior política de corte diplomático. Texas firmó tratados con todas las tribus, incluidos los comanches. Tras la adhesión de Texas a la Unión en 1846, la lucha entre los indios de las llanuras y los colonos fue asumida conjuntamente por los gobiernos federal y estatal. Los años 1856-1858 fueron especialmente sangrientos en la frontera de Texas a medida que los colonos seguían expandiéndose por la antigua patria de los comanches y 1858 vivió la primera incursión tejana al corazón de la llamada Comanchería: la llamada Expedición a las colinas Antílope, marcada por la batalla de Little Robe Creek, que señaló el final de todo intento de "civilizar" a los comanches.

Las batallas entre colonos e indios continuaron y, en 1860, en la batalla del río Peaser, la milicia tejana arrasó un poblado indio. Tras ella, los tejanos supieron que acababa de ser liberada Cynthia Ann Parker, la niña capturada en 1836 por los comanches. Con tan solo ocho años, la entonces niña había sido testigo de cómo una partida de comanches mataba a toda su familia de colonos. Tal y como era habitual en sus incursiones, los indios mataron a los adultos y se llevaron, entre otros, a la niña, que creció como una comanche más, casándose con el jefe Peta Nacona, con el que tuvo tres hijos: la niña Flor de la Pradera y los niños Quanah ("fragancia") y Pecos. Pero su vida volvió a dar un brusco vuelco en diciembre 1860, cuando un grupo de rangers de Texas destruyó la aldea comanche en que vivía, mató a todos sus habitantes y "rescató" a Cynthia y a su hija Flor de la Pradera, que fueron llevadas junto a sus tíos blancos, que, en principio, las recibieron con los brazos abiertos. Sin embargo, Cynthia no llegó nunca a sentirse una tejana blanca, sino una comanche alejada de su familia y de su pueblo. Intentó escaparse varias veces pero no lo consiguió, y su familia decidió encerrarla. Cuando su hija murió de una enfermedad,

Cynthia no encontró ningún motivo para seguir viviendo y se negó a comer hasta que le llegó la muerte.

Su marido, Peta Nacona, y sus hijos Quanah y Pecos estaban de caza cuando se produjo el ataque tejano y así se salvaron de la matanza. Los tres se conjuraron para vengar la afrenta y para encontrar a Cynthia Ann. Sin embargo, poco después el padre y Pecos murieron por causas naturales y Quanah se quedó solo. Pero pronto daría qué hablar.

QUANAH PARKER, EL ÚLTIMO JEFE COMANCHE

En 1867, los Estados Unidos y un nutrido grupo de tribus y bandas, firmaron la paz en Medicine Lodge, Kansas. Sin embargo, un grupo de comanches, liderados por Oso Cornudo, y entre los que ya destacaba Quanah Parker, de apenas veinte años, se negaron a aceptar estas condiciones. La banda era conocida como kwahadis, "sombra en la espalda", porque cuando cabalgaban se protegían del sol con sombrillas hechas de piel de búfalo.

Las tropas de caballería, al mando de Ranald Mackenzie, un joven coronel sin escrúpulos al que, por haber perdido un dedo en la guerra civil, los indios llamaban "Tres Dedos", trataron de reducir a aquellos comanches rebeldes, pero una y otra vez fueron superadas. La fama de Quanah creció durante esos años. Como este alto y musculoso joven guerrero demostró enseguida una excelente capacidad de análisis y mucho valor, pronto fue elegido jefe de su propio grupo. Durante la siguiente década, Quanah se convertiría en una pesadilla para el ejército y los colonos blancos de los Llanos Estacados, zona desierta del norte de Texas, escenario de su eficaz guerra de guerrillas, así como numerosas incursiones de castigo a los asentamientos

La fama de guerrero astuto y capaz del comanche Quanah Parker (1848?-1911) creció con los años. Como este alto y musculoso joven guerrero demostrara una excelente capacidad de análisis y mucho valor, pronto fue elegido jefe de su propio grupo. Durante la siguiente década, Quanah se convertiría en una pesadilla para el ejército, los colonos y especialmente los cazadores de búfalos.

blancos, con especial ensañamiento contra los cazadores blancos de búfalos.

Mientras los soldados de caballería de Mackenzie peinaban los Llanos Estacados en busca de las bandas comanches rebeldes, pasaron a convertirse de cazadores en cazados. Se encontraban en un territorio desconocido, sin mapas, a la caza de un enemigo que aparecía tan rápidamente como desaparecía de nuevo, casi como el viento de la pradera. Quanah y sus guerreros no se quedaban tiempo suficiente en un mismo lugar como para que pudiera producirse una batalla decisiva. Seguían a los soldados de caballería como sombras y atacaban de repente, descendían por una pared rocosa, se arremolinaban alrededor de los sorprendidos soldados y desaparecían después en el mar de hierba. A veces, los kwahadis atacaban también a la luz de la luna, haciendo ruido con cencerros y ondeando cintas de cuero, mientras atravesaban al galope el campamento militar y espantaban a los caballos. Los soldados se mantenían constantemente en guardia y lo más que conseguían era obligar a Quanah a mantenerse en constante movimiento, pero no vencerlo.

Mientras tanto, en cumplimiento del tratado de Medicine Lodge, varios miles de comanches, kiowas y otros pueblos se fueron a la nueva reserva de Fort Sill, pero pronto lo lamentarían. Estaban acostumbrados a moverse libremente y la vida en la reserva era demasiado limitada para ellos. Nunca había suficiente comida y los hombres no querían que el gobierno les convirtiera a la fuerza en campesinos. Con el transcurso de los meses, fueron desapareciendo de la reserva más y más indios descontentos. Durante los duros meses de invierno, aceptaron gustosos el reparto oficial de comestibles; sin embargo, al aproximarse el verano, comenzaron a cabalgar de nuevo por las llanuras, cazando búfalos, como venían haciendo libremente los grupos que no habían llegado a concentrarse en la reserva. Siguiendo su viejo instinto, iban de un lado a otro, sin preocuparse de límites ni prohibiciones, y seguían atacando a sus enemigos como antes. Lo que cada vez podían hacer menos era cazar bisontes, que comenzaban a escasear.

La indignación por la matanza de búfalos era algo compartido por todos los comanches, independientemente de si vivían dentro o fuera de la reserva. Sabían que el final de los búfalos sería también el ocaso de su forma tradicional de vida. De todas partes vinieron a reunirse los furiosos guerreros en la llanura meridional, declarándoles la guerra a los cazadores blancos. Los comanches de todas las tribus fueron apoyados en el consejo por kiowas, cheyenes y arapajoes. Todos tomaron la resolución de atacar conjuntamente a la principal colonia de cazadores de Adobe Walls, un antiguo puesto comercial situado al norte de Texas. Oso Cornudo, el gran jefe de los kwahadis, había enfermado de neumonía y estaba muriéndose, por lo que los guerreros eligieron a Quanah Parker como jefe de su ataque.

Poco antes del amanecer del 27 de junio de 1874, una coalición de indios kiowas (con su famoso jefe Satanta al frente), cheyenes, arapajoes y los comanches kwahadi de Quanah Parker, todos bajo el mando supremo de este, asaltaron Adobe Walls, ocupado a la sazón por casi 50 cazadores, además de soldados y personal civil, todos muy bien armados y parapetados tras las defensas del campamento. Quanah condujo ese día varios ataques sucesivos contra el puesto de los aproximadamente 700 indios, pero una y otra vez fueron rechazados, gracias sobre todo a los rifles de gran alcance dotados de miras telescópicas de los cazadores. En uno de los ataques, fue alcanzado mortalmente el caballo que montaba Quanah. Cuando corrió a cubrirse, una bala le abrió la espalda. Se salvó parapetándose detrás de un búfalo muerto, donde se quedó hasta que otro guerrero comanche lo aupó a la grupa de su caballo. Finalmente, al ver sus pérdidas, Quanah decidió retirar a sus guerreros y dar por terminada la batalla. Los indios se replegaron y se llevaron con ellos a 15 de sus 27 compañeros muertos. Los cazadores blancos solo habían perdido tres hombres y cuando el último indio estuvo fuera del alcance de su mira telescópica, les cortaron la cabeza a los indios muertos y las clavaron en las estacas de la empalizada.

Pese a fracasar, el ataque a Adobe Walls sirvió como revulsivo que puso en ebullición todas las praderas. Los indios dieron libertad a su furia. Pequeños grupos de guerreros recorrían la pradera quemando asentamientos y matando a cazadores de búfalos. Todo el territorio, desde Texas a Colorado, se convirtió en una sangrienta revuelta. Asustado por el salvaje levantamiento, el gobernador, a la vez que pedía refuerzos, dio un ultimátum: todos los indios tenían que presentarse en la reserva de Fort Sill o serían declarados enemigos y perseguidos sin piedad. Cinco columnas de caballería, en total 3.000 hombres, fueron enviadas con la intención de terminar la guerra de una vez por todas.

Los rebeldes kwahadis de Quanah Parker, desde su escondite de los Llanos Estacados, se convirtieron en el núcleo duro de la resistencia india. El ejército había aprendido en los pasados años cómo combatir mejor a los indios: los perseguía incesantemente, los combatía sin pausa, los atacaba en cuanto se presentaba cualquier oportunidad para hacerlo y destruía todo cuanto poseían. Entre los fugitivos, no solamente había guerreros. Llevaban a sus familias consigo y se veían obligados a continuar caminando sin cesar con niños, bebés, ancianos y heridos. No tenían tiempo para cazar o remendar sus andrajosos vestidos o las paredes de sus tiendas; ni ellos ni sus ponis encontraban momento alguno para descansar. Siempre que los soldados encontraban un campamento indio, les hacían huir, quemaban sus tipis, su ropa de cuero, sus flechas y sus alimentos, agujereaban los calderos y mataban a tiros a sus caballos y mulas. Al término del verano, muchos rebeldes se entregaron en Fort Sill. Otros todavía aguantaron los durísimos fríos de aquel invierno de 1874 hasta que, finalmente, también se rindieron. Robada su autoestima, hambrientos y temblando de frío, aparecieron en Fort Sill mendigando comida.

Sin embargo, Quanah y sus kwahadis continuaron con su resistencia. "Tres Dedos" Mackenzie les seguía de cerca y, en su huida, se adentraron cada vez más en los inhóspitos Llanos Estacados, que ya conocían bien los soldados. Habían dado con todos los posibles escondrijos de los kwahadis. En ese invierno, Quanah y sus guerreros se enfrentaron en dos docenas de pequeñas escaramuzas con la caballería. Cada día tenían que levantar el campamento y cambiarlo de lugar. Habían gastado casi todas sus provisiones y tuvieron que sobrevivir a base de frutos secos, gusanos y ratones. En abril, los emisarios del gobierno visitaron a Quanah y le presentaron su ultimátum: si se entregaban, los kwahadis no serían castigados; en caso contrario, ninguno de ellos sobreviviría al verano. Quanah reconoció que continuar luchando contra los blancos significaría un suicidio para su pueblo. Reunió a sus kwahadis y les condujo a Fort Sill el 2 de junio de 1875, tan solo un año después de la batalla de Adobe Walls. Fueron los últimos indios que vivieron en libertad en las praderas meridionales de Texas.

Al entregarse, Quanah tenía claro que había que dejar atrás el pasado. Los rebeldes comanches habían sido vencidos, mientras el resto de su pueblo, en la reserva, iba sucumbiendo a las enfermedades. Ya solo quedaban menos de 2.000 comanches vivos. Su única posibilidad de supervivencia estaba en la colaboración con los blancos. Quanah había sido un importante jefe de guerra; sin embargo, a partir de ahora y para el resto de su vida, lucharía a favor de la paz. Lo primero fue perdonar a su familia blanca e ir a conocerla. Con un salvoconducto, Quanah cabalgó solo por el mundo de los blancos y, al este de Texas, encontró por fin al tío de su madre, Silas Parker, que le acogió cordialmente. Quanah se quedó varias semanas, mejoró sus conocimientos de inglés, aprendió algo sobre los métodos de cultivo de los granjeros y durmió en la cama de su madre.

A su regreso a su tribu, Quanah, sabía lo que tenía que hacer: convertir a su pueblo en una comunidad agrícola y ganadera. Demostró ser un jefe de paz capaz y enérgico y pronto encontraría el reconocimiento de su pueblo, de cuyo sufrimiento se hizo portavoz. Viajó con frecuencia a Washington, donde estrechaba la mano del presidente, se reunía con los congresistas y hablaba con los comisionados para asuntos indios sobre cuestiones relacionadas con los comanches. Con el tiempo, fue nombrado juez de paz de su territorio. Además, actuó como ayudante de sheriff en Lawton, Oklahoma, cerca de Fort Sill, donde también fue presidente de la comisión escolar. No solo tuvo éxito como político, sino también como astuto hombre de negocios. Consiguió favorables contratos de alquiler a ganaderos tejanos de los pastos de la reserva comanche, y ellos, por su parte, le aconsejaban en asuntos financieros. Pronto se convirtió en un acomodado granjero. El acaudalado vaquero tejano Burt Bumett hizo construir para él una casa de 12 habitaciones, que pronto sería conocida como la "Casa Blanca de los comanches". Quizás Quanah llegó a ser el indio más rico de Estados Unidos. En cualquier caso, era uno de los más famosos. En 1901 viajó a Washington para participar en el desfile conmemorativo de la victoria electoral del presidente Roosevelt. Cuando este visitó Texas, cinco años más tarde, insistió en saludar a su viejo amigo Quanah Parker y los dos se fueron de caza.

Como era lógico, algunos comanches le acusaron de venderse a los ganaderos y de haberse convertido en un mero portavoz de los intereses blancos. A pesar de tales acusaciones, Quanah nunca perdió el respeto y el cariño de la gran mayoría de los escasamente 1.200 comanches que sobrevivían. A finales de siglo, cuando la integridad de la reserva comenzó a estar en discusión, Quanah viajó en dos ocasiones más a Washington para luchar en el Congreso, vestido con traje y corbata, por el mantenimiento intacto de su nueva tierra. Cuando se dio cuenta de que su causa estaba perdida y de que la reserva iba a ser repartida, cambió su táctica e intentó sacar de las negociaciones lo mejor para su pueblo.

Quanah murió de pulmonía el 22 de febrero de 1911. Fue enterrado en el polvoriento cementerio de la reserva con sus ropas de jefe comanche, junto a su madre Cynthia Ann y su hermana Flor de la Pradera, en una gran ceremonia que congregó a miles de personas.

EL JEFE SATANTA Y EL DESTINO DE LOS KIOWAS

Hijo del famoso chamán Dos Tiendas, Satanta (c. 1820-1878), conocido por los blancos como Oso Blanco, con el tiempo ganaría un gran prestigio, tanto por sus cualidades en la guerra como por su faceta de portavoz de su pueblo. La claridad de su mensaje, que exponía el punto de vista nativo en el conflicto mantenido por las tribus de las Grandes Llanuras frente a la irrupción del hombre blanco, provocó que la prensa del momento le conociera como "El orador de las praderas". Cuando nació, los únicos asentamientos de colonos blancos en esa zona del país eran unos pocos puestos del ejército y de traficantes de pieles, muy separados entre sí. El deshabitado territorio de hierba parecía ser infinito y el mundo de los kiowas era todavía salvaje y libre.

Como todos los jóvenes kiowas, Satanta creció a la grupa de un caballo. Ya con cinco años tenía su propio poni y antes de cumplir los diez galopaba por la pradera, sujetándose al caballo solo con las rodillas, para tener las manos libres y poder disparar el arco. Como experto guerrero, era capaz de lanzar 25 flechas seguidas en el mismo tiempo en que un hombre podía cargar y disparar una sola vez con un mosquetón. A los catorce o quince años, cabalgó por vez primera con un grupo de guerreros kiowas hasta Texas y México para atacar un asentamiento de colonos. Esos grupos cabalgaban con frecuencia durante meses. Cuando regresaban, traían consigo cientos de caballos y mulas robados, y también con frecuencia a niños raptados, a los que adoptaban y educaban como miembros de la tribu.

Satanta demostró tales capacidades que Caballo Negro, un famoso viejo guerrero de su tribu, le regaló su escudo adornado, por un lado, con cintas rojas y, por el otro, con cintas amarillas y, sujeta a él, la enorme cabeza de una grulla. En el escudo, había un sol pintado

Hijo del famoso chamán Dos Tiendas, el jefe kiowa Satanta
(c. 1820-1878) ganó enseguida un gran prestigio como
guerrero, pero también como portavoz de su pueblo. La
claridad de su mensaje provocó que la prensa del momento
le conociera como "El orador de las praderas".

en el centro de dos círculos. Los escudos de los kiowas estaban hechos de varias capas de duro cuero de búfalo, pero un guerrero confiaba más en la protección de la medicina de su escudo, en la especial fuerza mágica del escudo y no en su consistencia o tamaño. Caballo Negro había probado muchas veces la magia de su escudo y nunca le había sucedido nada. Poco después de habérselo regalado a Satanta, murió en una batalla. A partir de entonces, Satanta llevó consigo el escudo.

En el momento en que Satanta se hizo cargo del liderazgo de su tribu, la hegemonía de los kiowas estaba seriamente en peligro en las praderas meridionales. Llevaban luchando decenios contra los colonos españoles a orillas del río Grande y, más tarde, contra los tejanos, que se habían apropiado de una parte de sus reservas de caza. Hacia 1840, miles de emigrantes exigieron derecho de paso por el territorio kiowa en su viaje por el Camino de Santa Fe hacia el Oeste. Esa invasión alcanzó su punto culminante en 1859, cuando más de 90.000 inmigrantes utilizaron la ruta con sus carretas, seguidos por sus rebaños. Al principio, los kiowas y los comanches habían estado dispuestos a dejar pasar a los blancos por su territorio, sin embargo, cuando algunos de ellos se apoderaron, sin más, de su terreno y se quedaron allí para trabajar los campos y criar ganado y una interminable fila de carretas comenzaba a dejar tras sí un paisaje desértico, los guerreros comenzaron a luchar contra esa devastadora riada. Tendieron emboscadas a las caravanas y asaltaron granjas solitarias y estafetas de correos. Hasta 1860, hubo guerra generalizada en los territorios kiowa y comanche, desde Arkansas hasta el río Grande.

Los muchos jefes kiowas no se podían poner de acuerdo sobre cómo debían solucionar el "problema blanco". Había dos posiciones enfrentadas. Los jefes Pájaro Pateador y Oso Lento temían la superioridad del ejército, por lo que mantenían la opinión de que había que vivir en paz con los blancos si se quería sobrevivir. Por el contrario, los demás, entre los que se encontraban Satanta, Lobo Solitario y Oso Sentado, preferían defender cada centímetro cuadrado de su territorio. Aunque Satanta estaba dispuesto a parlamentar de paz con los blancos, no se fiaba de ellos.

Los kiowas se reunieron con los militares en Fort Dodge, Kansas, pero no llegaron a ningún acuerdo. Aun así, meses después retomaron las conversaciones. Los blancos querían que se recluyeran en una reserva, bien alejada de los caminos transitados por los colonos y de la ruta de los viajeros. Después de que los negociadores blancos terminaran su exposición, Satanta se dirigió a ellos y, en un elocuente discurso, les dijo que no quería apartarse de sus tierras, que quería seguir viviendo como lo había hecho desde niño y que no quería vivir quieto en un sitio. Al terminar, los periodistas lo llamaron "el orador de la pradera". No obstante, pese a su elocuencia, al final los "rostros pálidos" lograron su propósito y a los guerreros kiowas no les quedó más remedio que irse a la reserva. Pero, al poco, el hambre y la pobreza hicieron que empezaran a huir secretamente y, en muy poco tiempo, la guerra volvió a recorrer los antiguos territorios kiowas. Y los enfrentamientos siguieron hasta que, en 1871, los kiowas atacaron una caravana de provisiones que se dirigía a Fort Sill y Satanta fue acusado de asesinato. El general Sherman ordenó su traslado a Texas. Llevaban poco tiempo de camino hacia Texas cuando el guerrero entonó un canto de su clan. Sin más, se soltó las esposas y atacó a los soldados; enseguida logró desarmar a uno, pero los disparos de los otros lo hirieron. Fue llevado a la ciudad tejana de Jacksboro, donde se le juzgó por asesinato. Satanta se enfrentó de modo desafiante a la corte que le juzgaba con palabras tan arrogantes como "Yo soy un gran jefe entre mi gente..., si me matáis veréis cómo se prende la pradera... arderá todo, será un fuego terrible". Pese a la condena a muerte dictada por el tribunal, el gobernador de Texas, consciente de la veracidad de sus palabras, conmutó la sentencia por la de cadena perpetua. Dos años más tarde, el 19 de agosto de 1873, ante el peligro de levantamiento kiowa, descontentos con el confinamiento de su líder en la penitenciaria de Huntsville, las autoridades blancas se vieron obligadas a ponerle en libertad.

Al salir, su intención fue la de vivir en paz, pero los acontecimientos fueron otros debido a que los blancos seguían exterminando a los bisontes, único sustento de los pieles rojas. Satanta prosiguió con su política de enfrentamiento directo ante lo que consideraba la usurpación de sus territorios ancestrales. De hecho, en junio de 1874, tomó parte en el ataque de más de medio millar de guerreros kiowas, comanches, cheyenes y arapajoes, liderados por Quanah Parker, contra el campamento de cazadores de búfalos de Adobe Walls. A Satanta lo culparon de este ataque y tuvo que entregarse a pesar de que alegaba que él había salido de la reserva solo para cazar búfalos. Acosado por el ejército, Satanta no tuvo otra opción que capitular en octubre de ese mismo año.

Esta vez estuvo preso diez años. El 11 de septiembre de 1878, incapaz de soportar un futuro privado de libertad, se suicidó, colgándose de los barrotes de la ventana de su celda, en la prisión-hospital de Fort Sill, en la que estaba recluido, el peor de los castigos para un kiowa.

LAS GUERRILLAS APACHES DE MANGAS COLORADAS Y COCHISE

A diferencia de los soldados de las Llanuras del norte, que se desplegaron en expediciones a gran escala, las tropas del Sudoeste, se enfrentaron a un adversario mucho más elusivo, al que no sabían cómo vencer. Las pequeñas bandas de apaches (de cualquiera de sus diversas tribus: kiowas-apache, lipanos, mesca-leros, jicarillas, chiricahuas, coyoteros y gilas o mimbreños, que sumaban en total unos 8.000 guerre-ros) eran maestras en la guerra de guerrillas y aprove-chaban su conocimiento de aquellos parajes tan inex-plorados. Además, como dijo de ellos un misionero español anónimo: "Esos salvajes se ponen en peligro como solo pueden hacerlo quienes no creen en la exis-tencia de Dios, el cielo o el infierno". Como, en evidente clave racista, los definió el comandante Wirt Davis: "Son los animales más astutos y mañosos del mundo porque cuentan con la inteligencia de los seres humanos". Si al final se impusieron los soldados solo se debió a las tácticas igualmente heterodoxas de su comandante, el teniente coronel George Crook (1828-1890), que partió de la base de que: "En su modo de combatir, un indio es superior a un blanco; la única esperanza de éxito consiste en utilizar sus propios medios y su propio pueblo".

Pareciera que, desde siempre, los apaches estu-vieron contra todos y contra todo. La antropología los identifica como parientes de los athabascos y relacio-nados étnica, lingüística y culturalmente con tribus que, en la actualidad, todavía viven en los territorios subárticos de Alaska y Canadá. Se estima que emigra-ron al Sudoeste de Estados Unidos siglos antes del XVIII y allí, hasta aproximadamente la década de 1850, eran totalmente nómadas y dependían del búfalo y el ciervo para su subsistencia, aunque también cultiva-ban, a escala reducida, maíz, alubias y calabazas, y recogían higos y algunos otros frutos silvestres. Su único animal doméstico era el perro, que usaban como animal de carga. Su religión era politeísta y animista, y creían que todo ser viviente tenía un don. Si bien comerciaban con los pueblos originarios de Nueva México, entre ellos los zuñí, a la vez los atacaban y saqueaban. Su destreza con el arco y la flecha era letal, como, más tarde, su puntería con el rifle. Desde que incorporaron el caballo a su cultura, en muy pocas generaciones se convirtieron en unos de los mejores jinetes de Norteamérica. La educación de un apache era la de un guerrero, pues desde chicos se les adiestraba para la lucha.

Durante la década de 1850, los apaches atacaron a los colonos, especialmente a lo largo del Camino de Santa Fe, y en 1854 infligieron una importante derrota al ejército, al que causaron 22 muertos cerca de Taos, Nuevo México. El resto de la década continuaron las escaramuzas y los apaches sufrieron bajas, pero no muy importantes, al refugiarse en sus remotos escondites tradicionales.

La mayoría de los problemas iniciales provinieron de los mimbreños, una banda de apaches chiricahuas dirigida a la sazón por el jefe Dashodahae (1790-1863), llamado por los blancos "Mangas Coloradas", que atacaban y mataban a menudo. Mangas Coloradas era un indio corpulento, cuyo apodo obedecía a que en su juventud había vestido una camisa de franela roja. Su inicial carácter pacífico se debió a haberse criado cerca de una misión española. Sin embargo todo cambió cuando en 1837 400 apaches fueron invitados a una fiesta en la población mexicana de Santa Rita del Cobre por el aventurero estadounidense James Johnson. En realidad, era una trampa: lo que buscaba era cobrar la recompensa del gobierno mexicano por cada cabellera de apache, y Mangas Coloradas fue uno de los pocos supervivientes de la matanza. Desde entonces, el otrora pacífico apache juró matar a cualquier blanco, estadounidense o mexicano, militar o civil, hombre o mujer, con que se topase.

En 1851, se aproximó al campamento minero de Palos Altos para indicar a los mineros que las vetas que había al otro lado de la frontera, en México, eran más ricas. Pero los mineros, temiendo una emboscada, se mofaron de él y lo insultaron. En su segunda visita, lo engañaron con promesas de amistad y lo capturaron para posteriormente atarlo y azotarlo, dejándolo medio muerto. La venganza apache se cobró la vida de la cuarta parte de los mineros, además de envenenar sus pozos y atacar sus caravanas. Mangas Coloradas logró ir aliando a las diferentes tribus apaches a excepción de los chiricauas de su yerno Cochise, quien, al principio, no deseaba enfrentarse a los norteamericanos, aunque más tarde se convertiría en su mejor aliado. En esta fase, los chiricahuas se inclinaban por ser pacíficos, pero, en 1860, un colono acusó erróneamente al propio Cochise de haber raptado a un niño mestizo, lo que inició una guerra que duraría catorce años. La alianza de Cochise con su suegro Mangas Coloradas convirtió la región en un infierno para los ranchos y asentamientos de campesinos, mineros y comerciantes mexicanos y estadounidenses.

En 1861, debido al inicio de la guerra civil, las tropas gubernamentales abandonaron el territorio, dejándolo a disposición de los nativos. Pero, en 1862, el general James Henry Carleton llegó a la zona con un contingente de voluntarios californianos para restablecer el control, y apaciguar a los navajos y a los apaches. Estos, al mando de Cochise y Mangas Coloradas, pretendieron rechazar a la tropa, pero los militares respondieron con metralletas, que los apaches no pudieron contener. En un ataque posterior, Mangas Coloradas fue herido gravemente, aunque, trasladado a las cercanas montañas de México, pudo recuperarse. En enero del año siguiente, 1863, el jefe mimbreño fue invitado por el capitán Edmond Shirland, por mediación de unos mexicanos liderados por el explorador Jack Swilling, a un encuentro para parlamentar de paz. Confiado, Mangas Coloradas acudió a la reunión con unos compañeros, pero al acercarse decidió presentarse solo ante Shirland, quien, al instante, lo arrestó y lo llevó rápidamente al cercano campamento del general Joseph West, desde donde fue conducido de inmediato a Fort McLean. La misma noche de su llegada, West dispuso su encarcelamiento y sugirió a los centinelas que prefería no ver vivo por la mañana al jefe apache. Los soldados torturaron a Mangas Coloradas con bayonetas al rojo vivo, lo apedrearon y le dispararon, para decapitarlo una vez muerto, cocer su cabeza y enviar la calavera al Instituto Smithsoniano. Pese a la muerte de Mangas Coloradas, los mimbreños mantuvieron su resistencia durante años, aunque la más encarnizada sería la de los chiricahuas de Cochise.

Cochise o Shi-Kha-She (c. 1815-1874) nació en algún punto indeterminado de la región fronteriza entre México, Nuevo México y Arizona, territorio donde existía un enfrentamiento permanente entre los blancos invasores y los ocupantes autóctonos, especialmente los apaches. Al sur, los mexicanos habían realizado una campaña de exterminio de las tribus indígenas contratando asesinos para que mataran hombres, mujeres y niños a cambio de una recompensa por cada cabellera que mostraran. En ese contexto, en 1837, tuvo lugar la ya referida matanza de Santa Rita del Cobre y, durante la siguiente década otras similares, en una de las cuales, ocurrida en 1846, murieron 174 apaches, entre ellos el padre de Cochise. Diez años después, en 1856, este fue elegido jefe de las partidas de guerra de su clan, los chokonen, una vez fallecido su anterior líder, Miguel Narbona. Se asentó con su gente en el territorio de Arizona, cerca de la frontera con México, y, pese a sus antecedentes biográficos, trató de mantener unas relaciones pacificas con los soldados y los colonos. Pero llego un día, en 1861, en que un grupo de apaches chiricahuas robó el ganado y raptó al hijo mestizo de un colono. El rescate del rehén y la captura de los ladrones fueron encomendados al inexperto teniente George N. Bascom, que optó por convocar a Cochise a su tienda de campaña militar. El jefe, en señal de amistad, acudió acompañado por su esposa, su hermano y dos de sus hijos pequeños. Había caído en la trampa: la carpa estaba estratégicamente rodeada por el ejército. El jefe indio admitió lo del ganado, pero negó cualquier implicación personal o de su tribu en el secuestro del niño. De nada sirvieron sus argumentos, el bisoño Bascom se sentía cerca, muy cerca de la gloria y, para ello, solo necesitaba detener a Cochise. El teniente amenazó primero a toda la familia de Cochise, quien, sin más, extrajo su cuchillo, cortó la lona y saltó afuera. Los tiradores que aguardaban, asustados, dispararon más de 50 cartuchos, pero, entre el humo de la pólvora, Cochise alcanzó herido unos matorrales. Una hora más tarde, surgió en otra colina pidiendo ver a su hermano. Bascom le contestó con una descarga de fusilería. Cochise hizo un gesto prometiendo venganza: "La sangre india es tan buena como la blanca", gritó.

Durante los días siguientes a su escapada, Cochise y algunos de sus seguidores asesinaron a cuantos mexicanos encontraron a su paso, pero tomaron algunos rehenes anglo-estadounidenses para poder intercambiarlos por los prisioneros en manos del ejército, circunstancia a la que se negó el oficial Bascom. Irritado, Cochise torturó hasta la muerte a sus rehenes y a cambio, en el campamento militar, fueron colgados el hermano de Cochise y dos de sus sobrinos, aunque su mujer y su hijo fueron liberados.

Pese a que posteriormente quedara demostrada la inocencia de Cochise y de su clan en los hechos que se les imputaban, el incidente convenció al jefe chiricahua de que los blancos jamás admitirían el modo de vida nativo. El inevitable enfrentamiento y el odio motivado por la ejecución de sus parientes le llevó a una alianza con su suegro, el famoso jefe Mangas

Coloradas, con el que inició una cruenta campaña conjunta contra los blancos. En el verano de 1861, el territorio de Nuevo México se convirtió en campo abonado para las incursiones apaches. El ataque, el 27 de septiembre, al campamento minero de Pinos Altos, Nuevo México, aunque fue repelido, demostró la superioridad táctica de los apaches. La inmensa mayoría de colonos, mineros y comerciantes prefirió irse de la región ante el temor que les infundían los guerreros apaches.

En junio de 1862, en un puesto de montaña conocido como El Paso de los Apaches, se enfrentaron 500 guerreros liderados por Mangas Coloradas y Cochise contra 3.000 voluntarios yanquis con cañones. Los blancos apresaron a Mangas Coloradas y lo asesinaron en enero de 1863. Cochise logró huir y se hizo con el liderazgo de su pueblo, al frente del cual mantuvo en jaque a los ejércitos mexicano y estadounidense hasta 1872. Se refugió en las montañas Dragón, de las que haría su cuartel general los siguientes diez años. Desde allí, acompañado en el mejor momento por unos 300 guerreros, Cochise realizó varias campañas bélicas para echar del territorio a los invasores. Posteriormente se les unió otra banda al mando del jefe Victorio (c. 1825-1880), que había huido de la reserva india de Bosque Redondo. Tras muchas escaramuzas, en 1865, cansados de la guerra, Victorio y su aliado, el anciano jefe Nana (1800?-1896), cuñado de Gerónimo y ex lugarteniente de Mangas Coloradas, se entrevistaron con representantes del gobierno para negociar su salida del conflicto. Los agentes oficiales les dieron como única opción radicarse en la reserva de Bosque Redondo, algo que era inaceptable para los nativos. Estos hicieron la falsa promesa de reunir a su gente para emprender el viaje, pero no se presentaron, pues preferían unirse a las guerrillas de Cochise o irse a México. Victorio y Nana siguieron combatiendo a los blancos y los ataques sobre los colonos continuaron durante los siguientes cinco años en forma de emboscadas a caballo. No obstante, en general, por entonces cualquier acción violenta era adjudicada a Cochise.

En 1880, cuando murió Victorio, Nana formó su propia partida con guerreros apaches de Warm Springs que, pese a que nunca fueron más de 40, dejaron un sangriento rastro de desolación y saqueo, preferentemente en granjas aisladas, trenes y puestos de abastecimiento del ejército.

Los chiricahuas no eran indios vistosos, emplumados y montados, como los guerreros de las praderas contra los que los soldados se solían enfrentar hasta entonces. Eran escurridizos y grandes conocedores del desierto palmo a palmo, lo que les permitía mantener en vilo a las fuerzas del ejército americano en una persecución que se extendió por los estados de Arizona y Nuevo México. Cochise, al que los chiricahuas llamaban *Cheis,* "roble", era alto y fuerte, y, según un testimonio, "su mirada era suficiente para bajarle los humos al más escandaloso de la tribu. Parecía como si la vida de uno no fuera bastante valiosa como para ser digna de ser mirada". El astuto guerrero casi siempre desconcertaba a los soldados y respondía con violencia a sus brutalidades. Sus guerreros mataron a 150 blancos en los primeros dos meses de lucha y emprendieron una ofensiva constante contra los estadounidenses, soldados o civiles, respondida por el ejército con una gran operación de captura, que tardaría en dar resultados. Una serie de sangrientos episodios (no menos de 137 enfrentamientos de distinto alcance entre 1866 y 1870) jalonaron esta persecución. Después, los apaches sufrieron grandes reveses. En 1871, el jefe aravaipa Eskiminzin y sus aproximadamente 150 seguidores decidieron ponerse bajo custodia del comandante del campo Grant, Arizona, cerca de los riachuelos Aravaipa y San Pedro. El militar no les prometió las tierras, sino que esperó órdenes oficiales y les permitió residir cerca del campamento. A estos nativos se sumaron otros, puesto que el asentamiento se desarrollaba en tranquilidad. Pero, el 10 de abril de ese año, unos apaches llegaron a San Javier, al sur de Tucson, y robaron ganado y caballos. Tres días después, cuatro anglo-estadounidenses resultaron muertos en San Pedro. De ambos hechos se culpó a los aravaipas, a pesar de estar a unos 80 kilómetros y ser muy improbable que se tratara de ellos. Los residentes de Tucson se organizaron para vengarse del ataque mediante una expedición formada por unos seis blancos, 42 mexicanos y 92 indios papagos, como principal brazo ejecutor. El 30 de abril, la partida de Tucson arrasó el poblado de los aravaipas, provocando un total de 144 muertos, de los cuales solo ocho eran hombres. "Ni un indio quedó para contarlo", dijo, orgulloso, uno de los expedicionarios, tras repartir beneficios después de la venta de 27 niños apaches como esclavos en México. Tras un clamor popular y periodístico, los culpables fueron juzgados, o casi. En una vista que duró cinco días y tras quince minutos de deliberación, el jurado absolvió a todos los acusados por "homicidio justificado". Tras la matanza, el presidente estadounidense, Ulysses S. Grant, envió al comisionado Vincet Colver y al general George Crook a Arizona a negociar con los apaches, especialmente con Cochise, al que propusieron su traslado junto a su pueblo a una reserva de los montes Mogollón, cosa que los apaches no aceptaron ya que antes se les había garantizado mediante un tratado que vivirían en la tierra de sus antepasados.

El éxito de los ataques guerrilleros de los apaches dirigidos por Cochise se debía a su velocidad y conocimiento del terreno. Capaces de atacar y huir con rapidez, los apaches nunca se arriesgaban a sufrir bajas. Además estaban física y mentalmente preparados para resistir las temperaturas tanto infernales como gélidas.

Se fusionaban con el paisaje haciéndose invisibles. Y, al mostrarse por sorpresa, ya era tarde para sus enemigos. Los cañones de estos, con todo su peso, sumados a los enormes carros de intendencia, hacían lenta y dificultosa su persecución. O, al menos, así fue hasta que el general Crook fue asignado a la cacería. Este, además de destacar junto a Sherman en la Guerra de Secesión, había combatido contra los indios del Noroeste y sabía que lo primero que había que hacer, además de no menospreciarlos, era reconocer que la condición física apache era superior a la de cualquier soldado. Bastaba apreciar cómo combatían sus mujeres. Expertas en el lazo, el arco y la flecha, las guerreras podían ser excelentes tiradoras a caballo. Era el caso, especialmente, de Lozen.

Crook pensó que únicamente un apache podía atrapar a otro apache. Con exploradores apaches a la vanguardia de las patrullas, Crook rastreó el territorio y fue encontrando sus escondrijos. Los primeros en disparar eran siempre los rastreadores, lo que garantizaba una victoria tras otra a Crook. Se libraban pocas batallas campales, pero el objetivo se iba cumpliendo. En diciembre de 1872, Crook y 200 soldados cercaron a los apaches en una caverna. En el interior, las mujeres cocinaban y los guerreros descansaban frente al fuego. El ejército atacó sin previo aviso. Cuando se apagó el eco de los disparos, en la gruta yacían los cadáveres de 80 apaches; solo 20 sobrevivieron. Apenas entraron a la caverna, los apaches colaboracionistas culminaron la matanza machacando indiscriminadamente las cabezas de muertos y heridos.

Pese a todo, Cochise siguió alzado en armas hasta que, ya en 1872, el general Oliver O. Howard (1830-1909) y su antiguo amigo, el agente indio Tom Jeffords (1832-1914) le trasmitieron los deseos del presidente Grant de parlamentar bajo nuevas condiciones. Ambas partes proclamaron una tregua temporal, durante la

LOZEN, LA MEJOR GUERRERA CHIRICAHUA

Es ejemplar la legendaria historia de la apache mescalero Lozen (c. 1840-1887?), hermana del jefe Victorio. De ella se contaba que durante un combate, Lozen, embarazada, quedó aislada de los suyos y sólo se salvo porque un guerrero la asistió con su caballo. En la fuga, se puso de parto, pero se las ingenió para abandonar el caballo y esconderse entre unos matorrales. Tras dar a luz, Lozen se ocultó con el bebé en un bosque. Durante semanas continuó su huida con movimientos furtivos. Primero robó caballos a unos mexicanos y salió ilesa de una ráfaga de balas. También robó un novillo, que descuartizó a cuchillo para alimentarse y luego utilizó el estómago del animal para transportar agua. Después, degolló a un soldado de la caballería, se quedó con su caballo, su rifle y sus municiones, y se internó en Nueva México para reunirse con los suyos... y volver al combate. De ella dijo en cierta ocasión su hermano Victorio: "Lozen es mi mano derecha... fuerte como un hombre, valiente como el que más y astuta para la estrategia. Lozen es un escudo para su pueblo".

De niña demostró que no tenía el menor interés en aprender los juegos y las faenas asignadas tradicionalmente a las mujeres en su pueblo y prefirió iniciarse en el espíritu guerrero, recibiendo adiestramiento de su ya por entonces famoso hermano. Aprendió a montar a caballo con apenas siete años y pronto se convirtió en una de las mejores amazonas de su tribu. Como todas las jóvenes apaches, al llegar a la edad, Lozen pasó el rito de pubertad. Según la tradición, ello confería a cada joven una virtud o una habilidad. A ella le fue dado el poder de presentir la proximidad de un enemigo: a solas en un lugar desierto, de pie, con los brazos extendidos y las palmas de las manos abiertas, mecía su cuerpo, mientras recitaba una letanía. Un hormigueo creciente en sus manos le llevaba a girarse en dirección hacia donde se encontraban.

cual llegaron a un acuerdo que permitiría a los chiricahuas conservar sus armas y sus tierras tradicionales de
los montes Chiricahua y el valle Sulphur Spring, cerca
de las montañas del Dragón. La victoria de Cochise se
podía considerar total, pero no duraría mucho. El indomable jefe murió dos años después tras una grave
enfermedad —se dijo que cáncer de estómago— y la
paz que tanto le había costado conseguir no le sobrevivió mucho. A su fallecimiento, le sucedió en el liderazgo de su clan su hijo Taza, quien enterró su cuerpo
en algún lugar desconocido de las montañas del
Dragón, la región que le había servido como irreducti-
ble base de operaciones. Solo quedó la memoria de
Cochise y su imperecedero discurso ante el general
Howard:

> Mi palabra es sincera. No quiero engañar ni que
> me engañen. Quiero una paz sólida y duradera.
> Los blancos andan tras mis pasos desde hace
> mucho tiempo. Ahora están aquí. ¿Qué desean?
> ¿Por qué le dan tanta importancia a mi persona?
> No soy el jefe de todos los apaches. No soy rico.
> Soy un hombre pobre. El mundo no es igual para
> todos. Dios no me ha hecho igual que a ustedes.
> Nosotros nacemos como los animales, nacemos
> entre las rocas del desierto o sobre la hierba, no
> en una cama como ustedes. Por eso, en la noche,
> nos movemos y, como los animales, acechamos y
> cazamos. Si tuviéramos lo que tienen ustedes no
> tendríamos que ensuciarnos las manos. No tengo
> tanta influencia en la gente que roba y mata; si
> no, lo evitaría. [...] Cuando era joven y recorría
> estas tierras solamente se veían apaches. No
> había nadie más. Ahora cuando viajo veo a otras
> personas que han llegado hasta aquí para apode-
> rarse de ellas. ¿Por qué?

Pese a sus esfuerzos, Taza no pudo mantener la unidad de su pueblo, pues muchos se dedicaron a robar y abandonaron la reserva del paso Apache, donde recluyeron a su pueblo. Debido a las protestas de los colonos de la zona, el gobierno vio la oportunidad de trasladar a los chiricahuas a la reserva de White Mountain en 1875. Pero solo la mitad de los chiricahuas cumplió esa orden. El resto huyó a México, bajo el liderazgo de Goyathlay (1823-1909), mejor conocido como Gerónimo, un nuevo líder carismático e indomable, que, como veremos en el siguiente capítulo, se convertiría en el apache más temido de todos los tiempos.

GUERRAS EN LAS GRANDES LLANURAS

En 1848 estalló la Fiebre del Oro en California. Casi de inmediato, comenzaron a llegar desde los cuatro puntos cardinales un sinfín de emigrantes bajo el reclamo de la riqueza fácil. Los territorios de caza y las tierras tradicionales de los lakotas y demás tribus de las praderas se convirtieron en lugar de tránsito de las caravanas que cruzaban la región desde el Este. La caza disminuyó y los incidentes entre nativos y blancos aumentaron en número y gravedad. El descontento entre las tribus se extendió. Con la intención de aliviar la tensión, las partes en conflicto llegaron a un primer acuerdo de delimitación de territorios, plasmado en el primer Tratado de Fort Laramie (1851), según el cual Washington reconoció la región del río Powder como tierra siux y las montañas Big Horn como país de los crows, así como los derechos de caza y paso a las diferentes tribus de la región. Pero las promesas de no interferir en el ancestral modo de vida indígena realizadas por las autoridades de Washington no se corresponderían con la realidad de un ejército convertido, en la práctica, en el brazo armado de los grandes intereses de un estado en expansión y de la prensa del Este que no dejaba de emitir constantes soflamas en favor de la ocupación de las llanuras centrales del continente.

Algo más al norte, en las inmensas praderas de Nebraska, la guerra comenzó a causa de una vaca, tan flaca y demacrada que su dueño, un emigrante mormón, la abandonó en las cercanías de la Senda de Oregón. Deseoso de conseguir una piel sin curtir y tal vez algo de carne, Alta Frente, un siux miniconjou que visitaba el campamento de Oso Conquistador, cercano a Fort Laramie, mató al animal en la tarde del 18 de agosto de 1854. Los colonos, indignados, pidieron una compensación y, aunque Oso Conquistador ofreció enseguida un caballo como resarcimiento, el teniente de turno consideró que el caso no tenía demasiada importancia y no tomó ninguna decisión aquella noche. El incidente, banal en sí mismo, se magnificó cuando el joven teniente John Grattan, enviado a detener a los indios, no aceptó el ofrecimiento de restitución de los siux. Al crisparse el encuentro, los soldados acabaron efectuando una descarga de disparos que hirió mortal-mente al jefe, que intentaba mediar. Indignados, los indios mataron a flechazos al arrogante teniente y a todo su grupo de 30 soldados. El incidente enemistaría irremediablemente a ambas partes. La venganza del ejército tendría lugar un año después, cuando el campamento del jefe siux brulé Pequeño Trueno (c. 1820-1879) fue arrasado por soldados de caballería, que asesinaron indiscriminadamente a casi todos sus pobladores. En los meses siguientes, los siux empeza-ron a asaltar a los viajeros de la Senda de Oregón y el ejército trató firmemente de contenerlos, aunque con poco éxito. En adelante, una espiral de represalias de uno y otro bando abrió un periodo dramático en la historia de las naciones indias. La guerra ya no se detendría hasta el final.

En 1856, fueron los cheyenes los que se vieron envueltos en un estallido bélico similar después de que unos soldados mataran a algunos de ellos en una disputa por un caballo. En la primavera siguiente, unos y otros se enfrentaron en la batalla campal del río Platte, durante la cual los indios tan pronto parecía que huían como volvían sobre sus pasos para atacar de nuevo, según una estrategia habitual en su cultura de guerra.

En 1858, un nuevo descubrimiento de oro en tierras de Colorado, en Cherry Creek, dio lugar a una nueva estampida de buscadores que, enloquecidos por la "fiebre", asaltaron el territorio y empezaron a acaparar la caza que las tribus tenían para su sustento. Un año más tarde, unos nuevos hallazgos de oro en Chicago Creek y Black Hawk, también en Colorado, provocaron un nuevo éxodo. Se calcula que entre ambas oleadas, cerca de 100.000 buscadores de oro se instalaron en aquel estado. Los indios se vieron constreñidos a áreas más reducidas.

Durante los años en que los apaches desarrollaban su guerra de guerrillas en el Sudoeste, las hostilidades en las Llanuras fueron haciéndose más y más complejas. Facciones e individuos a ambos lados del conflicto abogaban por la paz, pero eran rechazados o ignorados por los que querían la guerra. A pesar, por ejemplo, de los esfuerzos pacificadores de algunos jefes siux como Cola Manchada (1823-1881), quien se ofreció a sí mismo como rehén para impedir el castigo de su pueblo, los años siguientes verían cómo las relaciones se irían envenenando por una trágica espiral de mutua desconfianza y ataques, al principio a pequeña escala.

En el invierno de 1862, las condiciones se hicieron intolerables para los santis, rama oriental de la nación siux que vivía en una reserva de Minesota. Al borde de la muerte por congelación e inanición al no llegar a tiempo el acordado abastecimiento gubernamental, los indios salieron de su reserva y bañaron el territorio en sangre al acabar con la vida de muchos colonos blancos. El incidente convenció a estos de que solo una fuerza implacable acabaría con los indios. Esta fue la primera guerra india importante de las Llanuras. La furia de los indios causó la muerte a 400 blancos el primer día y más los días siguientes. Pronto pusieron sitio a Fort Ridgeley, Minesota, pero soldados voluntarios tomaron las armas en tropel para responderles. La rápida reacción y las represalias acabaron con el levantamiento, que costó la vida a casi 1.000 blancos antes de que los siux se rindieran y sus jefes fueran juzgados y ejecutados. Levantamientos similares se produjeron en la zona alta del río Misuri en 1863 y 1864, hasta que el general Alfred Sully (1821-1879) sofocó la rebelión con su victoria en la batalla de la montaña Killdeer.

LA MASACRE DE SAND CREEK

Mientras tanto, la continua llegada de más y más buscadores de oro, tenía en pie de guerra a los cheyenes y a otras tribus cercanas, como los arapajoes, que pronto emprendieron una campaña que sería conocida como la guerra cheyene-arapajoe (1861-1864). La merma en las posibilidades de caza en sus territorios hacía que el hambre azotara a estas tribus, forzándolas al robo de ganado de los blancos.

La situación se hizo inquietante y militares y voluntarios se concentraron en Fort Lyon, Colorado. De la reunión salió la decisión de dar un escarmiento a los indígenas que pusiera fin a los robos y los raptos. Se organizó un contingente formado por el Tercer Regimiento de Caballería de Colorado, al que se unieron destacamentos montados del Primer Regimiento. A su frente se colocó el coronel John M. Chivington (1821-1892), un tipo curioso toda vez que su vocación

En 1864, la situación en Colorado era tan inquietante ante el reagrupamiento de cheyenes y arapajoes que se decidió darles un escarmiento. Al mando se puso al coronel Chivington, un antiguo misionero metodista episcopaliano, que había cambiado los sermones por las balas. Al alba del 29 de noviembre, en medio de una gran nevada, la columna atacó el pacífico poblado de Sand Creek. El fuego indiscriminado causó una verdadera carnicería.

inicial había sido la de predicador misionero de la Iglesia metodista episcopaliana y a este pío quehacer se había dedicado hasta que, al constituirse el Primer Regimiento de Voluntarios de Colorado, le ofrecieron la plaza de capellán, a lo que él se negó rotundamente porque, al parecer, su cuerpo le pedía batallas y no sermones. En virtud de su nivel de educación, lo asimilaron a mayor de caballería y así empezó su carrera militar en la que había de revelar escasísimas influencias de su vida anterior y, en cualquier caso, una ausencia total de espíritu evangélico. En noviembre de 1864, una vez que el coronel Chivington se vio al frente de sus fuerzas, procedió a cercar el territorio de cheyenes y arapajoes. Bajo esta presión, les conminó a que se rindieran, devolvieran a unos rehenes blancos que tenían en su poder y entregaran a los miembros de su tribu a quienes se hacía culpables del rapto. Como no hubiera respuesta, el coronel puso en marcha su columna en medio de un gran temporal de nieve, cuidando, sobre todo, de cortar a los indios toda probabilidad de aprovisionamiento.

Al alba del 29 de noviembre, Chivington desencadenó su ataque sobre el campamento indígena de Sand Creek, Colorado. Aquellos indios, dos tercios de los cuales eran mujeres y niños, formaban una banda pacífica. Su jefe, Olla Negra (1803-1868), era un convencido defensor de la paz y la cooperación con los blancos y había conducido a su grupo hasta aquel lugar por instrucciones específicas del ejército, con cuya protección creía contar. Cuando Olla Negra oyó las cornetas de mando de las tropas que se acercaban al campamento, mando izar una bandera blanca y la bandera estadounidense que le habían regalado durante una visita a Washington en 1863, mientras pedía a su pueblo que mantuviera la calma. Sin embargo, los soldados abrieron fuego mientras cargaban, disparando y acuchillando a los indios, que, entre gritos y carreras, trataban de huir. Bajo el fuego indiscriminado de los jinetes, se produjo una verdadera matanza. Los soldados se ensañaron con todos: mataron a bebés en los propios brazos de sus madres y desmontaron para profanar y mutilar a sus víctimas. Cuando el ataque acabó, el espectáculo de las víctimas en la desolación del paisaje glacial fue calificado de dantesco.

Al llegar las noticias, los ciudadanos del Este reaccionaron con horror. El general Grant informó de los hechos calificándolos de asesinato. El fiscal jefe militar, Joseph Holt, habló de "matanza cobarde y a sangre fría, suficiente para cubrir a sus perpetradores de indeleble deshonor y el rostro de todo estadounidense de vergüenza e indignación". Pero el informe final se limitó a señalar que "el coronel Chivington no hizo nada para estimular la matanza, aunque tampoco intervino para evitarla".

A esas alturas, la asfixia general a las tribus era un hecho que sellaba su destino. Además de los hallazgos de riquezas en sus dominios, estaba el hecho de la colonización blanca, en plena expansión desde que en 1862 se promulgaran leyes a favor de la concesión de tierras a los colonos. Con el propósito de aumentar la cantidad de tierra disponible para este fin, la administración federal emprendió, aun en medio de la Guerra de Secesión, una decidida campaña para despojar a los indios de las tierras occidentales del Mississippi, que les habían sido concedidas en tiempos del presidente Andrew Jackson. Un nuevo éxodo, este de colonos del Este en busca de más amplios horizontes, se dirigió a ocupar los nuevos espacios. Esto dio lugar a las genéricamente conocida como Guerras del Trans-Mississippi en las que las tribus afectadas (comanches, cheyenes, kiowas, arapajoes y apaches) se unieron bajo la jefatura del cheyene Olla Negra, que había abandonado cualquier veleidad pacifista tras la matanza de Sand Creek, de la que se libró milagrosamente.

EL TRATADO DE MEDICINE LODGE

La brutalidad y salvajismo de los soldados en Sand Creek precipitó una situación de hostigamiento continuo de los "guerreros perro" cheyenes, dirigidos por Toro Alto y Caballo Blanco, cuyas filas se fueron engrosando, mientras se les unían los cheyenes del norte, al mando de Nariz Romana, y los lakotas, de Matador de Paunis. En junio de 1867, los guerreros atacaron Fort Wallance, justo al norte de Sand Creek.

Reunidos en Medicine Lodge, paraje cercano a Fort Dodge, en Kansas, en octubre de 1867, los victoriosos representantes del gran poblado indio en el que vivían cerca de 5.000 indios repartidos en 850 tipis y pertenecientes a muchas tribus: siux, cheyenes del sur, arapajoes, kiowas, comanches y algunos kiowas-apaches de las llanuras, firmaron un ventajoso tratado con los blancos por el que aceptaban vivir en una gran reserva que englobaba todo el oeste de Dakota, incluyendo las Colinas Negras de gran significado espiritual para los siux. Además, los blancos se obligaban a abandonar todos los fuertes que protegían la antigua senda Bozeman, que inmediatamente fueron destruidos por los envalentonados siux. Sin embargo, no a todos los indios les pareció aquello suficiente. Por ejemplo, el ya respetadísimo chamán de los siux hunkpapas, Toro Sentado (c. 1834-1890), rehusó aceptar ninguna limitación a sus movimientos.

Los 100 hombres blancos (diplomáticos, intérpretes, representante y reporteros) fueron escoltados por un batallón del Séptimo de Caballería bajo el mando del mayor Joel H. Elliot. La asamblea se describió como una de las más largas y pintorescas entre indios y oficiales que jamás se vieran en las praderas. Entre otros, por parte india firmaron los jefes kiowas Oso Sentado (Satank), Oso Blanco (Satanta), Águila Negra y Pájaro Pateador, el kiowa-apache Manga de Lobo, el comanche Diez Osos, el apache Chaqueta de Hierro, los cheyenes Olla Negra, Pequeño Traje, Pequeño Oso y Alce Manchado, y los arapajoes Pequeño Cuervo y Oso Amarillo.

Aunque los ataques indios cesaron durante varios meses, la guerra entre las tribus continuó. Los cheyenes y arapajoes asolaron a los osages y kaws; los kiowas y comanches asaltaron a los navajos, caddos y wichitas. Más adelante, comenzaron las incursiones a las granjas y asentamientos de los chickasaws... El problema derivó de varios malentendidos y dificultades, un modelo que se repetiría más tarde en las negociaciones con las tribus del norte y centro de las praderas. El tratado estipulaba que, a cambio de la garantía de seguridad en todo el territorio, se construirían agencias y escuelas y se les proporcionaría aperos de labranza, semillas, médicos, maestros y artesanos. En las agencias se repartirían regularmente raciones de comida y anualidades, y se tomarían medidas para que los representantes y comerciantes sin escrúpulos no engañaran más a los indios. Sin embargo, el gobierno tardó bastante en cumplir lo acordado y aquello supuso que los indios que habían firmado no entendieron muy bien cuáles eran sus obligaciones o, si lo hicieron, fueron incapaces de controlar a los jóvenes guerreros, sobre todo kiowas y comanches, que seguirían asolando Texas.

Pero la muerte del "invencible" Nariz Romana (1835-1867) en la batalla de la isla Beecher en septiembre de 1867, la desaparición progresiva del bisonte, la introducción de armas más sofisticadas y los ataques invernales a los poblados por parte de la caballería fueron factores, entre otros, que aceleraron el exterminio de los indios. A principios de 1870, ya habían muerto los principales jefes kiowas y comanches y los nuevos líderes (Lanza de Plumas, kiowa, y Quanah Parker, comanche) recurrieron a la negociación e incluso fueron a visitar al "Gran Padre" en Washington. En 1875, la guerra en las praderas del sur había terminado. Pero no así en las del norte.

Por entonces, en plena crisis económica de posguerra, con un gobierno cansado de gastar dinero en las guerras indias sin obtener los resultados deseados, todos los fuertes y demás puestos militares del Oeste comenzaron a sufrir un continuo y total desabastecimiento, incluido algo tan básico como la munición. Los soldados, que no podían hacer prácticas de tiro para no gastar balas, eran penosamente preparados para la guerra. La situación fue a peor cuando los rifles donados a los indios por el gobierno como gesto de buena voluntad tras la firma del Tratado de Medicine Lodge giraron sus cañones hacia aquellos desmoralizados soldados.

LA GUERRA DE NUBE ROJA

Los indios de las praderas, reunidos en el río Republican, proclamaron solemnemente que nunca depondrían el hacha de guerra mientras viviesen. El ultraje indujo a que los siux se unieran el año siguiente a los cheyenes en sus incursiones en la frontera de Colorado. Al finalizar la Guerra de Secesión al año siguiente, 1865, varias de las tribus de las Llanuras habían reunido una fuerza de 3.000 o más guerreros preparados para la guerra final. Ante una campaña estadounidense ineficaz, aquel contingente llevó a cabo continuos ataques por sorpresa, pero todavía a escala reducida. Sin embargo, la gran batalla se aproximaba y los indios se retiraron a la parte alta del río Powder. Poco después, una unidad de caballería destacada en Fort Rankin fue objeto de una emboscada, muriendo 45 soldados. Los guerreros saquearon después todos los ranchos que encontraron en un radio de 130 kilómetros a la redonda, matando a ocho personas, robando 1.500 reses y saqueando la ciudad de Julesburg.

Para agravar la situación, la apertura de una carretera hacia Montana y la construcción de varios fuertes a lo largo de la Senda Bozeman, que cruzaba el territorio lakota y que se había convertido, en la práctica, en la ruta más utilizada hacia los campamentos mineros de Montana, en vulneración de todo lo pactado, colmó el vaso. Cualquier pequeño roce podría prender la mecha y, en este caso, se trató del paso por la región de cuatro caravanas, con un total de 1.500 nuevos colonos, que partieron del río North Platte, cerca de la actual ciudad de Casper, y pasaron por el Powder. Esta nueva violación del Tratado de Fort Laramie de 1851 puso en pie de guerra a 4.000 guerreros de la facción oglala de la nación siux, liderados por el jefe Nube Roja (1822-1909), a los que pronto se sumaron otros muchos de distintas tribus. Bien dirigidos por Nube Roja, los indios inflingieron a los blancos una dolorosa derrota, quizás la más exitosa hasta ese momento de la historia.

Nube Roja nació en el invierno de 1822, en el campamento de una de las siete tribus de la poderosa nación teton siux ubicado en las praderas cercanas al río North Platte, en el actual estado de Nebraska. Como sus padres murieron cuando aún era un niño, fue criado por su hermana mayor y por su tío, Halcón Blanco. De él aprendió las muchas habilidades que tenía que dominar un cazador y guerrero siux. Como cualquier otro joven, Nube Roja, en cuanto pudo manejar el pequeño arco y las flechas que su tío le había regalado, se ejercitaba cazando conejos y otros pequeños animales. Según fue creciendo, fue aprendiendo, como los demás muchachos siux, cómo correr durante horas sin parar, cómo pasar días enteros sin comer y cómo quedarse toda la noche sin dormir. A los quince o dieciséis años, ya salía en las expediciones de guerra y participaba en ataques y luchas contra los absarokes y otros enemigos, en los que demostró muchas veces su valor de guerrero y su suerte en la lucha. Pero también comenzó a ser conocido como hombre medicina y chamán. Por ejemplo, se decía que conocía un remedio contra el cólera: preparaba un extracto de hojas de cedro que proporcionaba mejoría a los enfermos.

Hacia 1860, Nube Roja era ya uno de los jefes oglala más queridos. Hasta entonces, los blancos no le habían dado mucha importancia al territorio del río North Platte, sin embargo, eso cambió en 1862, una vez que se descubrió oro en las montañas del actual estado de Montana. En un año, los buscadores de oro y los comerciantes acudieron en masa por la nueva Senda Bozeman, que separaba el cercano Fort Laramie de la Senda de Oregón y que conducía hacia el Norte, hacia el campamento de buscadores de oro de las cercanías de la actual Virginia City, cruzando el territorio lakota. La Senda era un continuo motivo de enfrentamientos con los indios, ya que pasaba por el territorio del río Powder, la principal reserva de caza de los siux, que sabían que otras tribus habían perdido sus cotos cuando los blancos construyeron caminos por ellos. Por eso, juraron que eso no les sucedería a ellos. A partir de ese momento, bajo la dirección bélica de Nube Roja, grupos de guerreros indios atacaron toda diligencia o caravana que se atreviera a viajar por sus cotos de caza.

Ante la revuelta india, en 1865, el general Patrick E. Connor (1820-1891) realizó una operación de castigo en el área del río Powder, atacando campamentos arapajoes "no hostiles", pero encontrando una gran resistencia de los guerreros incorporados en creciente número a la coalición india. Finalmente, la ruta se volvió tan peligrosa que, en junio de 1866, el gobierno

En 1862 los blancos comenzaron a preocuparse de Montana al saberse que sus montañas escondían mucho oro. En menos de un año, mineros y comerciantes acudieron en masa, sin respetar el territorio siux ni sus cotos de caza. En respuesta, el gran jefe Nube Roja (1822-1909) desenterró el hacha de guerra.

estadounidense invitó a Nube Roja y a otros importantes jefes a negociar la paz en Fort Laramie. Al principio, pareció que los jefes proponían suspender sus ataques si el Gobierno les garantizaba que las caravanas de la Senda Bozeman no ahuyentarían la caza.

Mientras tanto, alentados por la inminente firma de este nuevo acuerdo, una caravana formada por unos 1.500 colonos se adentró en el área. Mientras ambas partes negociaban, un regimiento a las órdenes del coronel Henry B. Carrington (1824-1912), de la guarnición de Fort Reno, llegó a Fort Laramie. Carrington provocó un tumulto en las conversaciones de paz cuando dio a conocer su misión de levantar una serie de fuertes a lo largo de la Senda, el principal de ellos, el Phil Kearny, situado en Piney Creek, Wyoming. Ninguno de los jefes indios había oído hasta entonces nada de ese plan gubernamental. Así que, uno tras otro, se levantaron y acusaron de traición a los negociadores. Nube Roja, muy furioso, les acusó de haber tratado a los jefes indios como si fueran niños haciendo como si negociaran cuando, en realidad, planeaban ganar por la fuerza el territorio del río Powder. Entre otras cosas, dijo:

> Los hombres blancos han arrinconado a los indios año tras año y ahora estamos obligados a vivir en un pequeño territorio al norte del río Platte. Ahora, además, se nos quiere quitar nuestra última reserva de caza. Nuestras mujeres y nuestros hijos pasarán hambre, pero yo prefiero morir luchando que de hambre... El Padre Blanco nos envía regalos y quiere que le vendamos la carretera, pero antes de que los indios digan sí o no, viene el jefe blanco [Carrington] con sus soldados y nos la roba.

Sin esperar a que el traductor terminase de repetir sus palabras en inglés, Nube Roja se precipitó fuera de la reunión, mientras otros muchos jefes indios le seguían. Al día siguiente, abandonaron Fort Laramie. Los pocos jefes que se quedaron siguieron negociando y finalmente firmaron un acuerdo por el que los viajeros blancos podían utilizar la Senda Bozeman. Mientras el coronel Carrington partía con su tropa hacia el norte para construir el primer fuerte, Nube Roja anunciaba su disposición a luchar. En los meses siguientes, él y sus aliados llevaron a cabo una guerra de guerrillas con ataques relámpago contra caravanas y convoyes militares en la Senda Bozeman y contra las guarniciones del coronel Carrington en Fort Reno, Fort Phil Keamy y Fort Smith.

Desde todos los rincones del territorio del río Powder llegaron galopando guerreros cheyenes del norte, arapajoes, siux oglalas, hunkpapas, brulés, pies negros, miniconjous, dos-ollas, sans-arcs, santis y yanktonais al campamento de Nube Roja para unirse a su lucha contra los blancos. A finales del otoño, se habían reunido en tomo a él 4.000 hombres dispuestos a luchar. Muchas de las batallas tuvieron lugar alrededor de Fort Phil Keamy, que se encontraba en el corazón de la reserva de caza india. Nube Roja estaba convencido de poder conseguir una victoria determinante si lograba sacar del fuerte a un gran número de soldados. Planificó detenidamente una emboscada. Su oportunidad se presentó en la mañana del 21 de diciembre de 1866, cuando un comando especial abandonó el fuerte para ir a buscar leña a Big Piney Creek. Aproximadamente una hora más tarde, un soldado de guardia, en una colina cercana, dio la señal con una bandera de que la columna de recogida de leña había sido atacada.

En el fuerte Phil Kearny, se dio la alarma y el coronel Henry Carrington ordenó que se formara un comando de ayuda, a las órdenes del capitán William J. Fetterman (1833?-1866), un joven oficial de caballería que con frecuencia había opinado desdeñosamente sobre el arte de guerra de los indios. "Denme ochenta hombres", había presumido, "y cabalgaré sin contratiempos a través de todo el territorio de los siux". La suerte quiso que Fetterman tuviera exactamente 80 hombres a sus órdenes cuando cabalgó para prestar ayuda a los buscadores de oro. Pero, temeroso de las emboscadas y sabiendo que el fuerte quedaba muy desprotegido, el coronel Carrington había ordenado expresamente a Fetterman que no persiguiera a los indios más allá de una colina conocida como Lodge Trail Ridge.

Fetterman y sus soldados se aproximaban a sus compañeros cuando los indios dejaron de atacar y se retiraron. Mientras tanto, desde el fuerte se divisó a algunos guerreros indios en las cercanías. Se movían lentamente a lo largo del monte bajo, algunos a caballo, otros a pie, e intentaban ocultarse cuando dos proyectiles de artillería impactaron por encima de sus cabezas y la fuerza expansiva descabalgó a algunos de ellos. Los otros prorrumpieron gritos desafiantes y se dispersaron. Cuando Fetterman vio a los guerreros indios huyendo, se decidió por la persecución. Sin embargo, los guerreros eran reclamos que habían ensayado detenidamente su papel. Eran 10 hombres, dos cheyenes, dos arapajoes y cinco siux, y al mando otro joven siux, aun desconocido, de nombre Caballo Loco, que había prendido las plumas de un halcón en su pelo. Los señuelos se movieron retrocediendo lentamente y provocando a los soldados con insultos y amenazas. Atacaban, de nuevo, brevemente, como si quisieran rechazarlos, para retroceder enseguida. Siempre cuidando de estar lejos del alcance de los fusiles de los soldados, así condujeron a los soldados de caballería hacia el Lodge Trail Ridge. Pese a sus órdenes, pero como solo eran 10 indios contra 80 soldados bien armados, Fetterman no pudo resistirse. El capitán, ávido de gloria, ignoró las órdenes, sobrepasó la colina y cayó sin remisión en la trampa.

Cuando los señuelos desaparecieron tras la cima de la colina, la columna de Fetterman, muy abierta, les siguió. El fuerte ya no se veía desde allí. De pronto, la mitad de los indios dieron un giro hacia un lado y cabalgaron sobre las huellas del resto. Esa era la señal para el ataque de sus compañeros agazapados. Unos 2.000 guerreros esperaban a que los soldados cayeran en la emboscada. Con agudos gritos, saltaron de sus escondites entre la maleza y las rocas y atacaron desde todas las direcciones a los asustados soldados, dejando caer sobre ellos una lluvia de flechas y agitando sus hachas de guerra y sus mazas. Solo unos pocos disponían de armas de fuego, pero eso apenas tenía importancia. Los soldados fueron rodeados y dominados, mientras intentaban resistir con sus rifles y bayonetas. La lucha duró, y fue mucho, unos cuarenta y cinco minutos. Cuando terminó, el capitán Fetterman y sus 80 soldados yacían muertos en el suelo, sin ropa, sin armas y sin cabellera. Fetterman pagó cara su petulancia. Fue la primera batalla en la historia estadounidense sin un solo superviviente blanco. Los indios la llamaron "la batalla de los cien vencidos", sin embargo, los blancos la denominaron "la masacre Fetterman".

El ejército envió rápidamente tropas de refuerzo al territorio del río Powder y la guerra continuó. Los guerreros de Nube Roja mantuvieron continuamente cercados los tres fuertes distribuidos a lo largo de la Senda Bozeman, de forma que los soldados tenían que luchar por cada bocado de alimento y por cada trago de agua. Cualquier blanco que se atreviera a salir de la Senda arriesgaba su vida. Como los indios continuaron mes a mes con esa táctica, estaba claro que el gobierno se encontraba ante la elección de firmar la paz o llevar a cabo una larga y costosa guerra. De nuevo, los negociadores viajaron hasta Fort Laramie, donde fue redactado un nuevo acuerdo, en el que se reflejaban las reivindicaciones indias. A todos los jefes predispuestos a la firma se les prometió importantes regalos, incluidas armas de fuego y municiones. El gobierno había decidido dejar como reserva a los siux y sus aliados el territorio del actual estado de Dakota del Sur, al oeste del río Misuri. El territorio al oeste de la proyectada reserva circundante al río Powder fue declarado "territorio indio ilimitado", lo que significaba que estaba prohibido el paso a los blancos.

En abril de 1869, los negociadores del gobierno convencieron a un número importante de jefes indios para que fueran a Fort Laramie a rubricar el nuevo tratado. Sin embargo, Nube Roja se negó y envió a los negociadores blancos el siguiente mensaje: "Estamos en las montañas y miramos hacia abajo, hacia los soldados y hacia los fuertes. Si vemos que los soldados se retiran y abandonan los fuertes, estaremos dispuestos a conversar e iremos". Sin la aprobación de Nube Roja, el acuerdo no tenía valor alguno. Por ello, al verano siguiente, el Ministerio de la Guerra cedió a las exigencias del jefe siux y ordenó la evacuación de los fuertes Reno, Phil Kearny y Smith, ya que en ellos los soldados permanecían inmovilizados y no tenían utilidad alguna como fuerzas fronterizas. En cuanto los soldados hubieron recogido sus cosas y desfilaron saliendo de los fuertes, se acercaron los guerreros de Nube Roja y lo quemaron todo. Pero el jefe se tomó su tiempo para acudir a su cita de Fort Laramie. Finalmente, llegó el 6 de noviembre para firmar. Había luchado ya muchos años para mantener las reservas de caza para su pueblo. Ahora los soldados habían desaparecido, los fuertes estaban destruidos y había sido cerrada la Senda Bozeman. El territorio del río Powder sería para siempre territorio indio. Así que firmó.

Nube Roja fue el primer jefe indio del Oeste que ganó su guerra contra los Estados Unidos, pero también sería el único. Había jurado no alzarse nunca más en armas y mantuvo esa promesa. Se dirigió con su gente a la Gran Reserva Siux, donde pasó el resto de su vida. En 1881, fue destituido como jefe oglala tras un enfrentamiento con un agente del gobierno y pasó sus últimos años en la reserva de Pine Ridge, Dakota del Sur. Pero nunca dejó de luchar por la libertad de su pueblo.

Los ecos de la exitosa sublevación siux enardecieron a todas las tribus de la pradera. Los comanches, kiowas y apaches se unieron al sonido de los tambores de guerra y en sus correrías llegaron hasta Kansas y Texas. En el bando blanco, la Masacre Fetterman conmocionó profundamente al ejército y al país. Las represalias, justificadas o no, no tardaron mucho. El general William T. Sherman, cuyo comportamiento durante la Guerra de Secesión le había granjeado fama de crueldad, envió un mensaje a su superior, Ulysses S. Grant, en que le urgía a "actuar con fervor vengativo contra los siux, incluso hasta la exterminación de todos sus hombres, mujeres y niños". Al mismo tiempo, su colega Philip Sheridan, comandante del ejército de las Llanuras, pergeñó un brutal plan para golpear al enemigo en su punto flaco. El plan de Sheridan encaraba los dos mayores problemas del ejército. Primero, la dificultad de contrarrestar las tácticas de guerrilla de los indios, conocedores del terreno y con una experiencia de siglos en esos métodos. Segundo, su superior movilidad, pues eran capaces de trasladar sus campamentos en muy pocos días, lo que les hacía difíciles de localizar y perseguir. Sheridan se dio cuenta enseguida de que solo cuando las tribus se replegaban a sus campamentos de invierno ofrecían un blanco fijo que el ejército podría atacar con esperanzas de éxito. La "estrategia invernal", como fue llamada, consistía en hacer que los regimientos encontrasen esos campamentos de invierno y los destrozaran.

Tras perfilar el plan, Sheridan puso en marcha una primera campaña y, como punta de lanza, escogió a uno de sus oficiales preferidos: George Armstrong Custer (1839-1876), un héroe popular de la Guerra de Secesión, cuyas audaces proezas le habían hecho ser ascendido a general de división a los veinticinco años, aunque, tras la guerra, su graduación fuera reducida a la de teniente coronel. A Custer le había dolido esa degradación, pero, dado que su ego no admitía rebajas, estaba decidido a reverdecer laureles a poco que le dieran la oportunidad, sin que importaran los costes. Quería emprender cuanto antes su carrera política hacia la Casa Blanca y necesitaba con urgencia victorias militares que le avalasen. Enseguida se le presentarían algunas oportunidades, aunque con resultados desparejos.

La penúltima peripecia vital de Custer fueron unas declaraciones sobre las guerras indias que el presidente Grant consideró ofensivas para él y, en consecuencia, decidió relevarlo del mando. Sin embargo, la protesta popular fue tan intensa y sostenida que el presidente se vio obligado a reponerle. Vuelto al Oeste, se hizo cargo del Séptimo Regimiento de Caballería, unidad que enlazaría su destino con el suyo propio. Custer, ambicioso y convencido de que poseía un gran carisma personal, tenía en mente los precedentes de Harrison y Jackson y consideraba que los laureles guerreros eran un excelente medio para llegar a la Casa Blanca. En noviembre de 1868, el ínclito teniente coronel Custer condujo a su Séptimo de Caballería hacía un campamento de invierno de los cheyenes cercano al río Washita, en el Territorio Indio. Mientras aún preparaba el ataque al amanecer del 27 de noviembre, se oyó un disparo procedente del campamento indio e inmediatamente sonó el toque de carga. El Séptimo de Caballería atacó decidido y mató a 103 indios y quemó el poblado. Esta vez, el jefe Olla Negra sí empuñó su rifle. Y, esta vez, murió.

Aunque la mayoría de los indios muertos eran mujeres y niños, la batalla fue considerada en los círculos militares una gran victoria. Pero, en su curso, Custer cometió un error de tal calibre que sus consecuencias le perseguirían el resto de su vida. Como no se había molestado en hacer un reconocimiento de los alrededores del poblado, no se dio cuenta de que aquel solo era uno más de una larga serie de campamentos cheyenes. Cuando el mayor Joel Elliott salió a perseguir a los supervivientes con una pequeña partida de soldados, los guerreros de uno de esos otros campamentos le tendieron una emboscada. A pesar de los informes de que se estaban oyendo disparos en la dirección en que había salido Elliott, Custer, ansioso de impedir cualquier otra confrontación que le causara más pérdidas y empañase su gran victoria, solo hizo una búsqueda rutinaria y se marchó. Los cuerpos congelados de Elliott y sus hombres fueron encontrados semanas después. El hecho de haber abandonado a sus hombres no ayudó mucho a que Custer se ganara el aprecio de sus tropas. Muchos de ellos ya le despreciaban por haberlos dirigido despiadadamente y haber impuesto un paso agotador en una marcha ocurrida dos años antes, durante la cual permitió que los rezagados cayeran en manos de los indios, además de ejecutar sumarísima y cruelmente a los desertores. Pero tales asuntos no eran importantes para Custer; lo que a él verdaderamente le importaba era su imagen pública, para, como dijo, "unir mi nombre no solo a las presentes sino a las futuras generaciones". Y en eso se salió con la suya: esta vez ninguna voz blanca se alzó en contra de la masacre del río Washita. Ahora, el ejército tenía vía libre para exterminar a cualquier grupo de indios que no se sometiera. Era tiempo de guerra y, al parecer, todo valía. El ejército tenía vía libre para actuar a discreción. Lo haría, pero pagaría con creces su temeridad.

MATANZA DE PIES NEGROS EN EL RÍO MARÍAS

Las relaciones entre la confederación de los pies negros y los blancos fueron muy hostiles durante años. En medio de esa tensión, el suceso que provocó la masacre estaba relacionado con un joven pie negro piegan llamado Búho Chico, quien en 1867 robó algunos caballos al tratante blanco Malcolm Clarke, como pago de sus propios caballos cuya pérdida él achacó a Clarke. Este y su hijo siguieron el rastro de Búho Chico, le localizaron y le dieron una paliza ante un grupo de pies negros. En venganza, dos años después, Búho Chico y un grupo de guerreros pies negros dispararon y mataron a Clarke, hiriendo gravemente a su hijo. Este asesinato indignó a los blancos y se oyeron muchos llamamientos a la venganza. El ejército pidió a la confederación de los pies negros que Búho Chico fuera ejecutado y que su cadáver les fuera enviado en el plazo de dos semanas. Mientras tanto, Búho Chico había huido y se había reunido con la banda del jefe Montaña, el gran jefe de la tribu piegan de la confederación de los pies negros. Cuando el plazo se cumplió, el general Philip Sheridan envió al Segundo Regimiento de Caballería, al mando del comandante Eugene Baker, para que localizara y castigara al grupo de indios ofensor. El plan de Sheridan era atacar al amanecer a un poblado casi sepultado por la nieve, cuando la mayoría de los indios estarían aún durmiendo o acurrucados bajo techo para entrar en calor.

El 23 de enero de 1870, Baker recibió un informe de los exploradores según el cual el grupo de pies negros liderado por el jefe Montaña estaba acampado en el río Marías. Atacaron el lugar, pero el jefe había sido prevenido y se había marchado, así que los hombres de Baker decidieron atacar a continuación el campamento del jefe Corredor Pesado, que mantenía relaciones amistosas con los blancos. Aunque los exploradores le señalaron repetidamente que iba a atacar el campamento equivocado, Baker dio la orden de atacar. Como la mayoría de los guerreros del campamento estaban fuera cazando, la incursión se convirtió en una masacre de mujeres y niños. Un recuento apresurado de víctimas reflejó la cifra de 173 muertos y 140 mujeres y niños capturados, por una sola baja militar: la de un soldado que se cayó del caballo y se rompió una pierna, lo que le provocó una infección fatal.

El mismo Corredor Pesado resultó muerto según salía de su choza con una bandera estadounidense que le había sido dada por el ejército para asegurar que su campamento nunca sería atacado. El campamento fue totalmente incendiado, muriendo en las llamas los recién nacidos, ancianos y enfermos incapaces de huir del fuego. Algunos de los supervivientes murieron congelados en las aguas del río Marías, al intentar huir. Mientras tanto la banda del jefe Montaña huyó a Canadá. Tras la matanza, los incidentes entre los pies negros y los colonos prácticamente desaparecieron. La nación de los pies negros, ya muy mermada de antemano por anteriores guerras y, sobre todo, por las enfermedades, se quedó ya para siempre sin capacidad de respuesta. Pero todavía quedaban activos, y mucho, los irreductibles siux y apaches.

7

DE LITTLE BIG HORN A
WOUNDED KNEE

Yo he matado a diez hombres blancos por cada indio muerto (...)
pero sé que los blancos son muchos y los indios pocos. (...) Quiero
vivir en estas montañas. Firmaremos la paz y la guardaremos fiel-
mente. Pero nos dejarán vagar libres, ir a donde queramos.

Shi-Kha-She, "Cochise" (1812-1874),
caudillo apache chiricahua.

LA FASE FINAL DE LA
RESISTENCIA SIUX

La masacre de Sand Creek y las represalias indias
que la siguieron desencadenaron un prolongado debate
entre los estadounidenses acerca del llamado "problema
indio". Desde el comienzo, los blancos habían afron-
tado la cuestión con la solución simple, aunque dura, de
desplazar literalmente a los nativos desde sus tierras
seculares a otras más lejanas y más occidentales. Apar-
tarlos para que no estorbaran el avance civilizador. Pero
después de la Guerra de Secesión, los estadounidenses
comenzaron a colonizar todo el Oeste antes salvaje, sin
esperar a que se efectuara esa limpieza previa. Pronto
fue tal el ímpetu colonizador que prácticamente ya no
quedó espacio libre en el país a donde llevar a los

indios. Llegados a ese punto, solo quedaban otras dos opciones posibles: exterminación o asimilación. Pero, una guerra de exterminio contra los indios de las Llanuras no solo era moralmente censurable para muchos estadounidenses, para muchos votantes, sino que también resultaría muy cara: costaba al menos dos millones de dólares al año mantener un solo regimiento de caballería. La otra opción era intentar transformar a los indios en unos granjeros más. Cuestión que ya se había demostrado harto difícil.

Por su parte, desde el punto de vista indio también había solo dos caminos posibles: proseguir con la guerra hasta el final o cooperar y aceptar el encierro en las reservas y, una vez allí, aprender, por más que costase, a vivir como los blancos, convirtiéndose en granjeros y agricultores dóciles. Para ellos, eso, además de imposible, era inaceptable. Todo parecía indicar que la guerra era la única opción factible para los indios de las Grandes Llanuras.

Además, se daba la coincidencia de que una misma rama de los siux, los teton dakotas, descubrió en su seno la presencia de dos grandes hombres de guerra, Toro Sentado (1831-1890), el hombre medicina y líder espiritual, y Caballo Loco (1840-1877), el joven caudillo oglala, que podían llevar a la victoria a su pueblo. En esas circunstancias, el Gobierno americano envió un ultimátum conminando a las tribus a cesar en sus ataques y a retirarse a una nueva reserva. La respuesta fue una declaración de guerra en toda regla.

LA GUERRA DE LAS COLINAS NEGRAS

El tendido del ferrocarril Northern Pacific, que atravesaba de parte a parte sus tierras, provocó un nuevo rebrote de las hostilidades de los siux. Los trabajadores ferroviarios empezaron a ser objeto de frecuentes ataques y las obras tuvieron que interrumpirse. Con todo, el conflicto se mantuvo en un tono contenido mientras los blancos siguieron respetando las Colinas Negras de Dakota, que los siux consideraban como tierra sagrada de su propiedad pues habían derrotado en lucha por su dominio a los cheyenes en 1776. Pero todo se agravaría con los crecientes rumores de que contenían ricos yacimientos de oro. Como ya hemos comentado, el Tratado de Fort Laramie (1868), con que se cerró la Guerra de Nube Roja, prohibía que cualquier persona no india pisara aquellas sagradas colinas. En principio, parecía algo sencillo de cumplir, pues ni el gobierno ni los colonos tenían un interés especial en aquellos agrestes parajes. Pero los rumores de que en sus riscos abundaba el oro se hicieron incontenibles.

En 1874, el gobierno decidió investigar esa posibilidad y envió una expedición militar exploratoria del Séptimo de Caballería al mando del coronel Custer que, contra toda evidencia, corroboró la abundancia de oro en aquellas tierras. Marchando sobre el sagrado y legalmente protegido territorio de los siux, la expedición no encontró mucho de ese precioso mineral, pero Custer, dispuesto a medrar como fuera, envió informes a Washington de que había oro, literalmente, hasta "entre las raíces de la hierba". Al coincidir aquel anuncio con las secuelas del "Gran Pánico" financiero que asoló el Este en 1873, se produjo casi inmediatamente una Fiebre del Oro en las Colinas Negras, que, pese a lo pactado en Fort Laramie, se inundaron literalmente de buscadores de oro. El ejército no pudo ni quiso impedir la entrada de aquella riada humana que profanaba suelo sagrado indio. Mientras el corrupto Departamento para Asuntos Indios de Washington repartía concesiones a colonos y traficantes, deseosos de instalarse en territorios cuya inviolabilidad había sido garantizada a las tribus, los siux, una vez más, se prepararon para la batalla. Pero esta vez lograron reunir la ayuda de muchos guerreros de otras tribus de las praderas. Finalmente, ante tal profanación, la coalición india, inspirada por Toro Sentado y dirigida por Caballo Loco, comenzó a atacar a los intrusos y, después, a los soldados que trataban de defenderlos. El gobierno federal, mientras tanto, no solo no impidió la llegada de mineros, sino que la incitó, pues estaba interesado en provocar en aquella zona una guerra, de la que podría sacar dos beneficios: acabar con la constante amenaza siux y mitigar los efectos del desastre económico de 1873. Pero, ni aunque hubiese recibido órdenes en tal sentido, el ejército hubiera sido capaz de lograr a la vez el cumplimiento del tratado firmado con los indios y la protección de la vida de los colonos y aventureros blancos que, formando casi una oleada continua, irrumpían en territorios prohibidos. Las pequeñas guarniciones fronterizas se vieron envueltas en cada vez más acciones bélicas con un pueblo orgulloso y desesperado que se había dado cuenta de que la propagación de la civilización de los blancos significaba también la destrucción de la suya.

Ante la creciente inquietud india, el gobierno respondió a finales de 1875 con la amenaza de castigo severo a cualquier indio que fuese capturado fuera de la reserva. Esta advertencia fue recibida con desdén por los más de 2.000 guerreros siux, cheyenes y arapajoes que ya campaban libremente fuera de la reserva y que estaban decididos a dar la gran batalla final. Era la primera vez que los indios de las praderas lograban reunir un ejército tan poderoso y unido en un mismo plan de acción. Pero el ejército estadounidense tampoco podía, ni siquiera quería, eludir la gran batalla. Y esta se produciría, aunque acabaría a las primeras de cambio y con un resultado sorprendente.

El presidente Grant dictó órdenes para que el ejército redujera por la fuerza a las diversas bandas de indios en pie de guerra y las condujese, a cualquier coste, a la reserva. En la primavera de 1876, el teniente general Phillip Sheridan, conocido por sus brutales métodos en sus anteriores campañas contra los indios, cursó órdenes a la expedición de castigo al mando del general de brigada George Crook de que destruyera las fuerzas que Caballo Loco había reunido en la zona del valle del Yellowstone. Sin embargo, al poco la expedición fracasó debido a una inesperada ola de frío y a otros factores tácticos que motivaron el precipitado regreso a Fort Laramie de Crook y sus hombres, a la espera de la llegada de la primavera. Decididos a dar caza cuanto antes a los indios, inmediatamente se organizó una segunda expedición destinada a castigar y llevar de nuevo a la reserva a la creciente reunión de guerreros, aún sin cuantificar, que se movía por la zona. Pero lo que ignoraban era que aquella coalición india era la mayor de la historia y no sería fácil vencerla. Pronto se darían cuenta de ello. En mayo de 1876 partió este nuevo un ejército dividido en tres columnas.

La primera, compuesta por 970 soldados, 80 civiles y 260 exploradores crows y shoshonis y dirigida por el general de brigada Crook, partió el 29 de mayo desde los fuertes Fetterman y Laramie, en Wyoming, en dirección hacia el área del río Powder. La segunda, al mando del coronel John Gibbon, partió el 30 de marzo desde el fuerte Ellis, Montana, en dirección al río Yellowstone, formada por 401 soldados, pertenecientes a cuatro compañías del 2.º Regimiento de Caballería y seis del 7.º Regimiento de Infantería, además de una batería gatling y 25 exploradores indios. La tercera columna, dirigida por el general de brigada Alfred Terry, partió desde Fort Lincoln, Dakota, en dirección también al río Powder, compuesta por dos compañías del 17.º Regimiento de Infantería, una batería gatling, cuatro compañías y media del 6.º Regimiento de Infantería y el 7.º Regimiento de Caballería al completo, con sus 12 escuadrones. Esta fuerza, la mayor de las tres, totalizaba 45 oficiales, 968 suboficiales y soldados, 170 civiles y 40 exploradores arikaras.

El 7.º Regimiento de Caballería estaba mandado por el teniente coronel George Armstrong Custer, pero supeditado a las órdenes del general de brigada Terry. Aquella decisión no gustó a Custer, que, sin embargo, la aceptó de mala manera. El regimiento disponía de un total de 12 compañías que sumaban 31 oficiales, 566 soldados, 15 civiles y unos 35-40 exploradores, aunque, por voluntad del propio Custer, se había prescindido de las fuerzas que le ofrecieron como apoyo (cuatro compañías del 2.º de Caballería y una batería gatling) e, incluso, se había ordenado a los hombres dejar los sables. Cada soldado iba armado con un fusil modelo Springfield modelo 1873 del calibre 45-70 y 100 cartuchos, así como un revólver Colt modelo de 1872 del 45, con 25 cartuchos. El 7 de junio, la columna de Terry alcanzó el río Yellowstone.

Por esas mismas fechas, el más poderoso hombre medicina de los siux hunkpapas, quiso conocer los augurios y se dispuso a bailar la danza del sol. Era un hombre de cuarenta y cinco años de metro ochenta de estatura, cabeza poderosa, nariz aguileña y marcas de viruela en el rostro, que se movía lenta y pausadamente y que cojeaba de su pie izquierdo, herido en una batalla tiempo atrás. El hombre medicina pintó sus manos y pies de rojo y su espalda a franjas azules, que representaban el cielo. Con una afilada lezna, se hizo cincuenta pequeñas incisiones en los brazos, desde el hombro hasta la muñeca. Mientras manaba la sangre y las heridas se secaban, comenzó la lenta y rítmica danza, según la antigua costumbre. Se levantaba y agachaba sobre la punta de los pies, mientras dirigía la cara hacia el sol y oraba a los dioses. Bailó sin interrupción durante todo un día y una noche y siguió hasta bien entrado el día siguiente, sin comer ni beber, hasta que cayó agotado al suelo. Entonces, aquel poderoso hombre medicina, al que los blancos conocían mejor en su faceta de jefe de guerra con el nombre de Toro Sentado, entró en trance y tuvo la visión por la que había estado orando: en medio del campamento de sus hermanos, vio caer soldados del cielo como saltamontes, con las cabezas gachas, de las que se les caían los sombreros. Cuando recobró el conocimiento, supo que aquel era el momento, que su pueblo estaba preparado. Convocó a todos y les anunció una gran victoria.

Pero mientras él danzaba y oraba, las tres amenazantes columnas del ejército se acercaban desde el sur, el este y el oeste al campamento indio. La primera avistada por los vigías indios el 16 de junio fue la del general George Crook. A primera hora de la mañana siguiente, al ver partir a un destacamento de ocho compañías de soldados, los guerreros siux y cheyenes, dirigidos por Caballo Loco, aprovecharon ese debilitamiento del enemigo para llevar a cabo un ataque sorpresa contra el campamento militar situado a orillas del río Rosebud. Aquel 17 de junio de 1876, la batalla de Rosebud terminó técnicamente en empate, pero a punto estuvo de ser una debacle para el ejército. Crook fue salvado por sus aliados crows y shoshonis, que rechazaron varios ataques. Sin ellos, los blancos habrían sido vencidos.

Caballo Loco se retiró y abandonó el campo de batalla. No había completado su objetivo, pero había detenido la marcha de los casacas azules y les había infligido tantas bajas que la tropa de Crook, y con ella toda la operación, hubo de reagruparse y retrasarse las cuatro semanas siguientes. En otra decisión estratégica acertada, Caballo Loco prefirió no hostigar a los soldados en retirada, lo que le hubiera llevado a alejarse demasiado de su base, y optó por volver sobre sus pasos, hacia el campamento donde le esperaban Toro Sentado y el resto de jefes indios. Tras la batalla de Rosebud, los indios trasladaron su campamento princi-

pal a la orilla occidental del río Little Big Horn. Creci-
dos por la conciencia de su propia fuerza, estaban
convencidos de que tenían de su parte al Gran Espíritu
y de que él les devolvería el dominio de las praderas.

Por su parte, las otras dos columnas militares,
ignorando la semiderrota de Crook, continuaron
camino y se reunieron, de acuerdo a los planes, a finales de junio cerca de la desembocadura del río Rosebud. Informados de los sucesos, adaptaron sus planes y
decidieron que mientras las columnas unidas de Terry
y Gibbons se moverían hacia los río Big Horn y Little
Big Horn, al sudeste de Montana, el 7.º Regimiento de
Caballería de Custer avanzaría al descubierto río Rosebud arriba, para tomar posición y dar tiempo a que la
columna de Crook se rehiciera. Los oficiales esperaban
pillar así entre dos fuegos el campamento de los indios,
que según todos los informes que iban recibiendo era
el mayor nunca visto en la historia. Aun así, confiaban
plenamente en la victoria. Sin embargo, una semana
después, Toro Sentado vería por fin cómo su visión de
una gran victoria se convertía en realidad.

La batalla de Little Big Horn

El 24 de junio de 1876, el teniente coronel
George Armstrong Custer se puso en marcha hacia el
sur siguiendo el río Rosebud y alcanzó el flanco oriental del campamento indio. Mientras tanto, los hombres
de Terry y Gibbon seguían su camino hacia el sur,
cerrando una maniobra envolvente, por el río Big Horn
en dirección a su afluente, el Little Big Horn. La idea
era que Custer empujara a los indios hacia el norte,
poniéndoles a tiro de las fuerzas de Terry y pillándoles
en un fuego cruzado.

Al día siguiente, 25 de junio, Custer llegó a su
emplazamiento previsto pero, lejos de obedecer las

órdenes y sin esperar al resto de las fuerzas, se preparó inmediatamente a atacar al campamento indio. Deseoso de ganar nuevos entorchados mediante la severa aplicación del castigo impuesto por el gobierno a los "recalcitrantes" indios, se decidió a cabalgar irresponsablemente hacia la boca del lobo. El teniente coronel Custer, el famoso cazador de indios que había afirmado reiteradamente: "Si yo quisiera, con el Séptimo de Caballería echaría a todos los indios del continente a latigazos", estaba tan seguro de sí mismo y tan convencido de la victoria ese día que atacó sin esperar al acercamiento del resto de las fuerzas e, incluso, sin tomar ninguna medida de precaución. Pero Custer no tenía ni idea de la verdadera fuerza del ejército indio.

Lo cierto es que Caballo Loco y el resto de jefes contaban con un ejército formado por una mezcla de unos 1.200 guerreros de hasta ocho tribus: cinco de la nación siux (oglalas, hunkpapas, sans arc, miniconjous, dos-ollas y brulés), más pies negros, cheyenes del norte y un pequeño grupo de arikaras. Además les acompañaban mujeres y niños (entre 6.000 y 10.000) y animales de carga y reses para alimentarse (unos 30.000). Entre los jefes destacaban los siux Toro Sentado, Caballo Loco, Gall, Caballo Rojo, Lluvia en el Rostro y Siounan, y el cheyene del norte, Dos Lunas. Era, sin duda alguna, el mayor ejército indio que se hubiera visto jamás.

Tirando de manual, Custer dividió su tropa en cuatro columnas. El mayor Marcus Reno llevaría una, formada por 175 soldados, hacia el sur del campamento indio, mientras que el capitán Frederick Benteen dirigiría la suya, de 115 soldados, hacia el oeste; la columna principal, al mando del propio Custer, con 210 soldados, atacaría de frente, quedando otros 135 soldados como fuerza de refresco y al cuidado de la caravana de provisiones, bajo el mando del capitán McDougal.

Aquel día, 25 de junio de 1876, en lo alto de una colina cercana al río Little Big Horn, los aproximadamente 100 hombres supervivientes del batallón de Custer, sitiados, al descubierto y superados en una proporción 15 a 1, se prepararon para morir con las botas puestas. En pocos minutos acabó todo.

El batallón al mando de Reno partió valle abajo primero al trote y luego al galope, en columna de a dos, encabezada por un comando de exploradores al mando de un capitán, que espoleaba a sus hombres prometiendo un permiso de quince días para el soldado que le trajese la primera cabellera de un indio. Pero el entusiasmo de la tropa chocó estrepitosamente contra un contingente mucho más numeroso y auténticamente entusiasta de indios que los pusieron en fuga hacia una colina cercana, mientras se les unía la columna al mando de Benteen. La retirada de Reno se convirtió en una auténtica desbandada, con los soldados a tiro fácil de los guerreros que les perseguían, unos blancos perfectos y sin excesiva capacidad de respuesta. La situación se tornó desesperada, y aún empeoró cuando Reno perdió la compostura; dio órdenes y contraórdenes apresuradas, mandando desmontar y volver a montar varias veces y lanzando finalmente el grito "¡Quien quiera sobrevivir, que me siga!", que hizo que el pánico se apoderara definitivamente de sus hombres. El cruce del río fue una auténtica pesadilla para los soldados, que solo encontraron cierta tregua al llegar a una posición más alta en una colina. Allí, la tropa se vio obligada a acabar con la vida de la mayoría de caballos, para utilizar sus cuerpos como parapeto, pero eliminando también así cualquier posible medio de escapada lejos del escenario de la batalla o de apoyo a Custer en el caso de que este lograra llegar al campamento. Rodeado y a punto de un ataque definitivo, Reno ya no sería en adelante un elemento definitorio del desenlace de la jornada.

Pero en eso, Custer lanzó su propio ataque. Para entonces, uno de los jefes de las partidas de guerra hunkpapa, Pizi (c. 1840-1894), más conocido por los blancos y por la historia como Jefe Gall, había conseguido organizar una barrera defensiva suficiente para contener, al menos momentáneamente, la carga de la columna de Custer. Con toda certeza no hubiera sido capaz de enfrentarse por su cuenta al contingente de casacas azules si la mayoría de los guerreros hubieran seguido concentrados en acosar a los supervivientes de Reno. Pero, consciente del nuevo peligro, Caballo Loco optó con dejar un pequeño contingente que mantuviera a Reno ocupado en defenderse, aislado y sin capacidad de maniobra. Al frente de los demás, cruzó a toda velocidad el campamento, espoleando a los rezagados a unirse a la lucha y dirigirse contra el destacamento de Custer, que, de esa forma, se quedó solo frente a un contingente de unos 1.000 indios, que rápidamente les rodearon.

Toro Sentado, desde su caballo, bien armado con un rifle Winchester y un revólver del 45, contemplaba la batalla y, desde lejos, coordinaba la retaguardia. Desde ese momento, la iniciativa en la batalla ya fue solo aparente por parte del ejército. Cuando una avanzadilla del batallón de Custer inició el cruce del río, al norte del campamento, los guerreros tenían sobrados recursos para rechazarlos y el ataque quedó contenido. Constantemente, la defensa, en cuya ayuda acudían también algunas mujeres, lejos de debilitarse, se reforzaba e, incluso, los indios comenzaron a cruzar el río y a ganar terreno en la otra orilla. Pero Gall no pretendía lanzar un contraataque directo, sino alejar lo más posible a los soldados de los tipis, mientras esperaba la llegada de Caballo Loco y daba tiempo con ello a que Toro Sentado pusiera a salvo a mujeres, ancianos y niños. Sin embargo, en contra de lo que hubiera parecido lógico, Caballo Loco no se conformó con unir los guerreros que le seguían a los de Gall. Para sorpresa de Custer, su flanco izquierdo fue masivamente atacado por Caballo Loco, cuyos guerreros iniciaron una maniobra envolvente que le cortó cualquier posible retirada.

Lo accidentado del terreno obligó a los soldados de Custer a poner pie a tierra y luchar cuerpo a cuerpo.

Custer estaba definitivamente aislado y en una situación que cada minuto se hacía más crítica. Su suerte estaba echada y a los guerreros de Gall y Caballo Loco solo les quedaba ir estrechando el cerco. En lo alto de una colina, los aproximadamente 100 hombres supervivientes del batallón de Custer, sitiados, al descubierto y superados en número en 15 a 1, se prepararon para su inminente muerte. En pocos minutos acabó todo. Algunos soldados soltaron sus armas e intentaron salir huyendo, otros murieron mientras disparaban sus rifles y unos pocos sucumbieron en una desesperada lucha cuerpo a cuerpo. Superados en número y sacrificados por la imprevisión, todos los hombres de Custer, incluido él, perdieron la vida. Solo quedó vivo el caballo "Comanche", del capitán Keogh, herido y que, tras alocado galope, llegó a un campamento yanqui de segunda línea. La rabia de los guerreros ante la agresión del 7.º Regimiento de Caballería era tal que no dudaron en ensañarse con los restos de los soldados. Curiosamente, el cadáver de Custer fue respetado, aunque taladraron sus oídos para que "en el otro mundo, no pudiera permanecer sordo a las advertencias de los indios".

Por su parte, Reno y Benteen resistieron a duras penas un asedio de dos días de los indios que, finalmente, optaron por abandonar la lucha antes de que llegase el grueso del ejercito. Los guerreros recogieron a sus heridos y los cuerpos de los compañeros muertos. Tras apropiarse de los pertrechos, armas y municiones de los soldados, se retiraron al campamento. Sabedores de que nuevos contingentes del ejército se acercaban a la zona, decidieron dispersarse para obligar a sus perseguidores a repartir también sus fuerzas si es que los perseguían.

Veinte días después, la noticia de la muerte de Custer y sus hombres era conocida en todo el país. Surgió inmediatamente un deseo incontenible de revancha que iba a cumplirse de una forma sobrecogedora: en los veinte años siguientes se llevaría a cabo la sumisión definitiva de todos los indígenas de Norteamérica. Pero también quedaron al aire algunas preguntas sobre el comportamiento de Custer.

Los errores de Custer

De sobra es conocido que el enfrentamiento se saldó con la muerte del general Custer y de sus hombres, una derrota inesperada que quizás fuese debida, en primer lugar, al error de Custer al pensar que su regimiento podría hacer aquello para lo que hubiese necesitado todo un ejército. Es posible que Custer recordase las temerarias cargas de su caballería efectuadas durante la Guerra Civil, que tantas victorias le valieron, eso sí, contra un enemigo que actuaba de forma muy distinta, y siempre con mucha suerte de su lado. También fue un error su negativa a dotarse de baterías de ametralladoras gatling y a contar con fuerzas de apoyo, debido a las prisas que tenía por entablar combate con los indios, en la absoluta certeza de que iba a derrotarlos. Además, no prestó credibilidad a los consejos de sus exploradores indios de no atacar y esperar refuerzos. Es posible que Custer pensase que, al primer ataque, los indios se iban a asustar y salir en desbandada en dirección a las fuerzas del mayor Reno, cayendo en el fuego cruzado. Ya en el campo de batalla, su segundo error fue dividir sus ya de por sí escasas fuerzas ante un enemigo superior en número. Lo más seguro es que con ello pretendiera evitar que el mayor Reno le quitase el mérito de la, para él, más que presumible victoria que necesitaba para alcanzar mayor fama que avalase su inminente carrera presidencial. De hecho, le urgía la victoria pues solo diez días después, el 4 de julio, se iba a celebrar el centenario de la Independencia de los Estados Unidos y quería destacar en los festejos. Además, ese mismo día se reunía la convención del Partido Demócrata que iba a nominar a su candidato a la Presidencia y Custer deseaba dirigir los destinos de su patria. Todos estos errores, sumados, hicieron que los indios solo perdieran unos 200 guerreros, mientras que sus bajas fueron 268: 16 oficiales, 242 soldados, más 10 civiles y exploradores.

La derrota de Little Big Horn se consumó de un modo fulminante. Según un jefe siux, la batalla fue tan breve que "no le dio tiempo ni a encender su pipa". Los errores de Custer habían sido graves. No obstante, su muerte en acción y la de sus hombres dieron una aureola heroica a la batalla. Años después, vencidos ya los indios y recluidos en la domesticidad de sus reservas, Toro Blanco (1849-1947), sobrino de Toro Sentado y uno de los guerreros que participaron en la acción, reveló las circunstancias de la muerte de Custer. Según él, al verse perdido, se había disparado un tiro.

Cualquier intento de valorar a Custer como hombre y como soldado es problemático. Para algunos, fue un terco egomaníaco ansioso de gloria a cualquier precio. Para otros, sin embargo, fue un incomprendido, un soldado a carta cabal que anteponía el deber a cualquier otra consideración, aunque estuviese en riesgo su vida. El personaje real, parece más cercano a la primera definición. George Armstrong Custer (1839-1876) se licenció en West Point en 1861, aunque con la calificación más baja de toda su promoción debido fundamentalmente a su largo expediente de conducta indisciplinada. Durante la Guerra de Secesión, ascendió sucesivamente del grado de teniente a los de capitán, general de brigada de voluntarios y general de división honorario. A lo largo del conflicto, su 7.ª Brigada de Michigan se distinguió en numerosas ocasiones y los periódicos se llenaron de historias que narraban las hazañas del "valiente general niño", como le llamaban. Cuando acabó la guerra, le rebajaron la graduación, pero retuvo su generalato honorario el

Todo intento de valorar a George Armstrong Custer (1839-1876) como hombre y como soldado es problemático. Para unos, fue un ególatra ansioso de gloria a toda costa; para otros, un soldado a carta cabal, que anteponía siempre el deber, aunque estuviese en juego su vida. El personaje real parece más cercano a la primera opción.

resto de su carrera. Sin embargo, su carrera se vio interrumpida al ser suspendido de empleo y sueldo por un año por una corte marcial por deserción (iba a visitar de forma muy continuada a su esposa, abandonando su puesto de mando), por manipular el patrimonio del ejército, por desatender a los heridos y por ejecutar, irregular y sumarísimamente, a los desertores. En 1868, a petición del general Sheridan, que siempre le apoyó, Custer volvió al servicio activo como teniente coronel del 7.º Regimiento de Caballería, al que, el 27 de noviembre de aquel mismo año, condujo a la victoria, aunque no al honor, en la masacre del río Washita, en la que 700 soldados atacaron un poblado lleno principalmente de mujeres, niños y ancianos siux y cheyenes. Dejó solo 105 supervivientes, pero sembró un odio profundo hacia la caballería estadounidense.

Los rumores e insidias sobre la notable indisciplina de su tropa, sobre la salvaje matanza de mujeres y niños y sobre los evidentes defectos tácticos de la operación del río Washita empañaron su victoria y le asediaron durante años, aunque él no dejó que ello le afectara. El "heroico" Custer no tuvo una carrera militar impoluta, pero hay que reconocer, no obstante, que es muy probable que sin él el mito de la caballería estadounidense no existiera o que, al menos, su impacto hubiera sido mucho menor. Lo curioso, o quizás no tanto, es el hecho de que este mito tuviera su base precisamente en una derrota tan aplastante como la de Custer en Little Big Horn. Para paliar el fracaso del 7.º de Caballería, para enmascarar los hechos y seguir manteniendo la visión mítica del ejército, aquella batalla fue deformada para que Custer pudiera pasar a engrosar la galería de respetables héroes nacionales.

Tras su muerte, la figura del conocido por los indios como "Cabello Largo" continuó siendo muy polémica, despertando admiración o rechazo, sin término medio. A ojos del gran público, su imagen, reafirmada una y otra vez por la leyenda y por la propaganda oficial, fue la de un caballero vestido de ante que galopaba a la cabeza de sus tropas con los banderines y su cabellera al viento, mientras su unidad, una vez más, entraba en combate a la carga. La encarnación del soldado valiente y noble que sacrifica su propia vida en pro de los valores de la civilización. En Estados Unidos, en general, es venerado, pero, en términos militares, su alocado ataque en Little Big Horn se considera una acción casi suicida, con escasísimas posibilidades de tener éxito, que se fundaba en un inaceptable menosprecio del enemigo.

UNA AMARGA VICTORIA INDIA

Pese a todo, aquella derrota aceleró el ritmo de la historia y vino a significar, en última instancia, el principio del fin de las tribus indias. A partir de entonces, con pleno respaldo de la opinión pública, la prensa y la clase política, se dispusieron todos los recursos necesarios para acabar definitivamente con los indios y los acontecimientos se aceleraron. Desde entonces, la represión tuvo una justificación. Todas las limitaciones y errores del ejército estadounidense se pusieron en evidencia en esta trágica derrota. Pero también fue una triste exposición de la situación de los indios: ganaban batallas, pero su mundo, vacío de bisontes y pleno de colonos que se instalaban o pasaban por sus tierras, ya no funcionaba ni tenía futuro.

El momento de euforia india que siguió al triunfo de Little Big Horn fue el canto del cisne de la soberanía nativa. Solo un año después de la derrota de Custer, la incesante presión de las tropas yanquis se impuso decisivamente sobre los indómitos cheyenes y arapajoes y también sobre la mayoría de los siux. A pesar de su gran victoria, los indios de las Llanuras no estaban mejor preparados que otras veces para llevar adelante el tipo de guerra propia del ejército estadounidense y nuevas tropas llegaron para enfrentarse a ellos. A partir de ese momento, los indios se tuvieron que poner a la defensiva. Toro Sentado y sus seguidores fueron perseguidos por el coronel Nelson Miles a través de Montana. Tres veces en ese otoño, Toro Sentado se entrevistó con el coronel. Este intentó convencerlo de que se rindiera, entregara sus armas y se fuera pacíficamente a la reserva. Sin embargo, Toro Sentado seguía insistiendo en que tenía que permitirse a su pueblo vivir en las Colinas Negras y en el territorio del río Powder, como se había asegurado en el acuerdo de Fort Laramie. Finalmente, no se llegó a ningún acuerdo y la lucha continuó.

Caballo Loco, el indómito guerrero siux que infligiera el primer revés a los blancos, y sus 1.500 seguidores sí se rindieron en la primavera de 1877, menos de un año después de Little Big Horn, al general Miles. Pero en septiembre de aquel mismo año, el rumor de que iba a producirse una sublevación en la reserva acaudillada por él hizo que se procediera a su detención y que, bajo el pretexto de que ofreció resistencia, fuera alevosamente acribillado a tiros y rematado a bayonetazos por los centinelas de la reserva.

Poco a poco, todos los demás jefes se fueron rindiendo, y con ellos sus pueblos, acorralados por las armas y el hambre. Solo Toro Sentado, con un grupo de leales, resistió, humillado, pero aún desafiante. En febrero de 1877, Toro Sentado huyó con su tribu a Canadá. Con excepción de él y sus hunkpapas de Canadá, todos los siux habían sido encerrados en su cada día más pequeña reserva. Igual ocurrió con sus aliados de Little Big Horn, los cheyenes del norte.

En 1877, un grupo de 972 cheyenes fueron deportados al Territorio Indio en 1877 y, ese mismo año, el jefe Dos Lunas (1847-1917) se entregó en Fort Keogh

Caballo Loco, un genio militar

El jefe de guerra de los siux oglala Tasunka Witko "Caballo Loco" (c. 1849-1877) había nacido en la actual Dakota del Sur, al este de las Colinas Negras, cerca del escenario en que se desarrolló aquella guerra definitiva. Era hijo de un hombre medicina oglala del mismo nombre. Su madre murió cuando él era niño y su padre tomó a su hermana como esposa para que le ayudara a criarlo. Antes de cumplir los doce años, ya había matado su primer búfalo y montaba su propio caballo. Presenció la Masacre Grattan en el poblado de Oso Conquistador y la consecuente destrucción del poblado siux de Pequeño Trueno por parte del general William Harney; experiencias que le ayudaron a fijar su actitud futura ante los blancos. Con dieciséis años, adoptó el nombre de su padre y participó por primera vez como guerrero en una incursión, exitosa, pero en la que fue herido en una pierna. Siguió ganando experiencia guerrera luchando contra las tropas estadounidenses en Wyoming, donde se ganó el respeto de su tribu por su valor durante la guerra de Nube Roja (1865-1868) y por su papel clave en la destrucción en 1867 de la brigada de Fetterman, en las cercanías del fuerte Phil Kearny.

Al descubrirse oro en las Colinas Negras, en 1874, y comenzar a llegar los buscadores, Caballo Loco se unió a Toro Sentado, jefe espiritual de sus parientes los siux hunkpapa, para defender su tierra de aquella invasión. En 1876, al ordenarse que todos los siux se agruparan en sus reservas, Caballo Loco se convirtió en el principal líder de la resistencia. Se alió con los cheyenes tras su matrimonio con una mujer de esa tribu y reunió a más de 1.200 guerreros siux y cheyenes, que atacaron a las tropas del general Crook en Rosebud. Después, el 25 de junio, acabó con la arrogancia del teniente coronel George Armstrong Custer y su 7º. de Caballería.

Supuesta, aunque parece que falsa, fotografía
de Tasunka Witko "Caballo Loco" (c. 1849-1877).

Tras la victoria, Toro Sentado y Gall se marcharon a Canadá, pero Caballo Loco permaneció. El siguiente otoño-invierno, el coronel Miles y el 5º. Regimiento de Infantería le sometieron a un gran acoso, haciéndoles difícil hasta conseguir algún alimento. El 8 de enero de 1877, Caballo Loco contraatacó infructuosamente con 800 guerreros en un ataque sorpresa. Cada vez más bandas se rendían. Caballo Loco recibió la promesa de Crook de que, si se rendía, su gente tendría una reserva en su territorio del río Powder. Su tribu estaba cansada y hambrienta, por lo que decidió entregarse en Fort Robinson, el 5 de mayo de 1877. Pronto, la promesa de la reserva comenzó a desvanecerse.

La presencia de Caballo Loco en el fuerte causó inquietud entre los indios y sospecha entre los blancos, de los que se mantenía distante, llegando incluso a rehusar una invitación del presidente Rutherford Hayes. Por fin, haciendo caso a rumores infundados de que Caballo Loco planeaba una rebelión, el general Crook ordenó su arresto, aprovechando que había abandonado el fuerte para llevar a su esposa enferma junto a sus padres. El 5 de septiembre de 1877, Caballo Loco se resistió a ser arrestado y, en el alboroto, un soldado le atravesó repetidamente con su bayoneta. Caballo Loco murió esa misma noche.

con otros 300 cheyenes. Su deseo era vivir en la Gran Reserva Siux, tal y como se había acordado en el Tratado de Fort Laramie de 1868. Sin embargo, poco después de llegar a Fort Robinson, se decidió que los cheyenes del norte se reunieran en la reserva de Fort Reno con sus hermanos del sur. Pero en este rincón del Territorio Indio las condiciones de vida eran deplorables y, además, ellos no estaban acostumbrados al clima, por lo que muchos enfermaron (sobre todo de malaria) y murieron.

En 1878, los principales jefes cheyenes (Cuchillo Desafilado, Pequeño Lobo, Alce Sentado y Cerdo Salvaje) reclamaron que se les dejara regresar al norte. Sin esperar, unos 350 abandonaron Fort Reno en dirección norte. Unos 13.000 soldados y voluntarios civiles se pusieron inmediatamente en su persecución. Al saberlo, los cheyenes se dividieron en dos columnas, dirigidas, respectivamente, por Cuchillo Desafilado y Pequeño Lobo. El grupo encabezado por este logró llegar a Montana, pero el de Cuchillo Desafilado fue capturado y escoltado a Fort Robinson, Nebraska. Se les ordenó volver al Territorio Indio, a lo que se negaron rotundamente. A finales de año, las condiciones fueron haciéndose más y más difíciles, la tensión subió y las autoridades militares ordenaron que los indios fueran confinados en sus poblados, sin alimentos, ni agua, ni posibilidad alguna de protegerse del frío.

El 8 de enero de 1879, Cuchillo Desafilado y sus compañeros se intentaron evadir nuevamente de Fort Robinson, aunque la gran mayoría fueron abatidos en su huida. Los aproximadamente 50 que lo lograron se reunieron con sus compañeros de Montana. Finalmente, el gobierno permitió que vivieran en un pequeño área al norte del estado, cercana a las sagradas Colinas Negras.

Pero, al cabo de un par de años, en 1881, su situación era de nuevo insostenible, y muchos de ellos, a las órdenes de Cuchillo Desafilado, emprendieron una vez más el regreso hacia sus tierras ancestrales. El intento tuvo los mismos rasgos épicos y trágicos del periplo de los nez percés. Los cheyenes, como aquéllos, consiguieron esquivar durante un tiempo al ejército gracias al sacrificio de algunos guerreros. Finalmente se vieron obligados a rendirse y abandonar sus sueños. En las Grandes Llanuras, solo quedó, como último líder de la resistencia, Toro Sentado. Más al sur, también resistía Gerónimo. Ambos eran los últimos rebeldes.

LOS ÚLTIMOS REBELDES

El liderazgo de Toro Sentado

El gran Tatanka Yotanka o Toro Sentado (1834-1890) había nacido en las cercanías del Gran Río, Dakota del Sur, entre los hunkpapa, una de las siete tribus de la gran nación siux. En su adolescencia, rodaban ya los primeros convoyes de carretas hacia el Oeste por la Senda de Oregón. Sin embargo, esta discurría bastante al sur del territorio hunkpapa, de forma que, hasta entonces, ningún soldado o colono blanco había invadido su país. Tras su ingreso muy joven en la fratría de "Los Corazones Fuertes", élite de guerreros a la que era un gran honor pertenecer, su fama como bravo y, sobre todo, como hombre medicina fue creciendo, hasta convertirlo en el líder espiritual de todos los siux, a la altura de la fama guerrera de Nube Roja o de la que enseguida tomaría el joven Caballo Loco.

En la década de 1860, la llegada de colonos a las praderas de los hunkpapas se convirtió en una riada, mientras, al Oeste, los soldados protegían la construcción de la nueva Senda Bozeman, que conducía desde la de Oregón a los florecientes campamentos de los buscadores de oro de Virginia City, Montana. Consciente de la amenaza que la invasión de los blancos suponía para el futuro de su pueblo, Toro Sentado lideró varios ataques a asentamientos, al igual que estaba haciendo Nube Roja, jefe de los siux oglala, en la Senda Bozeman.

En 1868, por fin, el gobierno se vio obligado a negociar con los indios un acuerdo de paz. Los representantes de ambas partes se reunieron en Fort Laramie. Toro Sentado, que se negó a participar, advirtió que aunque el acuerdo parecía muy generoso, en realidad les quitaba a los siux una gran parte de su territo-

El gran líder siux hunkpapa Tatanka Yotanka
"Toro Sentado" (1834-1890) gozaba, en su doble faceta
de jefe de guerra y hombre medicina, de un enorme
prestigio, que siguió creciendo hasta convertirlo
en el líder espiritual de todos los siux y, en general,
de toda la resistencia india.

rio. Muchos otros jefes, entre ellos Nube Roja, firmaron y se declararon de acuerdo con su traslado a la Gran Reserva Siux. Toro Sentado no lo firmó y se aferró a su forma tradicional de vida, cazando y pescando, eludiendo a los blancos y sin tener en cuenta límites de reserva alguna. Con el tiempo, el tratado no pudo contener a los colonos que invadían cada vez en mayor número la reserva siux. En 1875, el comisario de asuntos indígenas ordenó a los indios asentados en el río Powder que abandonaran esas tierras ya que eran una amenaza "para la civilización". Ante su negativa, el gobierno envió tropas para desalojarlos. Toro Sentado pidió la unión de su pueblo y avisó que irían a la guerra si eran atacados: "Somos una isla india en un mar de blancos. Tenemos que mantenernos unidos, pues solos seríamos arrollados por ellos. Esos soldados quieren luchar, quieren la guerra. Bien, entonces, la tendrán". El gran jefe Nube Roja, que había derrotado hacía ocho años al ejército, esta vez no quiso participar, pero muchos jóvenes guerreros, entre ellos el gran Caballo Loco, se unieron a los rebeldes.

Tras alcanzar varios éxitos que culminaron en Little Big Horn, Toro Sentado y sus seguidores serían perseguidos por el coronel Miles, hasta que, en febrero de 1877, se pusieron a salvo en Canadá, donde permanecieron cuatro años, tolerados pero no ayudados por el gobierno canadiense. Incapaces de hallar suficientes bisontes que cazar, los siux de Toro Sentado pasaron hambre la mayor parte del tiempo. Hambrientos, tuvieron que regresar a Estados Unidos: solo quedaban 200 siux y decidieron entregarse en Fort Buford, donde Toro Sentado declaró: "La tierra bajo mis pies es de nuevo mi tierra. Yo jamás la he vendido, yo nunca la he entregado a nadie".

Estuvo preso dos años. Después recibió la autorización para regresar a su lugar de origen en el Gran Río. Allí estaba, cuando Buffalo Bill Cody lo invitó a participar en su espectáculo del Oeste, cosa que hizo hasta 1889. A su vuelta, se encontró con que las autoridades blancas les exigían ahora que les vendieran una gran parte de la reserva. Toro Sentado se opuso. En un consejo, propuso irónicamente que se llevara una báscula y se vendiera la tierra libra a libra. Al final, impidió las negociaciones de forma tan eficaz que los funcionarios de la reserva intentaron todo para impedirle que expresara públicamente su opinión sobre el tema. Otros jefes siux temían que les quitaran las tierras, independientemente de que estuvieran dispuestos a vender o no. Por eso, se pusieron de acuerdo finalmente para vender unos 44.550 km² más. La Gran Reserva Siux fue dividida en cinco pequeñas y cada tribu siux recibió una como tierra propia. Pero Toro Sentado no. Él, como tantos otros indios, como el apache Gerónimo, era un rebelde y costaría mucho doblegarlo.

GERÓNIMO, EL ÚLTIMO APACHE RENEGADO

En 1875, a los pocos años de la muerte del gran Cochise, los apaches chiricahuas vivían recluidos en la reserva del Paso Apache pero, debido a las protestas de los colonos de la zona, el gobierno decidió trasladarlos a la de White Mountain. Aproximadamente la mitad aceptó el traslado, pero el resto huyó a México, bajo el liderazgo de Goyathlay ("El que bosteza", nombre que su padre le dio debido a que de pequeño estaba cansado con frecuencia), líder al que pronto los blancos llamarían Gerónimo (1823-1909), de la banda chiricahua de los bedonhokes.

Tras criarse oyendo de su madre las leyendas de su pueblo y de su padre, las batallas, a los diez años, el niño ya destacaba como aprendiz de guerrero. En diciembre de 1851, Gerónimo y otros bedonhokes habían acampado en las afueras de Janos, un poblado mexicano, al que solía acudir a comerciar Mangas Coloradas con su banda de chiricahuas. Esa tarde, más de 400 soldados mexicanos de Sonora arrasaron el campamento, matando a la esposa y los hijos de Gerónimo. La tragedia terminó por moldear su ferocidad. Gerónimo dio por acabada su etapa pacífica y, tras declarar la guerra a los blancos, pronto se convertiría en el apache más temido de todos los tiempos.

Junto con el jefe Victorio, de la facción chihenne de Warm Springs, Gerónimo haría temblar al Sudoeste durante más de una década. En 1872, aún era un desconocido para los estadounidenses, pese a haber combatido ya junto a jefes guerreros tan legendarios como Cochise, Mangas Coloradas, Nana, Victorio y Ulzana, y a estar destinado a destacar por encima de todos ellos. Pero durante el año 1876 comenzaron a divulgarse en todo el país sus acciones (reales o exageradas). Se decía que la banda de Gerónimo robaba ganado en México y lo vendía en Nuevo México para obtener provisiones, armas y whisky. Su partida se estableció cerca de la reserva Ojo Caliente, de la cual era jefe Victorio. Ante tal amenaza, las autoridades decidieron desalojar a todos los chiricahuas de la región. A tal fin, el agente indio John Clum recibió órdenes de apresar a Gerónimo y trasladar a su pueblo a la reserva de White Mountain, cosa que consiguió. Por un tiempo todo estuvo en aparente calma, pero pronto llegaron tropas gubernamentales para tomar el control debido a un supuesto riesgo de rebelión de los líderes apaches. Por temor al arresto, unos 70 apaches huyeron de la reserva, entre ellos Gerónimo.

Inteligente, audaz y lleno de recursos, Gerónimo siempre se mantuvo unos pasos por delante de sus perseguidores. Mientras tanto, la prensa sensacionalista fue dotándole de una fama de asesino sanguinario que estaba muy lejos de la realidad. En 1881, Gerónimo regresó a la reserva chiricahua para convencer a todos los apaches de que lo acompañaran en su lucha. Lo consiguió, pero enseguida un ejército mexicano logró exterminar al grupo que le acompañaba, incluyendo a mujeres y niños. Gerónimo y tres guerreros lograron escapar del acoso de los militares mexicanos.

En 1882, cuando ayudó a dirigir un sangriento ataque en la frontera de Arizona y México, el ejército empezó a perseguirlo sin descanso hasta acabar, de una forma u otra, con él. Durante los cinco años siguientes se sucedieron las escaramuzas entre ambos bandos. Con frecuencia, Gerónimo se retiraba a México en busca de seguridad y después volvía a atacar, siempre con el general George Crook tras él. A partir de entonces, el grupo iba y venía entre ambos países, concienciando a su gente de que no debían aceptar permanecer confinados en una reserva y vivir como prisioneros. Gerónimo dirigió un combate tras otro hasta convencerse y estar a punto de convencer a muchos otros de que era inmortal. Algo de cierto parecía haber en esta superstición. Montaba siempre a la vanguardia de su grupo y los balazos apenas lo rozaban. A medida que los combates aumentaban, Gerónimo se volvía un estratega imbatible y un depredador: en sus ataques rara vez se apiadaba de los niños. Los constantes esfuerzos militares no lograban someterlo. Perseguido, cercado, Gerónimo, aun cuando su derrota era inminente, se resistía. Los blancos lo habían engañado una y otra vez. Era también evidente que la política de reservas no era válida para los apaches, que no eran como los navajos y se oponían con terquedad a ser campesinos. Sus exigencias siempre se basaban en la preservación del nomadismo.

En 1883, la reserva de San Carlos pasó a estar bajo el mando del general Crook (llamado por los nativos "Lobo Gris"), quien logró convencer al apache de que regresara con su gente, dándole garantías de que

En 1875, aproximadamente la mitad de los apaches chiricahuas recluidos en la reserva de Paso Apache huyeron a México liderados por su nuevo líder, Goyathlay (1823-1909), al que pronto los blancos llamarían Gerónimo, líder de la banda bedonhoke, cuyo solo nombre haría temblar a todo el Sudoeste durante más de una década.

todos serían tratados con humanidad. Conversando con ellos, Crook supo de la justificada desconfianza de los indios ante las reiteradas promesas oficiales incumplidas y de su indignación ante la actuación de los corruptos agentes indios. Era insoportable también el asedio de colonos interesados en que abandonasen las tierras, para después hacerse de ellas. Entre las reformas implantadas por Crook estuvieron la de dejar a los apaches en libertad de optar por el lugar en que preferían establecerse dentro de la reserva, desalojar a los mineros del territorio y hacer que las concesiones recayesen en apaches, y no en colonos. También les dio autoridad para gobernarse a sí mismos.

La reserva y Arizona en general estuvieron por algún tiempo en calma, pero los periódicos locales y la población angloparlante acusaban a Crook de ser muy blando con los apaches y especialmente con Gerónimo. Hacia 1885, la opinión pública blanca, que seguía acusándolo de muchas atrocidades, pidió su ejecución. A la vez, la moral de los indios estaba muy resentida y abundaban el juego, las peleas y el vagabundeo. Escapando de una muerte segura, Gerónimo decidió abandonar de nuevo la reserva acompañado por algunos de sus seguidores, entre ellos Mangas Chihuahua, hijo de Mangas Coloradas, y el anciano Nana. Eran en total 35 hombres, 8 niños y 101 mujeres.

El general Crook salió en su busca con la ayuda de los nativos Chato y Alchise, hijo menor este de Cochise, y se adentró en territorio mexicano para lograr de una vez por todas capturarlo. Al fin, lo encontró y negoció con él las condiciones de entrega. En su capitulación ante Crook, Gerónimo le dijo: "Antes me movía por ahí como el viento. Ahora, me rindo a ti. Eso es todo". Crook y Gerónimo acordaron que le enviarían a Florida durante dos años, al cabo de los cuales él y los suyos podrían volver a Arizona. Pero, al conocer este pacto, el gobierno lo rechazó.

En ruta hacia Fort Bowie, Gerónimo, su hijo Naiche y unos 30 seguidores volvieron a huir. Antes de la fuga, habían estado bebiendo hasta emborracharse y les habían asustado diciéndoles que serían ahorcados. Crook renunció al cargo y fue sustituido por el coronel Nelson Miles, que organizó un ejército de unos 5.000 soldados (alrededor de un tercio del ejército del país en ese tiempo), 500 exploradores apaches y otro grupo numeroso de voluntarios, para perseguir a unos 24 guerreros rebeldes. Durante meses, los dos ejércitos no fueron capaces de atrapar ni siquiera a un niño de la partida de Gerónimo. Para doblegar la resistencia de los apaches "renegados", como se les había bautizado, los estadounidenses recurrieron a tomar represalias contra los apaches que permanecían en la reserva. Fue el teniente Charles Gatewood, junto a los exploradores chiricahuas Martine y Kayitah, quienes encontraron por fin a Gerónimo en Sierra Madre, y obtuvieron su rendición el 4 de septiembre de 1886. Esta captura final provocó alegría en todo el país.

Debido a la información generalizada sobre el líder apache, el presidente Grover Cleveland estipuló que fuera colgado. Sin embargo, gracias a personas que abogaron por él, solo fue enviado a Fort Marion, Florida, con una condena de dos años de trabajos forzados y acompañado de todo su pueblo e, incluso, de los exploradores apaches que habían ayudado al ejército a encontrarlo. En Florida, muchos apaches murieron de tuberculosis y meningitis. Tras este confinamiento, fueron trasladados a las barracas de Mount Vernon, Alabama. Algunos abogaron para que fueran devueltos a Arizona, lo que fue rechazado por los ciudadanos de este estado. En vista de la situación, los kiowas y los comanches, antiguos enemigos de los apaches, decidieron albergarlos en Fort Sill en el territorio de Oklahoma, al cual llegaron en 1894. Allí pasó Gerónimo los últimos años de su vida, en los que fue lo que se llamaba por aquel entonces un "indio ejemplar", participando en un desfile presidencial y en la exposición universal de Saint Louis, además de convertirse al cristianismo. En el invierno de 1909, a los ochenta y cinco años, Gerónimo fue a vender arcos y flechas a la ciudad de Lawton. Cuando cabalgaba borracho de vuelta a su casa, se cayó y quedó la noche entera sobre la tierra. La pulmonía y el delirio hicieron el resto. Al morir, sin haber vuelto a pisar su tierra, bajo la camisa tenía más de 15 cicatrices de bala. Su gente lo enterró en la orilla del río Cache y levantó un pequeño pináculo de granito con un águila de piedra en la cúspide. En su funeral una anciana gritó llorando: "¡Todos te odiaban! Los hombres blancos te odiaban, los mexicanos te odiaban, los apaches te odiaban, todo el mundo te odiaba. Pero fuiste bueno con nosotros. Nosotros te amamos, nosotros odiamos ver cómo ahora te vas".

Mientras tanto, en aquellos años se fue produciendo la rendición de las últimas bandas de indios rebeldes que quedaban por toda Norteamérica. Estas rendiciones masivas solían ser patéticas. Entre los que se rindieron, fatigados por el ingrato exilio en Canadá, estaban los jefes siux Lluvia en el Rostro (c. 1835-1905) y Águila Moteada, que fue uno de los que mostró más decidido interés por conocer las costumbres de los blancos. En una ocasión, llevado a un servicio religioso, el predicador metodista sermoneó con un gran alarde de gestos y ademanes. La persona que acompañaba al jefe indio quedó asombrada al observar que este había comprendido el sentido del sermón gracias a lo que él llamó "el lenguaje de signos usado por el hombre sabio".

De Milestown, lugar de concentración de todos los supervivientes entregados aquellos años, los indios fueron llevados a bordo de cinco barcos fluviales a la reserva de Standing Rock, entre las dos Dakotas, donde había de discurrir el resto de su existencia. Allí estaban ya Pequeño Lobo (c. 1820-1904), último jefe de los aguerridos cheyenes; Toro Blanco (1849-1947), el sobrino de Toro Sentado; Dos Lunas; Pequeño Jefe... A todos les seguían sus familias y sus respectivos clanes. Sus rostros aparecían impasibles. Su mirada, harta de escrutar la lejanía, parecía querer descubrir el incierto porvenir que se avecinaba. Algunas indias lloraban, mientras el general Nelson Miles trataba con comprensión a los que se acogían a las promesas del Gobierno de los Estados Unidos.

El fin de la resistencia de Gerónimo lo fue también de las guerras indias en todas partes, salvo, como enseguida veremos, el canto del cisne de 1890 de los siux seguidores de las enseñanzas del profeta y chamán paiute Wovoka.

WOVOKA Y LA DANZA DE LOS ESPÍRITUS

En 1880, el gobierno de los Estados Unidos había confinado en reservas a la gran mayoría del pueblo indio, mayoritariamente en terrenos pobres en todos los aspectos. La corrupción en estas reservas era moneda común entre los agentes que debían de cuidar de su bienestar y darles de comer. Los alimentos y las provisiones que sí llegaban hasta ellos eran de pésima calidad, si es que llegaban. En un intento de frenar este estado de corrupción generalizada, el gobierno empezó a reclutar a cuáqueros, con fama de honradez, para que actuasen como agentes del Gobierno en las reservas indias. Aunque el número que se reclutó fue insuficiente para cubrir todas ellas, en las que había agentes cuáqueros, además de aumentar el número de cristianos, la situación general mejoró.

No obstante, en 1890, las condiciones en las reservas eran pésimas en todo el país: el hambre y las enfermedades se expandían como la pólvora. Esta situación llevo a que estallara una de las últimas movilizaciones indias, pero también una de las más importantes. Tuvo su origen y su base ideológica en las profecías y las enseñanzas del chamán y líder espiritual paiute del norte Wovoka (1856-1932). Este personaje, que se hacía llamar Jack Wilson entre los blancos, se autonombró mesías y explicó que había sido enviado a la tierra para guiar a todos los pueblos indios a su salvación. Wovoka había comenzado a labrarse en su juventud su reputación de chamán poderoso gracias a su dominio de unos simples trucos de magia. Por ejemplo, repetía el de simular que te disparan y paras la bala con los dientes (en realidad, la bala ya la tienes en la boca antes del disparo de fogueo) y también fue perfeccionado un truco de levitación. Con la misma seguridad, aseguró haber tenido una visión profética durante el eclipse solar del 1 de enero de 1889 en la que veía revivir a todos los muertos de su tribu paiute y que todos los blancos eran expulsados de sus tierras y de toda Norteamérica.

A principios de 1890, el jefe de los siux oglala de Minesota, Oso Pateador, visitó a Toro Sentado en la reserva de Standing Rock y le relató el viaje que había hecho con su hermano Toro Pequeño a la casa de Wovoka, donde había coincidido con otros muchos jefes. Le contó que el profeta voló sobre sus cabezas a lomos de su caballo y también le habló de la visión que había tenido Wovoka acerca de que la próxima primavera, cuando la hierba estuviese crecida, la Tierra se cubriría de un manto de hierba que mataría a todos los hombres blancos, pero que, en cambio, sería una agradable alfombra en que los rebaños de búfalos y caballos pastarían igual que antes de la llegada de los blancos.

Para entonces, el misticismo se había extendido ya entre los jóvenes indios desde que en 1889 se había dado a conocer el mensaje de Wovoka, que obtuvo una amplia aceptación en las Llanuras. Desde Nevada, sus

Entre otros rituales mágicos, Wovoka y sus adeptos celebraban la Danza de los Espíritus, un baile ritual inspirado en las tradicionales danzas circulares que los indios ejecutaban desde tiempos prehistóricos, en la que entraban en trance y tenían visiones.

profecías empezaron a galvanizar a los adultos y a despertar a los jóvenes de todas las reservas, hasta entonces domesticadas. Entre otros rituales mágicos, Wovoka y sus adeptos celebraban la Danza de los Espíritus, una danza ritual inspirada en las tradicionales danzas circulares que los indios ejecutaban desde tiempos prehistóricos, en la que entraban en un trance que, como a Wovoka, les permitía "ver" reunidos en el futuro a todos sus antepasados que les ayudarían a expulsar para siempre a los hombres blancos de sus tierras, que se volverían a repoblar de bisontes.

Enseguida, muchos se apropiaron de su mensaje y lo adaptaron a su propio interés, convirtiendo la danza en un medio de avivar el odio hacia los hombres blancos. En especial, los siux prestaron oídos al mensaje de Wovoka referido al encuentro con los amados difuntos, a la inmortalidad y la inmunidad a las balas de los blancos. Desde el resentimiento acumulado por las pérdidas ante los avances de los rostros pálidos, los siux vieron en aquel ritual una promesa de restauración de tierras y honor.

Si Wovoka se convirtió en el líder espiritual, Toro Sentado, voluntaria o involuntariamente, apareció como el gran caudillo de esa esperanza. Su gran prestigio guerrero y su enorme ascendiente sobre las tribus centraron sobre él las miradas de todos los indios. Él, desde luego, albergaba unos sentimientos acordes. Baste un ejemplo. En 1883, siendo el invitado de honor de la ceremonia de inauguración del ferrocarril Northern Pacific, cuando le llegó el turno de hablar, se levantó y dijo en lengua lakota: "Odio a los blancos. Sois ladrones y mentirosos. Nos habéis arrebatado nuestra tierra y nos habéis convertido en gente sin raíces". El intérprete, astuto y rápido, tradujo a la multitud que el jefe estaba feliz de estar allí y que deseaba la paz y la prosperidad de ambos pueblos. Toro Sentado recibió una gran ovación.

En realidad, Toro Sentado era un chamán que había vivido siempre en íntima comunicación con el Gran Espíritu, pero en aquel caso concreto tenía sus dudas sobre la nueva creencia predicada por Wovoka. Esta nueva religión fue enseñada en todas las reservas, pero donde caló con más fuerza fue entre los siux miniconjou, donde eran mayoría las mujeres. Su jefe, Pie Grande (1824?-1890), modificó la esencia de la Danza de los Espíritus añadiendo una variante que, a la postre, resultaría letal para los siux. Su modificación consistía en que las mujeres viudas bailasen hasta morir para que el espíritu de sus maridos volviera a la tierra a luchar contra los blancos. Toro Sentado dudó de que la muerte de unas pudiera devolver la vida a otros, pero no puso objeciones a que la gente bailase la danza, ni siquiera se opuso a que muchos de los adeptos de la nueva fe tomasen por costumbre danzar ante su casa, aunque sabía que eso despertaría sospechas sobre el movimiento y sobre él. Tenía toda la razón, pues el movimiento suscitó mucha preocupación en las autoridades militares y civiles, que temieron que incitara a los indios a desenterrar nuevamente el hacha de guerra. Sus temores se incrementaron aún más al saber que los miembros de la tribu de Toro Sentado estaban tejiéndose para aquella danza mística unas nuevas camisas ceremoniales que ellos suponían que les protegerían de las mortales balas de los blancos. No obstante, el jefe de la Oficina de Asuntos Indios, Valentine McGillycuddy, recomendó que las danzas debieran ser permitidas para evitar males mayores. Convencidos de que aquellas "camisas del espíritu", bendecidas por el chamán Wovoka, repelerían las balas de los soldados, los siux comenzaron a responder a la llamada.

Toro Sentado no quería que el ejército reforzara la vigilancia en las reservas y que volviera la guerra, porque su pueblo tenía todas las de perder. Oso Pateador le aseguro que si los indios llevaban trajes con símbolos mágicos, las balas del ejército rebotarían y no matarían a ninguno. Toro Sentado no estuvo nada conforme con él, pero aceptó que se quedara en Standing Rock a predicar las visiones de Wovoka y a enseñar a la gente cómo se bailaba la Danza de los Espíritus. Esto no gustó nada al jefe de los agentes indios en Standing Rock, McLaughlin, que forzó la expulsión de Oso Pateador de la reserva y la orden de detención de Toro Sentado.

Las tropas al mando del general Miles, veterano de numerosas campañas contra los indios, se reunieron rápidamente dispuestas a sofocar cualquier posible levantamiento. La situación se hizo crítica. En la reserva surgió el rumor de un próximo levantamiento acaudillado por Toro Sentado y, el 15 de diciembre, 43 policías indios —"pecho de metal", en alusión a la placa, les llamaban el resto de los indios— cercaron su casa antes del amanecer, dispuestos a detenerlo. A una prudente distancia del poblado, un escuadrón de caballería esperaba por si la cosa se complicaba.

En el lugar se reunieron 150 seguidores del jefe siux. Cuando el teniente Cabeza de Toro entró a buscar a Toro Sentado, este aún dormía. Lo despertó y ambos llegaron a un acuerdo para que su detención no produjese incidentes. Al salir, los seguidores de Toro Sentado retaron a la policía y trataron de impedir que se lo llevaran. El indio Caza Oso sacó un rifle y disparó al teniente Cabeza de Toro. En un intento de sofocar de raíz el incidente, este devolvió el disparo. A la vez, otro agente, Tomahawk Rojo, disparó en la cabeza a Toro Sentado, que murió en el acto. Inmediatamente se inició un tiroteo en el que murieron seis policías indígenas y ocho siux, entre ellos Pata de Cuervo, hijo adolescente de Toro Sentado. Los policías indios buscaron protección en una cabaña hasta que, dos horas más tarde, fueron rescatados por los soldados.

Aprovechando la confusión, varios centenares de indios rebeldes, liderados por Pie Grande escaparon de la reserva y emprendieron una dura marcha bajo una tormenta de nieve en un recorrido de 840 kilómetros en dirección a la reserva de Pine Ridge, buscando la protección del prestigioso jefe Nube Roja.

LA MASACRE DE WOUNDED KNEE

El alevoso asesinato de Toro Sentado fue la chispa que provocó el estallido de un revuelta generalizada, al concitar la ira de los indios de las reservas de Standing Rock y Pine Ridge. Entre ellos hubo diferentes opiniones: unos líderes estaban de acuerdo en llamar a la rebelión, mientras que otros preferían dialogar con los soldados para impedir la masacre.

Mientras tanto, una fuerza de 450 soldados de caballería fue enviada a perseguir a Pie Grande y a su banda para llevarlos a Fort Cheyenne. Tras tres días de dura marcha, los soldados, al mando del coronel James

Forsyth, encontraron y capturaron a esa partida de indios, a los que, inmediatamente, comenzaron a escoltar hacia Fort Cheyenne. De camino, llegaron al riachuelo Wounded Knee, en Dakota del Sur, y acamparon. Allí, rodeados por los soldados, se les ordenó a los siux que entregaran sus armas. Contemporizador, el mayor Whitside decidió esperar hasta la mañana siguiente, 29 de diciembre de 1890, para desarmar a los indios. Al poco de amanecer, al encontrarse con que solo unos pocos habían entregado sus armas y la mayoría las había escondido, los militares empezaron a buscarlos en sus tiendas y entre sus hatillos. Inevitablemente, un soldado y el guerrero Coyote Negro se pelearon cuando este último se negó a darle su rifle. En el forcejeo, el arma se disparó y aquello dio pie a un breve pero brutal tiroteo.

Cuando al fin cesaron los disparos, yacían muertos unos 320 siux, incluido Pie Grande, y 50 más, heridos. De los soldados habían muerto 25 y 39 estaban heridos, la mayoría de ellos por fuego amigo. Algunos de los indios involucrados en la revuelta escaparon y hubo que atraparlos de nuevo, pero había desaparecido en ellos cualquier intención de lucha y el movimiento místico simbolizado por la Danza del Espíritu acabó allí. Una tormenta de nieve cubrió la tierra aquella noche y muchos de los indios heridos que todavía yacían en el suelo se congelaron en la oscuridad. Los cadáveres quedaron abandonados sobre la nieve durante tres días, antes de que una unidad de enterramientos del ejército llegara al lugar, mucho después que los fotógrafos, para recogerlos. Helados en grotescas posturas mortales, los cadáveres fueron recogidos, metidos en carretas y llevados a una fosa común.

La matanza no respetó ni sexo ni edad, completando un capítulo más de la historia deshonrosa de la Conquista del Oeste. El general Miles acusó a Forsyth de "ciega estupidez o criminal indiferencia" y le relevó

El 29 de diciembre de 1890, un destacamento de 450 soldados cosió a balazos a los seguidores del jefe Pie Grande junto al riachuelo Wounded Knee, Dakota del Sur. Cuando cesaron los disparos, yacían muertos 320 siux, incluido Pie Grande, y los otros 50, estaban heridos. Muchos de los indios heridos se congelaron en la oscuridad.

del mando. Pero el Departamento de Guerra, decidido a reflejar también este último enfrentamiento desde un punto de vista heroico, frenó toda investigación del incidente y concluyó que no había sido una matanza deliberada, sino un accidente espontáneo en el que ninguno de los bandos tenía pensado luchar, pero en el que simplemente se perdió el control de la situación. Los "valientes" soldados del Séptimo de Caballería (que, en privado, alardeaban de que aquella era su venganza por el exterminio de Custer y sus hombres) fueron condecorados en premio a su cobarde masacre.

Por supuesto, las explicaciones no les importaban mucho a los siux. Para ellos fue el final de tres siglos de tragedias continuas en su trato con el hombre blanco. El último eco de una época en la que enormes manadas de búfalos recorrían las praderas mientras ellos paseaban su mirada por la llanura sintiéndose seguros bajo el sol y amparados en la mágica protección del Gran Espíritu. Uno de los testimonios que mejor reflejó la tragedia fueron las palabras dictadas a su biógrafo en 1932 por el siux oglala Alce Negro (1863-1950), participante adolescente en Little Big Horn y superviviente de aquellos días sombríos del invierno de 1890 en Wounded Knee:

> Yo no sabía entonces cuántas cosas se habían acabado. Cuando ahora miro hacia atrás desde la alta colina de mi ancianidad, todavía puedo ver la carnicería hecha con las mujeres y los niños que yacían amontonados o esparcidos... Y puedo ver que allí, en el ensangrentado barro, murió algo que quedó enterrado por la ventisca. Allí murió el sueño de un pueblo. Era un bello sueño.

La masacre de Wounded Knee fue el último incidente violento, el último estertor de las largas y sangrientas guerras indias. Así llegaron a su fin tres siglos de constante conflicto armado entre blancos y pieles rojas. Desde entonces, la única aspiración de los pocos indios supervivientes fue la de vivir en paz y poder transmitir a sus hijos ese riquísimo venero de ritos que constituye la base del mundo mágico que les legaron a ellos sus antepasados. O, al menos, lo que quedaba de él.

8

PRESENTE Y FUTURO

Estamos desapareciendo de la Tierra y, sin embargo, no creo que seamos inútiles, o Usen no nos habría creado.

Goyathlay "Gerónimo" (1829-1909),
jefe de la tribu apache chiricahua.

¿GENOCIDIO INDIO?

En 1890, el mismo año en que se produjo la masacre de Wounded Knee, la Oficina del Censo de los Estados Unidos anunció oficialmente el "cierre de la Frontera". La primera fase de la expansión nortea-mericana había culminado con la unión terrestre y directa de los dos litorales oceánicos. El llamado "Destino Manifiesto" de los Estados Unidos de con-vertirse en una nación de costa a costa se había cumplido. Pero el resultado no llevaba implícito solo el dominio y la opresión de una población autóctona, con más derechos históricos que nadie, y que, a pesar de los infinitos padecimientos, conservaba buena parte de las estructuras básicas de su organización social y su sistema cultural. Era más que eso, desde luego. La expansión y consolidación estadounidense se habían constituido, en buena parte, mediante el exterminio físico y, por supuesto, cultural de sociedades preexis-tentes, con lo cual la posibilidad de recuperación de pueblos y culturas ancestrales quedaba definitivamente cercenada y sin posibilidad de reparación.

En enero de 1869, el jefe comanche Cuchillo Plateado se disponía a parlamentar con los soldados estadounidenses en Fort Cobb, Territorio Indio, y empezó diciendo: "Yo, Tosawi, indio bueno...". El general Philip Sheridan, de conocidas tendencias anti-indias, le interrumpió inmediatamente: "Los únicos indios buenos que he conocido estaban muertos". La anécdota —cuya veracidad siempre negó el general— es un claro reflejo de la actitud que mantuvieron muchos estadounidenses del siglo XIX hacia el nativo americano. Pero la crudeza de la frase no tendría importancia si no fuera, además, demostrativa de la política india que se aplicó durante gran parte de ese mismo siglo.

En 1615, cuando los colonos franceses iniciaron el desalojo de las tierras de los onondegas, comenzó para las decenas de tribus del extenso territorio norteamericano la dramática y terrible alternativa de someterse o ser exterminados. En poco más de doscientos cincuenta años, varios millones de indios de Norteamérica fueron expulsados de sus tierras, internados en reservas, expoliados de sus bienes, despojados a la fuerza de su identidad y, a menudo, masacrados. Y en solo cien años, los que fueron desde la declaración de independencia estadounidense (4 de julio de 1776) hasta la batalla de Little Big Horn (25 de junio de 1876), en que grupos de guerreros siux, cheyenes y arapajoes infligieron la mayor humillación de su historia al ejército estadounidense, se produjo el declinar y la práctica desaparición de docenas de culturas indígenas, de las que solo quedaron los ecos. Poco después de esa última fecha, la resistencia india cesó virtualmente y la plena aplicación de los más de 370 tratados firmados por el gobierno de los Estados Unidos y por las distintas tribus quedó aplazada *sine die.*

Los estadounidenses blancos borraron del mapa a los indios
y luego les redibujaron en su iconografía nacional.
El país, poco a poco, se fue llenando de estatuas
y monumentos conmemorativos del indio y su cultura,
como este Monumento al indio que se alza ante
la asamblea de Utah, en Salt Lake City.

315

Cien años más después, en 1976, cuando el gobierno de turno conmemoró el bicentenario de la independencia de los Estados Unidos, una asamblea de líderes indios, reunidos paralelamente a los festejos oficiales, calificó el proceso de "holocausto secular". Pero, para demostrar que la persecución no había acabado, uno de aquellos líderes, Leonard Peltier (1944), sometido a una desmedida persecución, fue juzgado por el supuesto asesinato de dos agentes del FBI durante un tiroteo y encarcelado a perpetuidad. Desde la prisión afirmó:

> Yo, Leonard Peltier, hijo de indio chippewa y de india siux, te pregunto, Norteamérica: ¿Se diferencia tu genocidio contra nosotros del genocidio de la Alemania nazi contra el pueblo judío? ¿Será posible que nosotros, hijos de Tuhaskila, creador de todo y de todos, debamos permanecer cruzados de brazos mientras se nos arrebata lo poco que nos queda y sigan matándonos y encarcelándonos?

Tanto estos indios como sus antepasados lucharon, en realidad, por una causa perdida de antemano contra un enemigo muy superior, tanto en número como en armamento. En la mayoría de los casos, las tribus acababan teniendo que abandonar sus tierras ancestrales o morir. Y muchas veces sufrían ambas consecuencias: después de abandonar sus tierras, se les daba muerte o morían de hambre. Pero, con todo, lo que más diezmó a las tribus indias no fueron las batallas, porque las armas más potentes durante la invasión de Norteamérica no fueron el rifle ni el caballo ni la Biblia ni la "civilización europea"; fueron las epidemias.

Desde hace unas tres décadas existe un amplio consenso entre los investigadores sobre la influencia de las epidemias introducidas por los europeos en el rápido declinar de la población nativa americana. Las cifras manejadas de muertos por enfermedades importadas van desde un 30 a un 95% de la población existente antes de la llegada de los europeos. Al ser introducidas en el Nuevo Mundo, estas enfermedades (varicela, sarampión, gripe, paludismo, fiebre amarilla, tifus, tuberculosis y, sobre todo, viruela), ante las que los europeos habían desarrollado una cierta inmunidad con el paso de los siglos, encontraron allí poca resistencia. Por ejemplo, está documentado que en una epidemia de viruela ocurrida entre 1617 y 1619 sucumbió el 90% de los indios de la bahía de Massachussets. La enfermedad alcanzó el lago Ontario en 1636 y las tierras de los iroqueses hacia 1679, matando a decenas de miles de indios. En el decenio 1770-1779, la viruela mató al menos al 30% de los indígenas de la costa Oeste. Valga un ejemplo más, en 1837 sobrevino una terrible epidemia de viruela en las praderas. Los indios mandan fueron los primeros afectados, seguidos en rápida sucesión por los hidatsas, los assiniboines, los aricaras, los siux y los pies negros. Los mandan fueron casi totalmente exterminados: de una población de alrededor de 1.600 individuos en 1836, quedaron reducidos a 125 en 1838, que se unieron definitivamente a los hidatsas.

Por eso cabe decir que, aunque es difícil negar el carácter brutal de la conquista y de la sociedad colonial, esa preeminencia del contagio de enfermedades en la mortandad viene a indicar (siempre que no se sostenga que aquellos contagios fueron premeditados) que, quizás el término "genocidio" no es el más adecuado.

Guerra, enfermedades, expolio natural... Fueron muchas las causas de la debacle demográfica de los indios norteamericanos. Pero hay otro factor que, sobre todo al final del proceso, significaría la sentencia final de los indios: la práctica extinción de la principal fuente de subsistencia de los indios de las llanuras, los bisontes. Hacia 1878, la gran manada sureña desapareció para siempre y un pequeño remanente de la del norte se refugió en Canadá: los indios quedaron entonces condenados a la derrota. El hombre blanco había destruido irremediablemente un complejo cultural que se remontaba a 10.000 años a.C., cuando los primeros indios cazaban mamuts y bisontes en los tramos finales de la era de las glaciaciones.

El exterminio estratégico de los búfalos

En los primeros tiempos de la colonización, el bisonte *(Bison bison)*, el mal llamado búfalo, se enseñoreaba absolutamente de Norteamérica. Su número, en aquel entonces, se ha calculado en unos 75 millones de ejemplares, que vivían en las Grandes Llanuras, incluidas algunas zonas de Texas y las praderas del norte hacia Canadá, y, en menor número, en los estados del Este. Inmensas manadas apacentaban durante el verano en los pastos de Montana y emprendían su emigración, al llegar el invierno, hacia el norte de los estados de Colorado, Wyoming o Nebraska. Otras, que invernaban en los valles de Misuri o en Yellowstone, al acercarse el mes de marzo, iniciaban su éxodo hacia Canadá. Así, a la vista de los primeros exploradores y aventureros, aparecía una masa imponente formada por miles y miles de animales que, guiados por su infalible instinto, se dirigían hacia tierras cálidas o prados húmedos. Su paso duraba horas enteras. Por poner un solo ejemplo, en la primavera de 1869, un tren de la línea Kansas Pacific estuvo detenido en un punto situado entre los fuertes Harker y Hays desde las nueve de la mañana hasta las siete de la tarde a consecuencia del paso ininterrumpido de una inmensa manada por las vías del tren.

El bisonte es un animal imponente. Su altura llega a los 2 metros y su peso ronda, en los machos adultos, la tonelada. Su cabeza, maciza, rizada y cornuda, en ambos sexos, y la joroba peculiarizan a este rumiante que posee una agilidad inesperada, como demuestran

La matanza intencionada de búfalos dio comienzo hacia 1830. Desde entonces, a medida que el hombre blanco se posesionaba de más y más territorios feudos del animal, la matanza progresó sin restricción alguna hasta alcanzar su apogeo en el quinquenio 1870-1875, en el que se exterminaron no menos de 2.500.000 de búfalos.

sus fulgurantes embestidas que barren cuanto hallan a su paso. Sin embargo, su inteligencia, tan viva para orientarse en el más inextricable boscaje, es lenta para reaccionar cuando un ruido violento o una amenaza de cualquier tipo siembra la confusión en la manada.

Hasta la aparición de los cazadores blancos, el búfalo había sido la base de toda la existencia de las tribus que poblaban Norteamérica. Los indios habían establecido un aprovechamiento racional y completo de este cuadrúpedo: la piel se utilizaba para fabricar tipis, vestidos, canoas y abarcas; los tendones, para las cuerdas de los arcos; los cuernos eran adaptados a la testa de los guerreros, dando así un ornamento agresivo a sus vestiduras ceremoniales; su grasa y sus deposiciones eran dos buenos combustibles... Pero, sobre todo, estaba su carne, principal alimento de los indígenas de las llanuras y, luego, de aquellos tremendos devoradores de carne que eran los exploradores, los mineros, los obreros ferroviarios, los soldados y, en general, todos los colonos blancos. Con el tiempo, también aumentó el consumo de carne en el Este. Llegó un momento que era tal su aprecio gastronómico que rayó en el absurdo alcanzado, por ejemplo, hacia 1873, en Dodge City, donde se llegaba a sacrificar un búfalo de una tonelada exclusivamente para ofrecer su lengua *à la gournzandise* a los nuevos ricos del Oeste. Otro tanto cabe decir del aprovechamiento de su piel por la industria de la moda de la Costa Este y de Europa. Al lado del cazador deportivo que recorría las praderas por el placer cinegético, surgió el cazador profesional que tiroteaba las reses con la seguridad de un matarife, para despellejarlas y vender después su piel.

Pero la causa principal, sin duda, de su exterminio fue la voluntaria política de su erradicación como método para acabar con la fuente de subsistencia de los indígenas, lo que les forzaría a aceptar su traslado a las reservas a cambio de comida. De hecho, cuando la

Asamblea de Texas discutía un proyecto de ley para proteger al búfalo, el general Sheridan mostró su apoyo a los cazadores y su oposición a la ley diciendo:

> Estos hombres han hecho más en los últimos dos años, y harán más el próximo, en aras a la solución del problema indio que todo el ejército en los últimos cuarenta años. Han destruido la despensa de los indios. Y, como se sabe, cualquier ejército que pierda su base de avituallamiento se coloca en una gran desventaja. Mandémosles pólvora y plomo, si se quiere; pero, para una paz duradera, dejémosles matar, despellejar y vender hasta que los búfalos se hayan extinguido [...] porque esa es la única forma de conseguir una paz duradera y de permitir que la civilización avance.

Mientras seguía la matanza, la ira y el resentimiento de los indios fue creciendo al ver cómo iban desapareciendo los búfalos a manos del hombre blanco. Esto provocó un creciente número de reacciones violentas, lo que, a su vez, provocó el aumento de las represalias del ejército, generándose una espiral de violencia que ya fue difícil de parar, pero que, además, contribuyó al fin último del desalojo o la extinción. Los indios vieron con consternación que la caza de búfalos se convertía incluso en un entretenimiento proporcionado por las compañías ferroviarias como aliciente suplementario para las largas y tediosas horas de travesía. Un entretenimiento que obtuvo tanta aceptación de los clientes que, incluso, se llegó a ralentizar la marcha de los trenes al cruzarse con una manada para permitir que los viajeros disparasen a mansalva desde sus mismos asientos.

Los cazadores, que conseguían bastante dinero por sus pieles y, más adelante, por sus huesos (utilizados para fabricar fertilizantes), activaron también la matanza. Armados con poderosos rifles de largo alcance, podían matar, como media, 250 búfalos al día. Por cada piel de la mejor calidad llegaban a recibir de 2 a 4 dólares, según mercado, por lo que cada uno de los 5.000 cazadores que, hacia 1880, se dedicaban a destajo a ello ganaba de 2.000 a 3.000 dólares al año, por lo menos. Buen rendimiento para un oficio, sin duda, peligroso y desagradable. En su mayoría eran hombres duros, fracasados o proscritos, que escogían la caza y el comercio de pieles como un medio de subsistir gracias a sus instintos montaraces. En opinión del presidente de los Estados Unidos, Theodore Roosevelt (1858-1919), él mismo un gran cazador y que, como tal, trató con muchos de ellos en sus andanzas cinegéticas por el Oeste, eran "tipos de un temple extraordinario, pero temible, a quienes aquel género de existencia daba salida adecuada a unos instintos que, en sociedad, hubieran podido llevarlos a la delincuencia".

Entre ellos hubo muchos tiradores de gran precisión que, apostados en un sitio adecuado, esperaban la llegada de una manada y abrían fuego desde una posición ventajosa que les permitía repetir las descargas sin cambiar de emplazamiento. Los impactos eran seguros. El corazón y el cuello eran los puntos vulnerables por donde se fulminaba mejor a las reses. En esas circunstancias, se producía una verdadera carnicería. Los ejemplos son innumerables: Doc Angi mató 85 bisontes en menos de una hora; McCarney, 91, y Harry Andrews, con 115 disparos de su Winchester, sin cambiar de posición, derribó 85 piezas. En cierta ocasión, Vic Smith, considerado el mejor rifle de Montana, mató 107 búfalos en menos de una hora y durante la campaña 1881-1882 estimó en 5.000 el número de ejemplares que abatió. Probablemente el más famoso fue William E. Cody, que no por casualidad se ganó el apodo de "Buffalo Bill" en los escasos dieciocho meses que trabajó como cazador para el ferrocarril Kansas Pacific.

La matanza de búfalos había dado comienzo hacia 1830. En años sucesivos, a medida que el hombre blanco se posesionaba de más y más territorios donde el animal tenía su feudo, la matanza progresó sin restricción alguna. Así, hasta alcanzar su apogeo en el quinquenio 1870-1875, en el que se exterminaron no menos de 2.500.000 de búfalos. Las cifras iban arrojando el balance escalofriante de la capacidad exterminadora del hombre. Entre 1872 y 1874 se transportaron por ferrocarril 5.000.000 de kilos de huesos de bisonte para su aprovechamiento industrial.

Pero no fueron solo los cazadores profesionales o los viajeros los que colaboraron a esta inusitada y concienzuda matanza. Hubo también muchos cazadores deportivos, y no solo estadounidenses. Durante el verano de 1855, llegó a las praderas de Montana una nutrida expedición compuesta por 43 personas, 112 caballos, 14 perros y seis carretas. Su líder era sir George Gore, de Sligo, Irlanda, uno de los cazadores más famosos del mundo, y su guía, el célebre trampero Jim Bridges. El historial cinegético de Gore incluía expediciones a los más lejanos países para cazar, por ejemplo, tigres de Bengala, cocodrilos del Nilo y leones africanos. El Oeste le ofreció el bisonte como una nueva pieza que añadir a sus innumerables trofeos. Un año duró la estancia del irlandés en aquel enorme coto. En el verano de 1856, la expedición llegó al valle de Yellowstone y bajó por el Misuri hasta Saint Louis. Allí Gore hizo balance: había cobrado más de 2.500 búfalos, 40 osos y centenares de antílopes, venados, alces, coyotes y otras piezas menores. El eco de su "éxito" cinegético llegó a todas las asociaciones de cazadores del mundo, provocando, en años sucesivos, la visita al Oeste de las más famosas escopetas.

Después, buscadores de huesos de bisontes, mondados por los buitres, limpiaron de osamentas los lugares que habían sido escenario de las cacerías. Eso nos da otro indicio de lo descomunal de la matanza. Entre 1868 y 1881, solo en Kansas se pagaron 2.500.000 dólares por los huesos recogidos en las praderas, utilizados preferentemente para fabricar fertilizantes. Teniendo en cuenta que se requerían 100 esqueletos para reunir una centena de huesos aprovechables y que el precio medio pagado por tonelada era de 8 dólares, se puede calcular que aquella enorme suma de dinero equivalía a más de 25.000.000 de búfalos muertos.

A mediados de los ochenta, la gran era del búfalo finalizó. Se calcula que en 1889 quedaban solo 540 búfalos vivos en la zona de Montana lindante con Canadá. En 1900, aquella cifra se había reducido a 300. Aun así, hasta 1902 el Gobierno estadounidense no dictó medidas de protección. Afortunadamente, ese mismo año, una manada de 41 bisontes salvajes fue puesta bajo protección gubernamental en el parque nacional de Yellowstone. Estos animales fueron el núcleo de la manada que hoy sobrevive.

INTENTO DE ASESINATO DE UNA CULTURA

En 1866, el Congreso aprobó una Ley de Derechos Civiles que garantizaba la igualdad ante la ley a todas las personas nacidas en los Estados Unidos. Sin embargo, excluía por completo a los indígenas. Tras cerrarles el paso, de esta forma, a la ciudadanía, lo siguiente era borrarles la identidad cultural que les había dado sentido durante siglos. Las formas impuestas para liquidar el sistema social tradicional indígena fueron numerosas.

La primera forma de integración forzosa vino determinada por la Ley Dawes de 1887, que insertó el concepto para ellos extraño de la propiedad privada en su organización social, mediante el sencillo mecanismo de distribuir parcelas a título individual. Esquemáticamente, el proceso fue el siguiente: se decidió dar una parcela a cada indio, para que se dedicara a la agricultura, y así, con el tiempo, se convirtiera en un ciudadano estadounidense "normal". Pero, una vez repartidas las parcelas, se vio que "sobraban" tierras. Estas fueron vendidas a colonos blancos a muy bajo precio. Algunas reservas quedaron inundadas de colonos, hasta el punto de que algunos condados dejaron de ser, según la visión del gobierno federal, "territorio de reserva".

Previamente, a partir de 1883, la Oficina de Asuntos Indios ya había ido decidiendo aplicar otras muchas medidas atentatorias contra su cultura, que iban desde la prohibición de sus prácticas religiosas o de la utilización de sus lenguas (haciendo el inglés de uso obligatorio) hasta la supresión de la poligamia o la imposición del corte de cabello a los hombres. En 1893, el último reducto indio, el Territorio Indio, que era considerado por todos los pueblos indígenas como algo peor que una cárcel, fue liquidado como tal al suprimir los gobiernos tribales y el sistema de tierras comunales.

Pronto se consideró necesario introducir definitivamente a los indios en la civilización; así pues, se empezó a mandar a los niños indios con o sin el permiso de sus padres a escuelas-internados situadas, en la mayoría de los casos, a cientos de kilómetros de las reservas. A estos niños se les prohibía hablar su idioma materno (les ponían jabón en la boca, si lo hacían) ni hacer nada que estuviera relacionado con su cultura tradicional. Se les enseñaba todo lo que se creía que les era necesario saber del mundo de los blancos. Este sistema siguió funcionando, más o menos, hasta 1930, cuando se empezó a construir escuelas en las reservas. Sin embargo, las escuelas-internados no desaparecieron del todo hasta los años setenta. Los

A finales del siglo XIX, la política de integración de los indios hizo que se empezara a enviar a los niños indios, con o sin permiso de sus padres, a lejanas escuelas-internados. En esta foto, aparecen tres hermanos antes de ir a una de estas escuelas.

Los tres hermanos de las foto anterior un año después de haber acudido a un internado. Es fácil ver el cambio, apreciable a simple vista.

niños que fueron a estas lejanas escuelas salieron de ellas teóricamente muy bien preparados, desde el punto de vista académico, pero con graves problemas de adaptación social al regresar a la reserva. Habían perdido su idioma y los vínculos familiares. De alguna manera, se habían convertido en huérfanos y parias sociales con título de bachillerato. Cuando se casaron y tuvieron hijos, no disponían de los "conocimientos" básicos para educarles, y se inició un proceso de desestructuración familiar.

Por otra parte, desde 1883 hasta finales de la década de 1970, las prácticas religiosas de los indios también fueron prohibidas. Todo el sistema de ceremonias de iniciación y, por lo tanto, de transmisión de conocimientos sagrados, quedó abolido. Gran parte del conocimiento tradicional se perdió o se mantuvo en círculos reducidos, hecho que convirtió a la población indígena en "analfabeta" respecto a lo que habían sido los valores de su cultura. Por eso ahora el movimiento de regreso a las tradiciones y ceremonias sigue siendo, en la actualidad, en muchos casos, un camino de redescubrimiento.

EL SISTEMA DE RESERVAS Y EL SIGLO XX

Desde los primeros tiempos en que la civilización blanca chocó con los indios en su avance y estos se vieron forzados a entregar sus tierras, los conquistadores discutieron sobre qué hacer con los nativos. Al fin, la solución constó de dos fases. Primero, fue contenerlos. Después, se trató de disolver su cultura y su sociedad, y de reformarlas según la de los blancos, para reducir la amenaza de su resistencia y facilitar su asimilación controlada a la nueva sociedad norteamericana. Pero esto era más fácil de decir que de hacer. Lo

primero fue constreñirlos a espacios más reducidos.
̴̴̴̴̴̴ las "reservas", término adoptado porque ̴̴̴̴̴̴ n las tribus
̴̴̴̴̴̴ o aquellas

̴̴̴̴̴̴ or de pron-
̴̴̴̴̴̴ los indios,
̴̴̴̴̴̴ si las urnas
̴̴̴̴̴̴ prendió los
̴̴̴̴̴̴ as. Su natu-
̴̴̴̴̴̴ deprimía los
̴̴̴̴̴̴ ertía a aque-
̴̴̴̴̴̴ independien-
̴̴̴̴̴̴ on. Tampoco
̴̴̴̴̴̴ reservas, espe-
̴̴̴̴̴̴ suministrar
̴̴̴̴̴̴ ello a expen-

̴̴̴̴̴̴ ba evitar posibles enfrentamientos entre indios y colonos, así como confinar a las tribus indias en parcelas donde poder vigilarlas y controlarlas a conveniencia. Normalmente, las tribus eran libres de vivir según sus costumbres dentro de sus tierras asignadas, siempre que se mantuvieran pacíficas. Sin embargo, cuando la frontera se extendió hacia el Oeste, las tierras indias empezaron a ser cada vez más codiciadas por los colonos. A consecuencia de ello, las reservas vieron reducida su extensión o fueron, una o varias veces, trasladadas a zonas más remotas.

En la década de 1830, grupos como las Cinco Tribus Civilizadas recibieron tierras que simplemente no querían los hombres blancos y vivieron en ellas sin trabas, autogobernados. Pero el sistema de las reservas no empezó a desarrollarse, en realidad, hasta los tiempos posteriores a la Guerra de Secesión, en que la expansión de los colonos llegó a las tierras entregadas

A comienzos del siglo XX, los indios se vieron reducidos a la pobreza y a la dependencia prácticamente total del gobierno, mientras permanecían segregados de una sociedad blanca que, por otro lado, pese a sus muchos alicientes y novedades, ellos tampoco comprendían. Las fotos muestran ejemplos de su choque cultural.

anteriormente a los indios. El gobierno "concedió" nuevas reservas a cambio de la cesión de los territorios originales y de acuerdos para que los indios no guerrearan más. Bajo la autoridad del Congreso, el presidente suscribía tratados con las tribus y, a cambio, les prometía regalos anuales de herramientas, armas, ropa, comida y dinero.

En la década de 1880, las zonas reservadas a los indios solo ocupaban 53,4 millones de hectáreas. Los indios tenían dificultades para sobrevivir en ellas y sus antiguas culturas sufrieron las consecuencias del contacto con el hombre blanco. Por supuesto, el hambre voraz de tierras de los blancos no respetó por mucho tiempo aquel *status quo*. Cuando se encontraban recursos en el subsuelo o tierras fértiles en las propiedades indias, los legisladores empezaban a buscar excusas para volver a hacerse con la tierra. El sistema de reservas falló, pues, en casi todos sus objetivos. Los indios se vieron reducidos a la pobreza y a la dependencia prácticamente total del gobierno, mientras permanecían segregados de una sociedad blanca que, por otro lado, tampoco comprendían.

Al fin, en 1934, el gobierno empezó a intentar corregir sus yerros con la Ley de Reorganización India, que por primera vez apoyaba la cultura e independencia de los nativos y promocionaba, al menos sobre el papel, sus lenguas y sus tradiciones. Para entonces, los indios solo contaban ya con el 25% de las tierras que fueron destinadas a reservas en la década de 1880. Aunque la mayoría de las tribus eran teóricamente propietarias de esas tierras, el gobierno federal se reservaba, en última instancia, su verdadera propiedad, pues las había entregado solo en régimen de fideicomiso. Por tanto, podía y *debía* asegurarse de la correcta administración de la tierra y de que esta no les fuera arrebatada a sus propietarios indios. Al aprobarse aquella ley, resurgieron los gobiernos tribales y se dieron préstamos para estimular la economía india, gracias a lo cual unas 250 reservas pudieron sobrevivir, la mayoría de ellas al oeste del Mississippi.

Pese a que, como es lógico, cada reserva tiene su propia historia, se pueden encontrar una serie de características comunes en lo que ha ido sucediendo a cada uno de estos microcosmos, relacionado con la presión continua que ha ejercido el gobierno y la sociedad norteamericanos. Entre 1920 y 1940, las reservas quedaron como zonas aisladas e incluso ancladas en el tiempo. De alguna manera, aún no sufrían las consecuencias de este aislamiento y, en cambio, sí se beneficiaban en ciertos aspectos del mundo de los blancos. Tenían más y mejores medicinas, había trabajo, paz (externa e interna) y solían vivir en comunidades en que la vida transcurría con relativa tranquilidad. Cultivaban pequeños huertos, recogían los frutos de los bosques, cazaban y, de vez en cuando, iban a los ranchos de los blancos a buscar trabajo, lo que les permitía conseguir los dólares suficientes para comprar los bienes del exterior que les eran necesarios o apetecibles. Incluso, en 1924, por fin fueron reconocidos los derechos totales a la ciudadanía americana de los indios que quedaban en las reservas.

La mencionada Ley de Reorganización India de 1934 fue fundamental en ese proceso, por cuanto destruyó el sistema tradicional de jefes, convirtiendo las reservas en microestados, con constitución, parlamento, división de poderes... La primera consecuencia de la aplicación de este sistema fue la certificación de que el poder había pasado de las familias tradicionales a los mestizos, que, por regla general, dominaban mejor los mecanismos de funcionamiento de la sociedad blanca.

A mediados del siglo XX, durante el gobierno de Dwight Eisenhower (1953-1961), se creyó que los indios ya estaban lo suficientemente preparados para introducirse en la sociedad americana y que solo era necesario abrirles camino. Se promulgó una ley para favorecer que cualquier indio que estuviera dispuesto a dejar la reserva lo pudiera hacer: se le pagaba el transporte a una ciudad y el alquiler de un piso durante algunos meses, y se le ofrecía un trabajo. Miles de indios abandonaron las reservas. Hasta tal punto llegó el fenómeno que algunas llegaron a ser cerradas. Sin embargo, el fracaso fue estrepitoso y esta emigración fue el origen de guetos indios en las grandes ciudades (Mineápolis, Denver, Los Ángeles...). Se quedaban sin dinero casi inmediatamente y los trabajos no les duraban demasiado. Muchos volvieron a la reserva endeudados. Otros se quedaron para siempre en las grandes ciudades, pero aún más alejados de su tierra y su cultura y sin integrarse totalmente en la otra.

Paralelamente, se construyeron grandes infraestructuras que afectaron a varias reservas. Autopistas, pantanos..., a muchas comunidades se las obligó una vez más a trasladarse. En definitiva, se terminó con la vida de las comunidades aisladas, vinculadas a la tierra y que conservaban al menos una parte residual de su cultura. Fue en ese momento cuando el alcoholismo empezó a tener unos efectos devastadores entre la población india. Los hijos de los que habían sido enviados a los internados ya no tenían el soporte de los valores de su cultura ancestral, en un mundo dominado por mestizos, sin trabajo ni futuro: muchos empezaron a beber desmesuradamente.

Después llegó la quiebra de la Guerra de Vietnam, en la que el grupo étnico que tuvo, porcentualmente, más bajas fue el indio. Chicos jóvenes, que no tenían nada que hacer en las reservas, herederos de tradiciones guerreras, fueron enviados a la selva del Sudeste asiático. Sus compañeros, que solo les habían visto en las películas, les pedían que los guiaran. Los indios, que se sentían respetados por una vez en la vida, aceptaban y, en medio de la selva, esta gente de pradera y espacios abiertos "guiaba" a sus compañeros. Obviamente, eran los primeros en morir en los ataques y emboscadas. Los que volvieron, estaban en muchos casos psicológicamente deshechos.

A finales de los años sesenta, en las grandes ciudades nacieron los grandes movimientos políticos defensores de los derechos de los indios. Fueron creados e impulsados por los jóvenes que habían emigrado en su infancia a las ciudades o que ya habían nacido allí. Copiaron las tácticas de los movimientos de derechos civiles de los negros y, más tarde, de los de acción más radical. La mayoría buscaba en su cultura perdida una tabla de salvación. Y tampoco se olvidaron las reivindicaciones referentes al expolio económico de los antiguos bienes de las tribus. Por ejemplo, en 1962, se hubo de indemnizar con casi cuatro millones de dólares a los descendientes de los creeks, expoliados en 1814. En 1968, se fundó un Consejo Nacional para que se encargara de coordinar las ayudas financieras recibidas por los indios.

Ese mismo año, nació en Minneapolis la organización reivindicativa del Movimiento Indio. El llamado "Poder Rojo" se organizó y buscó protagonismo con activismo social y político. En 1972, se fundó la Oficina de Asuntos Indios y, en 1975, se promulgó la Ley para la Autodeterminación y la Educación, que reafirmaba la soberanía del consejo tribal. En 1978, la Ley para la Libertad de Culto de los Indios Norteamericanos vino a completar los derechos obtenidos al implantar la libertad de culto para los indios norteamericanos. Actualmente, los restos del Movimiento Indio Americano tienen relativamente poca influencia, pero se ha reconocido que su labor significó el despertar y el renacimiento de la conciencia de muchos indios. Su primera acción significativa ocurrió el 20 de noviembre de 1969.

Aquel día, basándose en el Tratado de Fort Laramie de 1868, por el que tenían derecho a recuperar las tierras desocupadas por el gobierno, los indios ocuparon la abandonada prisión de la isla de Alcatraz, en San Francisco. La ocupación pacífica duró hasta el 11 de junio de 1971 y, al principio, tuvo una respuesta muy positiva en los medios de comunicación, que luego se fue diluyendo.

Menos de dos años después, el 27 de febrero de 1973, miembros armados del Movimiento Indio Americano tomaron la población de Wounded Knee, como medida de protesta y de reivindicación de los derechos indios. Exigían que el gobierno de Estados Unidos cumpliera los 371 tratados firmados en el pasado con tribus indias. El gobierno envió agentes federales al lugar y, durante los tiroteos, dos indios fueron asesinados y mucha gente de ambos bandos resultó herida. El sitio acabó setenta días después, cuando prometieron a los indios que estudiarían sus reivindicaciones. Tras un encuentro con representantes de la Casa Blanca, la promesa pasó al olvido.

En 1980, el Tribunal Supremo de Estados Unidos decretó que el gobierno pagara una indemnización de 105 millones de dólares a ocho tribus siux, aunque hasta la fecha, estas se han negado a aceptar el pago, pues quieren que se les devuelvan sus sagradas Colinas Negras. Como a muchos siux no les complace ver los rostros de presidentes blancos esculpidos en el monte Rushmore de las Colinas Negras. Por eso, desde hace unos años se está esculpiendo en una montaña cercana una efigie mucho mayor: la de Caballo Loco, el caudillo de guerra siux de la tribu oglala.

Durante la década de 1980, la administración del presidente Ronald Reagan puso en marcha una política de progresiva privatización, favoreciendo, entre otras actividades, la del juego legal como fuente de ingresos. Gracias a ello, por primera vez, las reservas encontraron

Desde 1980, los indios pudieron abrir casinos en sus reservas. Veinticinco años después, en 2004, ya tenían en funcionamiento 350 (como el Morongo de Palm Springs, California, propiedad de los indios cahuilla), que ingresaban anualmente 12.000 millones de euros. Esa cifra de negocio permitió que, entre 1990 y 2000, la renta per cápita de los indios progresara un 27%.

una fuente de ingresos no gubernamental. Ello suponía el enfrentamiento legal, sin precedentes, entre las jurisdicciones de los estados y de las reservas. La restrictiva ley de 1995, promulgada solamente quince años después del establecimiento del primer casino indio, fue una clara muestra de cómo el conflicto entre ambas culturas sigue vivo y de que la presión de los estados y el gobierno federal reaparecen tan pronto como en las reservas se consigue cualquier tipo de avance.

Pero la principal vía de recuperación y lucha de los indios hoy se lleva a cabo a nivel religioso. En tal sentido, el 16 de noviembre de 1990, el presidente George Bush firmó la Ley de Protección de las Tumbas de los Nativos Americanos y de Repatriación de sus Cuerpos, que prohibía los saqueos de tumbas y restos nativos y obligaba a las instituciones públicas y privadas a devolver los restos en su poder a sus descendientes o las comunidades a las que pertenecieron. En una muestra más de ese nuevo espíritu, finalmente, algunas tribus indias tomaron la iniciativa de reivindicar sus viejos derechos pisoteados. Una de ellas, descendiente de los antiguos mohicanos, y liderada por el jefe Águila Dorada (Ron Roberts), reclamó en el invierno de 1997 ante los tribunales de Albany, capital del estado de Nueva York, la propiedad de las islas Liberty y Ellis (situadas frente a la ciudad de Nueva York). Obviamente, el proceso fue denegado.

Cuando se firmaron los tratados, estos estaban pensados desde la óptica de no ser cumplidos jamás, entre otras razones, porque se creía que los indios desaparecerían como tales, absorbidos por la sociedad norteamericana. Pero ante la sorpresa general y a pesar de todos los esfuerzos, aún hay indios que, desde hace unas décadas, comienzan lentamente a utilizar y saber cómo funciona el sistema legal americano.

LA SITUACIÓN ACTUAL

La población indígena de los Estados Unidos fue disminuyendo constantemente durante la mayor parte del siglo XX, pero, según la oficina del censo de Estados Unidos, aumentó más de un 20% entre 1980 y 1990, hasta alcanzar en esa fecha cerca de 2.000.000 de personas, un 0,8% de la población total estadounidense, y en 2004 llegar a 2.786.652 millones, aunque un 80% de ellos de sangre mestiza. De ellos, algo más de un tercio vivía en reservas, aunque casi la mitad en zonas urbanas, por lo general, próximas a las reservas. Por otra parte, también un tercio aproximado de ellos se concentra en solo tres estados: California (413.382), Arizona (294.137) y Oklahoma (279.559).

Hoy, el gobierno de Estados Unidos administra unos 23 millones de hectáreas de reservas, que se distribuyen entre 314 tribus y grupos reconocidos a nivel federal en 278 reservas en 35 estados, además de pueblos, ranchos y otros terrenos. Los grupos indígenas continúan operando como gobiernos federales independientes en lo que queda de sus territorios originales. Por tanto, poseen el derecho a formar su propio gobierno, a hacer cumplir sus propias leyes, tanto en lo civil como en lo criminal, a cobrar impuestos, a dar permisos y regular actividades, a repartir parcelas y a restringir la entrada a personas en sus territorios. Entre las limitaciones de la facultad de autogobierno de las tribus se incluyen prácticamente las mismas que señala la Constitución estadounidense para sus estados. Por ejemplo, no pueden declarar la guerra, iniciar relaciones extranjeras o acuñar moneda.

Los indios siguen organizados en tribus, cada una de las cuales cuenta con un jefe y con un consejo tribal y puede organizar referéndums o hacer valer sus derechos ante los tribunales federales. Algunas, como los cheroquis, disponen de una constitución que fija los derechos ciudadanos. Todas ellas reciben una ayuda federal proporcional a su número de miembros. En virtud de tratados firmados en el siglo XIX, algunas de ellas reciben además una compensación por el expolio de sus tierras: es el caso de los seminolas negros de Florida que recibieron hace unos años 56 millones de dólares. Además, cada indio norteamericano recibe una renta anual.

Como se ha mencionado, en 1980, los indios obtuvieron autorización para abrir y gestionar casinos. En 2004, ya tenían en funcionamiento 350 establecimientos de juego, que ingresaban anualmente 12.000 millones de euros. Esta actividad, calificada de "el nuevo bisonte indio", permitió que entre 1990 y 2000la renta per cápita de los indios progresara un 27%.

En general, los indios se sienten, antes que nada, miembros de su tribu o nación y, después, si acaso, también norteamericanos. Cada reserva es legalmente un ente soberano, con un vínculo directo con el gobierno federal. Los indios se ven como un país dentro de otro, y no como una parte de los Estados Unidos.

No obstante, derrotas militares, presión cultural y económica, confinamiento en reservas, asimilación cultural forzosa, ilegalización de lenguajes y manifestaciones artísticas, políticas abortivas durante los años cincuenta y sesenta, y aún antes, esclavitud y pobreza han tenido efectos muy destructivos sobre la salud mental y física de los nativos. Los problemas de salud contemporáneos más habituales entre los indios son el alcoholismo, las enfermedades cardiacas, la diabetes y el suicidio.

Pese a todo, a comienzos del siglo XXI, las comunidades indias tienen una honda presencia en el paisaje norteamericano, en la economía estadounidense y en la propia vida de los nativos norteamericanos. Las comunidades han forzado gobiernos estables que administran servicios como la lucha contra incendios, la administración de los recursos naturales y el cumplimiento de la ley. La mayoría de las comunidades nativas han constituido sus propios tribunales en que se ven asuntos relativos a las ordenanzas locales. Las comunidades nativas se han personado y han ganado batallas legales que les reconocen derechos, como el de autodeterminación o la utilización de los recursos naturales. Algunos de estos derechos ya estaban enumerados en los primeros tratados firmados durante el siglo XIX. La soberanía tribal se ha convertido en la piedra angular de la jurisprudencia estadounidense y, al menos en lo superficial, de la política legislativa nacional.

Finalmente, en los últimos años se advierte un creciente interés público por la verdadera historia del indio norteamericano. Esa nueva actitud se debe, tal vez, a varios factores. En primer lugar, crece la impresión de que la mayoría de los historiadores blancos relataron la historia norteamericana como si los indios no hubieran existido o como si sus sociedades hubieran sido primitivas, uniformes y estáticas. Hay, pues, necesidad de saber más. En segundo lugar, los indios fueron tratados como seres inferiores e implacablemente explotados, como suministradores de alimentos y pieles, como aliados en el combate y como propietarios de la tierra, cuando no como seres "molestos" a exterminar sin piedad. Hay, pues, una necesidad de hacer justicia. En tercer lugar, también aumenta la impresión de que los valores que defendían (la democracia comunitaria, el respeto por la naturaleza y el diálogo pacífico) están cobrando actualidad. Parece posible que el estilo de vida del indio, que le servía para mantener una relación equilibrada con los demás, con la tierra, con los animales y con el universo que le rodeaba, tenga hoy más significado que nunca. En cuarto lugar, subsiste el mito. Si en la terrible contienda contra el indio, los blancos forjaron estereotipos de un despreciable salvaje, también conservaron

A muchos siux no les gusta ver los rostros de los cinco presidentes blancos esculpidos en el monte Rushmore de sus sagradas Colinas Negras. Por eso, desde hace unos años se está esculpiendo en una montaña cercana una efigie mucho mayor del jefe siux Caballo Loco.

la imagen del valiente guerrero que luchaba por su libertad para vivir su vida en su propia tierra. En un mundo carente de heroísmo, el piel roja se ha convertido con el tiempo en uno de los pocos mitos heroicos perdurables.

UN EPITAFIO Y UN RECORDATORIO

Para resumir de la manera más elocuente lo que fue el choque entre aquellas dos concepciones del mundo, la del piel roja y la del rostro pálido, tal vez la mejor forma sea reproducir unos fragmentos del discurso dirigido en 1854 por el jefe Seattle (c. 1786-1866), de la tribu de los suquamish, al presidente Franklin Pierce (1804-1869), en respuesta a la solicitud de este de adquirir sus tierras en el actual estado de Washington, en la esquina noroeste de los Estados Unidos, que habían sido hogar ancestral de la tribu:

El gran caudillo de Washington nos ha hecho saber que nos quiere comprar las tierras. El gran caudillo nos ha enviado también palabras de amistad y de buena voluntad. Mucho apreciamos su fineza porque sabemos la poca falta que le hace nuestra amistad. Queremos considerar su oferta, pues bien sabemos que si no lo hacemos pueden venir los hombres de piel blanca a tomar nuestras tierras usando las armas de fuego. Que el gran caudillo de Washington confíe en la palabra del líder Seattle con la misma certeza que espera el retorno de las estaciones. Mis palabras son tan inmutables como las estrellas.

¿Cómo podéis comprar o vender el cielo o el tibio calor de la tierra? Nos extraña esa idea. No son nuestros la frescura del aire ni la caricia del agua. ¿Cómo podrían ser comprados? Lo decidiremos más adelante. Habríais de saber, gran caudillo, que mi pueblo tiene por sagrado cada rincón de esta tierra. La hoja reluciente, la playa arenosa, la niebla envolviendo la oscuridad del bosque; el claro entre la arboleda y el insecto irisado son experiencias sagradas y memoria de mi pueblo. La savia que asciende por los árboles lleva reminiscencias del hombre de piel roja. Los muertos del hombre de piel blanca olvidan su tierra cuando empiezan su viaje hacia las estrellas. Pero nuestros muertos nunca se alejan de su tierra-madre. Somos todos un rincón de esta tierra, estamos hechos como parte de ella. La flor perfumada, el ciervo, el caballo, el águila majestuosa: todos ellos son nuestros hermanos. Las rocas de las cimas, el rocío de la hierba matutina, todo pertenece a nuestra familia.

Por esto, cuando el gran caudillo de Washington nos dice que quiere adquirir nuestras tierras, nos pide demasiado. El gran caudillo quiere darnos un lugar para que vivamos todos juntos. Él nos hará de padre y nosotros seremos sus hijos. Tenemos que meditar su ofrecimiento. Pero no es cosa fácil porque las tierras son sagradas. El agua rumorosa de nuestros ríos y pantanos no es solo agua, sino sangre de nuestros antepasados. Si os vendiéramos estas tierras, tendríais que tener muy presente que son sagradas y tendríais que enseñar a vuestros hijos que lo son y que los reflejos misteriosos de la claridad de las aguas de los lagos narran los acontecimientos de la vida de mi pueblo. El rumor de las aguas es la voz del padre de mi padre.

Bien sabemos que el hombre de piel blanca no puede entender nuestra manera de ser. Tanto le da un trozo de tierra como otro, porque es como un extraño que llega en la noche dispuesto a extraer de la tierra todo lo que necesita. No ve la tierra como una hermana, sino como una enemiga. Cuando la ha exprimido, la menosprecia y sigue su camino. Deja tras sí la sepultura de sus padres y los derechos de sus hijos. Trata a la Madre Tierra o al hermano Cielo como si fueran ganado o abalorios. Su hambre insaciable devorará la tierra y tras de sí no dejará más que un desierto.

Difícil es hallar vocablos que sinteticen mejor una comunión con la naturaleza, un sentido panteísta de la existencia tan profundo, ante el cual puede medirse, en toda su extensión, cuán doloroso debió de ser el trasplante en vivo de unas tribus, arrancadas de sus raíces, sumidas en el más traumático desarraigo, aquel que les aleja no ya de sus tierras, sino también de sus tumbas.

Pero, como si entablara un diálogo, otro gran jefe, en este caso, Nube Blanca (c. 1794-1841), de los winnebagos, también nos dejó escrito un recordatorio:

Somos dos razas distintas con orígenes diferentes y destinos diversos. Para nosotros, las cenizas de nuestros antepasados son sagradas y el lugar donde descansan es tierra sagrada. Vosotros erráis lejos de las tumbas de vuestros antepasados y, al parecer, no lo lamentáis. [...] Pero, ¿por qué debería afligirme por la muerte prematura de mi pueblo? Una tribu sigue a otra tribu, y una nación sigue a otra nación y la pena es inútil. [...] Pero cuando el último hombre rojo se haya convertido en un mito para los hombres blancos, [...] cuando los hijos de vuestros hijos se crean solos en el campo, en la tienda, en la carretera o en el silencio de los bosques sin senderos, no estarán solos. En toda la tierra no hay ningún lugar dedicado a la soledad. Por la noche, cuando las calles de vuestras ciudades estén silenciosas y creáis que están desiertas, estarán atestadas de la multitud que antaño las llenó y que regresa, y que todavía ama esta hermosa tierra. El hombre blanco nunca estará solo. Que sea justo y trate con bondad a mi pueblo, pues los muertos no carecen de poder. ¿Muertos, digo? No hay muerte. Solo un cambio de mundos.

BIBLIOGRAFÍA

ASIMOV, Isaac. *Los Estados Unidos desde 1816 hasta la Guerra Civil.* Madrid: Alianza, 2003.

---. *El nacimiento de los Estados Unidos. 1763-1816.* Madrid: Alianza, 2006.

---. *Los Estados Unidos desde la Guerra Civil hasta la Primera Guerra Mundial.* Madrid: Alianza, 2006.

---. *La formación de América del Norte.* Madrid: Alianza, 2007.

BANCROFT-HUNT, Norman. *Los indios de Norteamérica.* Madrid: Ágata, 1997.

---. *Les Indiens d'Amérique.* Paris: Atlas, 2006.

BENITO VIDAL, R. *Los indios norteamericanos. Mitos y leyendas.* Barcelona: Abraxas, 2003.

BODMER, Karl. *The american indian.* Colonia: Taschen, 2005.

CAPPS, Benjamin. *The indians.* Alexandria, Virginia: Books, 1973.

GREEN, Rayna. *Encyclopaedia of native North America.* Londres: British Museum Press, 1999.

HATHAWAY, Nancy (1990): *Native american portraits (1862-1918).* San Francisco, California: Chronicle Books, 1990.

HUNGRY WOLF, Adolf y Beverly. *Indian tribes of the nothern rockies. Native voices.* Tennessee: Summertown, 1989.

JACQUIN, Philippe. *Los indios de Norteamérica.* Madrid: Siglo XXI, 2005.

LA FARGE, Oliver. *A pictorial history of the american indian.* Nueva York: Crown Pub. Inc., 1956.

RUBIO HERNÁNDEZ, Luis; CARMONA, Luis Miguel y MENA, José Luis. *El cine sobre pieles rojas y su verdadera historia.* Madrid: Cacitel, 2003.

VV. AA. *Los nativos americanos. El pueblo indígena de Norteamérica.* Madrid: Libsa, 1992.

WALDMAN, Carl. *Encyclopedia of native american tribes.* Nueva York: Checkmark Books, 2006.

OTROS TÍTULOS

CONQUISTA
DEL OESTE

Gregorio Doval

La impactante y esclarecedora historia de los héroes del Álamo, Daniel Boone, John Colter, Ben Holladay, todos los conquistadores que fueron poblando el Oeste, tierra agreste y hostil, donde la búsqueda de oro y riquezas fundió su destino con el nacimiento de toda una nación.

nowtilus
saber

BREVE HISTORIA DE LA
CONQUISTA DEL OESTE

En 1783, los Estados Unidos se independizaron de Gran Bretaña. Su atención se alejó de Europa y sus más indómitos ciudadanos enrumbaron hacia territorios desconocidos. Movidos por la desesperación de quien nada tiene que perder, montaron sus míseras pertenencias en una carreta y se lanzaron hacia lo desconocido.

Miles sucumbieron en el empeño. La gran mayoría no halló recompensa alguna; pero, por cada familia que fracasó, al menos otras cinco estaban dispuestas a iniciar la trágica aventura. Una aventura que dio como resultado la "era de los tramperos", "la fiebre del oro", la era de los ferrocarriles, "la fiebre de la tierra"...

El afán expansionista de los colonos propició batallas míticas como la masacre de El Álamo y, con los años, dio como resultado también a La Guerra de Secesión.

La Breve Historia de la Conquista del Oeste nos cuenta ese apasionante periodo de la vida de los Estados Unidos, que no fue solo una época histórica, sino también un estilo y una filosofía que logró en muy pocas generaciones construir la nueva identidad de un país llamado a constituirse en la mayor potencia mundial.

Autor: Gregorio Doval
ISBN: 978-84-9763-571-4

Todos los detalles de la mítica historia de los cowboys que, entre 1865 y 1880, cabalgaron por las praderas del "Oeste" a lomos de sus caballos, sombrero bien calado y pistola presta. Hombres duros y recios, cuya verdadera esencia era el trabajo duro, la austeridad y el peligro.

nowtilus
saber

BREVE HISTORIA DE LOS

COWBOYS

La mayor parte de los aproximadamente 40.000 cowboys que, entre 1865 y 1880, cabalgaron por las praderas del Oeste eran jóvenes (de dieciocho a treinta años) ignorantes y groseros, y esa fue la imagen pública predominante hasta 1880, cuando Buffalo Bill les presentó ante el mundo como románticos y nobles jinetes de las praderas, héroes estoicos y honorables.

Nadie, se dijo, era más veraz, honesto, generoso y leal con los suyos que el vaquero. Compartía todo con sus compañeros de cabalgada y, dada su lealtad inquebrantable, ponía en juego todo por él. Su verdadera esencia era el trabajo fuerte, la insolación, la austeridad y el peligro, y eso forjaba en ellos un carácter recio y duro, en el que todo signo de debilidad era rápidamente eliminado o, al menos, disimulado.

Su vida sin ataduras permitía que, cuando se cansaba del paisaje o el ambiente, ensillara su caballo y se fuera hacia lo desconocido, perdiéndose por el horizonte.

Esta *Breve Historia de los Cowboys* cuenta todos los detalles de esta época, donde a lomo del caballo sobre las praderas del Oeste, iban forjando el horizonte de una nación.

Autor: Gregorio Doval
ISBN: 978-84-9763-583-7